前 言

导游直接面对众多的游客，要满足游客吃、住、行、游、购、娱的多方面需要。因此，导游工作是一项服务性很强的综合性工作，远不是许多人所认为的背一背导游词那么简单。一位好导游，不仅应使旅途充满知识，还应使旅途充满乐趣。虽然是否有“乐趣”不会在旅游合同中要求，但实际上却是游客对行程是否满意的一个重要的潜在标准。有的导游也意识到应让旅途充满乐趣，会在车上组织一些活动，但经常出现的情况是：游客们你推我，我推你，谁也不上来，导游又是请，又是拉，仍无济于事。为避免这种尴尬局面，导游可以先进行一些表演以抛砖引玉，关键时刻还应敢于唱“独角戏”。这其实并不难，导游只要在行程开始前略加准备即可。

本书作者长期工作在导游实践一线和导游教学一线，深感导游很需要一本能帮助其提高旅途才艺的书。为此，我们精心编写、收集了一些资料。这些资料包括别具一格的欢迎词（欢送词）、笑话、谜语、谚语、脑筋急转弯、歇后语、绕口令、趣味对联、成语典故及一些小游戏等，以供导游在旅游途中选用。此外，为方便导游工作，我们特意准备了“导游旅途常用知识”、“导游实用礼貌礼仪”两部分内容。

本书编写分工为：二、三、四、十三部分，黄明亮（江西旅游商贸职业学院导游系主任、教授）；一、五、六、七、十

二、十四部分，赵利民（江西旅游商贸职业学院导游系副教授）；八、九、十、十一部分，万剑敏（江西旅游商贸职业学院导游系副教授）。

本书是一本充满知识性和趣味性的读物，既可用来提高导游旅途才艺，也可作为一本消遣类图书供一般读者阅读。

黄明亮　赵利民　万剑敏

2011 年 7 月

目录

一、导游旅途常用知识

导游接待服务不是一般的简单操作，而是导游员借助自己的知识和技能为旅游者提供旅游便利的一种高智能的复杂工作。因此，具有丰富的知识是一个导游最起码的条件之一。同时，导游知识的丰富程度也在很大程度上影响着导游在游客心目中的形象。

在导游所应具备的知识当中，有关中国历史发展脉络、古代纪年方法、姓氏与名号、科举制度、书法、戏曲、文房四宝、烹饪等方面的历史文化知识是其中的重要组成部分。另外，我国的自然地理状况、行政区划等基本概况知识也是导游应重点掌握的。经验告诉我们，对这些知识的掌握如何在一定程度上影响着导游接待服务的质量。而要掌握历史文化知识需要导游付出长期的辛苦的劳动，但这并不是说“突击性”的学习就没有用，事实上，导游如果能抓住旅途当中和工作之余的点滴时间及时补充知识，也能取得较好的效果。

（一）我国的一些基本情况

在旅游过程中，游客可能会随时向导游提出一些问题，尤其是一些外国游客，可能会经常询问一些我国的基本情况。曾有一位导游承担了接待一个德国旅游团的任务，当他介绍景区景点的时候，还能做到口若悬河，但当德国客人请他介绍一下中国的概况时，他一下傻了眼，不知从何说起，只好找几份报纸来念。如果导游事先做好了充分准备，了解了我国的概况，可以做到有备无患。遇到适当的机会，还可主动向外国游客介绍我国的一些情况，既满足了游客的求知需求，又宣传了中国，就不会出现这样的尴尬场面了。

1. 我国版图

我国位于亚洲东部，太平洋西岸。北起漠河以北，黑龙江主航道中心线，南到南沙群岛的曾母暗沙。西起帕米尔高原，东至黑龙江、乌苏里江主航道汇合处。陆地面积960万平方千米。

我国领海由渤海（内海）和黄海、东海、南海三大边海组成，东部和南部大陆海岸线1.8万千米。内海和边海的水域面积约470万平方千米。海域分布有大小岛屿7 600个，其中台湾岛最大，面积35 798平方千米。

中国陆地边界长达2.28万千米，东邻朝鲜，北邻蒙古，东北邻俄罗斯，西北邻哈萨克斯坦、吉尔吉斯斯坦、塔吉克斯坦，西和西南与阿富汗、巴基斯坦、印度、尼泊尔、不丹等国家接壤，南与缅甸、老挝、越南相连。东部和东南部同韩国、日本、菲律宾、文莱、马来西亚、印度尼西亚隔海相望。

2. 我国的行政区划

行政区划是国家为便于行政管理而分级划分的区域。因此，行政区划亦称行政区域。《宪法》规定，中华人民共和国的行政区域划分如下：

（1）全国分为省、自治区、直辖市；

（2）省、自治区分为自治州、县、自治县、市；

（3）县、自治县分为乡、民族乡、镇。

直辖市和较大的市分为区、县。自治州分为县、自治

县、市。

自治区、自治州、自治县都是民族自治地方。国家在必要时设立特别行政区。在特别行政区内实行的制度按照具体情况由全国人民代表大会以法律规定。香港和澳门是中国领土的一部分。中国政府已于1997年7月1日对香港恢复行使主权,成立了香港特别行政区。于1999年12月20日对澳门恢复行使主权,成立了澳门特别行政区。

目前中国有34个省级行政区,包括23个省、5个自治区、4个直辖市、2个特别行政区。在历史上和习惯上,各省级行政区都有简称。省级人民政府驻地称省会(首府),中央人民政府所在地是首都。

3. 我国地理概况

从空中俯瞰中国大地,地势就像阶梯一样,自西向东,逐渐下降。受印度板块与欧亚板块的撞击,青藏高原形成并不断隆起,平均海拔4 000米以上,号称“世界屋脊”,构成了中国地形的第一阶梯。高原上的喜马拉雅山主峰珠穆朗玛峰高达8 844.43米,是世界第一高峰。第二阶梯由内蒙古高原、黄土高原、云贵高原和塔里木盆地、准噶尔盆地、四川盆地组成,平均海拔1 000~2 000米。跨过第二阶梯东缘的大兴安岭、太行山、巫山和雪峰山,向东直达太平洋沿岸是第三阶梯,此阶梯地势下降到500米至1 000米以下,自北向南分布着东北平原、华北平原、长江中下游平原,平原的边缘镶嵌着低山和丘陵。再向东为中国大陆架浅海区,也就是第四阶梯,水深大都不足200米。

在中国辽阔的土地上,由于各地的地理位置、自然条件的差异,人文、经济方面也各有特点,全国可分为东部季风区、西北干旱半干旱区、青藏高寒区三个自然区。其中东部季风区由于南北纬度差别较大,以秦岭—淮河为界又分为北方地区和南方地区。因此全国可分为北方地区、南方地区、西北地区、青藏地区四大部分。(1)北方地区。北方地区是指中国东部季风区的北部,主要是秦岭—淮河一线以北,大兴安岭、乌鞘岭以东的地区,东临渤海和黄海。包括东北三省、黄河中下游五省二市的全部或大部分,以及甘肃东南部,内蒙古、江苏、安徽北部。面积约占全国的20%,人口约占全国的40%。(2)南方地区。南方地区是指中国东部季风区的南部,主要是秦岭—淮河一线以南的地区,西面为青藏高原,东与南面临东海和南海,大陆海岸线长度约占全国的2/3以上。本区的范围包括长江中下游六省一市,南部沿海和西南四省、市大部分地区。面积约占全国的25%,人口约占全国的55%。(3)西北地区。西北地区位于大兴安岭以西,昆仑山—阿尔金山—祁连山和长城以北,包括内蒙古自治区、新疆维吾尔自治区、宁夏回族自治区和甘肃省的西北部。本区面积广大,约占全国面积的30%,人口约占全国的4%,是地广人稀的地区。(4)青藏地区。青藏地区位于中国西南部,横断山脉以西,喜马拉雅山以北,昆仑山和阿尔金山、祁连山以南,包括青海、西藏和四川西部。面积约占全国的25%,人口不足全国的1%。

4. 我国气候特征

(1)气候复杂多样。中国幅员辽阔,跨纬度较广,距海远近差距较大,加之地势高低不同,地形类型及山脉走向多样,因而气温降水的组合多种多样,形成了多种多样的气候。从气候类型上看,东部属季风气候(又可分为温带季风气候、亚热带季风气候和热带季风气候),西北部属温带大陆性气候，青藏高原属高寒气候。从温度带划分看，有热带、亚热带、暖温带、中温带、寒温带和青藏高原区。从干湿地区划分看，有湿润地区、半湿润地区、半干旱地区、干旱地区之分。而且同一个温度带内，可含有不同的干湿区；同一个干湿地区中又含有不同的温度带。因此在相同的气候类型中，也会有热量与干湿程度的差异。

(2)季风气候显著。中国的气候具有夏季高温多雨、冬季寒冷少雨、高温期与多雨期一致的季风气候特征。由于中国位于世界最大的大陆——亚欧大陆东部，又在世界最大的大洋——太平洋西岸，西南距印度洋也较近，因之气候受大陆、大洋的影响非常显著。冬季盛行从大陆吹向海洋的偏北风，性质寒冷、干燥，在其影响下，中国大部分地区冬季普遍降水少，气温低，北方较为突出。夏季盛行从海洋吹向陆地的偏南风，性质温暖、湿润，在其影响下，降水普遍增多，雨热同季。中国受冬、夏季风交替影响的地区广，是世界上季风最典型、季风气候最显著的地区。和世界同纬度的其他地区相比，中国冬季气温偏低，而夏季气温又偏高，气温年较差大，降水集中于夏季，这些又是大陆性气候的特征。因此，中国的季风气候也称作大陆性季风气候。

5. 我国的自然资源

(1)土地资源。中国土地资源有四个基本特点：绝对数量大，人均占有少；类型复杂多样，耕地比重小；利用情况复杂，生产力地区差异明显；地区分布不均，保护和开发问题突出。

(2)水资源。中国人均径流量为2 200立方米，是世界人均径流量的24.7%。水资源的分布情况是南多北少，而耕地的分布却是南少北多。比如，中国小麦、棉花的集中产区——华北平原，耕地面积约占全国的40%，而水资源只占全国的6%左右。水、土资源配合欠佳的状况进一步加剧了中国北方地区缺水的程度。中国水能资源蕴藏量达6.8亿千瓦，居世界第一位。70%分布在西南四省、市和西藏自治区，其中以长江水系为最多，其次为雅鲁藏布江水系。黄河水系和珠江水系也有较大的水能蕴藏量。

(3)生物资源。我国植物种类丰富，是世界上植物资源最丰富的国家之一。据统计，我国有种子植物300个科、2 980个属、24 600个种。其中被子植物2 946属（占世界被子植物总属的23.6%）。比较古老的植物，约占世界总属的62%。有些植物，如水杉、银杏等，世界上其他地区已经绝灭，都是残存于中国的“活化石”。我国也是世界上动物资源最为丰富的国家之一。据统计，全国陆栖脊椎动物约有2 070种，占世界陆栖脊椎动物的9.8%。其中鸟类1 170多种，兽类400多种，两栖类184种，分别占世界同类动物的13.5%、11.3%和7.3%。

(4)矿产资源。中国幅员广大，地质条件多样，矿产资源丰富，矿产171种。已探明储量的有157种。其中钨、锑、稀土、钼、钒和钛等的探明储量居世界首位。煤、铁、铅、锌、铜、银、汞、锡、镍、磷灰石、石棉等储量均居世界前列。

6. 我国的人口

2005年年末全国总人口为130 756万人，比上年年末增加768万人。全年出生人口1 617万人，出生率为12.40‰；死亡人口849万人，死亡率为6.51‰；自然增长率为5.89‰。庞大的人口数量一直是中国国情最显著的

特点之一。虽然中国已经进入了低生育率国家行列，但由于人口增长的惯性作用，当前和今后十几年，中国人口仍将以年均 800 万～1 000 万的速度增长。按照目前总生育率1.8预测，2010 年和 2020 年，中国人口总量将分别达到13.7亿和14.6 亿；人口总量高峰将出现在2033 年前后，达 15 亿左右。

7. 少数民族人口

据2000 年全国人口普查公报的统计，祖国大陆31 个省、自治区、直辖市的人口总数为126 583万人，其中汉族115 940万人，占全国人口的 91.59%。少数民族10 643万人，占全国人口的 8.41%。

根据2000 年全国人口普查的结果，在55 个少数民族中，人口在百万以上的有 18 个民族，是：蒙古、回、藏、维吾尔、苗、彝、壮、布依、朝鲜、满、侗、瑶、白、土家、哈尼、哈萨克、傣、黎族。其中壮族人口最多，为 1 600 多万人。人口在百万人以下 10 万人以上的有 15 个民族，是：傈僳、佤、畲、拉祜、水、东乡、纳西、景颇、柯尔克孜、土、达斡尔、仫佬、羌、仡佬、锡伯族。人口在 10 万人以下 1 万人以上的有 15 个少数民族，是：布朗、撒拉、毛南、阿昌、普米、塔吉克、怒、乌孜别克、俄罗斯、鄂温克、德昂、保安、裕固、京、基诺族。人口在 1 万人以下的有 7 个民族，是：门巴、鄂伦春、独龙、塔塔尔、赫哲、高山、珞巴（按实地普查区域的人数计算）民族。另外，还有未被确定民族成分的人口，共 73.4 万多人。

8. 各民族生活习俗

由于自然环境、社会条件、经济水平的差异，中国各民族在饮食、服饰等方面形成了各自独特的风俗习惯。饮食方面，汉族以米、面为主，喜食蔬菜、豆类、肉、鱼及蛋类，尤其注重烹调技术；维吾尔族、哈萨克族和乌孜别克族喜吃烤羊肉串、抓饭和馕；蒙古族以牛羊肉及奶食为主，喜饮奶茶；朝鲜族爱吃打糕、冷面和泡菜；藏族爱吃糌粑和喝酥油茶；黎族、京族、傣族、布朗族和哈尼族爱嚼槟榔。服饰方面，满族妇女爱穿旗袍，蒙古族习惯穿蒙古袍和马靴；藏族爱穿藏袍，系腰带，穿长靴；彝族、苗族、瑶族妇女爱穿百褶裙，佩戴金银制的饰品；维吾尔族爱戴四楞绣花小帽；朝鲜族爱穿素白衣服，有“白衣民族”之称。

9. 我国居民收入状况

2005 年，全国农民人均纯收入 3 255 元，扣除价格上涨因素，比上年实际增长 6.2%；城镇居民人均可支配收入 10 493 元，实际增长 9.6%。农村居民家庭恩格尔系数（居民家庭食品消费支出占家庭消费总支出的比重）为 45.5%，城镇居民家庭恩格尔系数为 36.7%。按年人均纯收入低于 683 元的标准，年末农村贫困人口为 2 365 万人，比上年年末减少 245 万人；按年人均纯收入684～944 元的标准，年末农村低收入人口为 4 067 万人，比上年年末减少 910 万人。

10. 我国的语言文字

我国是一个多民族、多语言、多文种的国家，有 56 个民族，共有 80 种以上语言，约 30 种文字。我国根据“中华人民共和国各民族一律平等”的原则，一贯坚持语言平等政策，积极维护语言的多样化与和谐统一。《中华人民共和国宪法》、《中华人民共和国民族区域自治法》、《中华人民共和国国家通用语言文字法》、《中华人民共和国教育法》、《中华人民共和国义务教育法》等法律以及其他法律法规共同确定了各民族语言文字平等共存，禁止任何形式的语言歧视；各民族都有使用和发展自己的语言文字的自由；国家鼓励各民族互相学习语言文字；国家坚持推广普通话，推行规范汉字等基本语言政策。

汉语是我国使用人数最多的语言，也是世界上使用人数最多的语言，是联合国六种正式工作语言之一。汉语是我国汉民族的共同语，我国除占总人口 91.59% 的汉族使用汉语外，有些少数民族也转用或兼用汉语。现代汉语有标准语（普通话）和方言之分。普通话以北京语音为标准音，以北方话为基础方言，以典范的现代白话文著作为语法规范。2000 年 10 月 31 日颁布的《中华人民共和国国家通用语言文字法》确定普通话为国家通用语言。汉语方言通常分为七大方言：北方方言、吴方言、湘方言、赣方言、客家方言、粤方言、闽方言；各方言区内又分布着若干次方言和许多种土语。其中使用人数最多的北方方言分为北方官话、西北官话、西南官话、下江官话四种次方言。

汉字是记录汉语的文字，已有 6 000 年左右的历史。现在使用的汉字是从古文字逐渐演变来的。汉字是汉民族共同使用的文字，一些民族也已经完全使用汉字，同时汉字也是全国各少数民族通用的文字。自 20 世纪 50 年代以来，国家对现行汉字进行整理和简化，制定公布了《第一批异体字整理表》、《汉字简化方案》、《简化字总表》、《现代汉语常用字表》、《现代汉语通用字表》等标准。2000 年 10 月 31 日颁布的《中华人民共和国国家通用语言文字法》确定规范汉字为国家通用文字。规范汉字是指经过整理简化的字和未经整理简化的传承字。

11. 我国的节日

法定节日有：新年（1 月 1 日），全国放假一天；春节（农历新年），全国放假三天；国际劳动妇女节（3 月 8

日);植树节(3 月 12 日);清明节,全国放假一天;国际劳动节(5 月 1 日),全国放假一天;中国青年节(5 月 4 日);国际护士节(5 月 12 日);儿童节(6 月 1 日);端午节,全国放假一天,中国共产党诞生纪念日(7 月 1 日);中国人民解放军建军节(8 月 1 日);教师节(9 月 10 日);中秋节,全国放假一天;国庆节(10 月 1 日),全国放假三天;记者节(11 月 8 日)。

中国重大的传统节日有:春节、元宵节、清明节、端午节、中秋节等。此外,各少数民族也都保留着自己的传统节日,诸如傣族的泼水节、蒙古族的那达慕大会、彝族的火把节、瑶族的达努节、白族的三月街、壮族的歌圩、藏族的藏历年和望果节、苗族的跳花节等。

春节是中国人一年中的第一个传统佳节。过去,春节被称为"新年",因为按照中国历史上一直沿用的农历,这天是正月初一,为新一年的开头。据记载,中国人民过春节已有 4 000 多年的历史,它是由虞舜兴起的。公元前 2 000 多年前的一天,舜即天子位,带领着部下,祭拜天地。从此,人们就把这一天当做岁首,算是正月初一。据说这就是农历新年的由来,后来叫春节。1911 年辛亥革命后,中国采用公历纪年,农历新年便改称"春节"(大约在公历 1 月下旬到 2 月中旬之间)。春节时,家家贴春联、贴年画、装饰居室。春节前一夜叫"除夕",是家庭团聚的重要时刻,全家人欢聚一起,吃一顿丰盛的"年夜饭";许多人通宵不眠,称"守岁"。次日,大家便开始到亲朋好友家里"拜年",相互问候,祝愿在新的一年里万事如意。春节期间,传统的文娱活动以狮子舞、龙灯舞、划旱船、踩高跷最为普遍。

农历正月十五为元宵节,又称上元节、元夜、灯节。

这是春节后的第一个月圆之夜。相传,汉文帝(公元前179—前157年)为庆祝周勃于正月十五戡平诸吕之乱,每逢此夜,必出宫游玩,与民同乐,并将正月十五定为元宵节。过元宵节,有吃元宵和观灯的习俗。元宵以糯米粉为皮,内裹果料糖馅,圆形,是“团圆”的象征。元宵节观灯始于公元1世纪,沿至当今仍在各地盛行。每到元宵节之夜,许多城市举办灯会,展出各种彩灯,造型新奇,千姿百态;在农村,则举行文娱活动,如放焰火、踩高跷、耍龙灯、扭秧歌、荡秋千等。

公历4月5日前后为清明节。清明是二十四节气之一。在二十四个节气中,既是节气又是节日的只有清明。清明节古时也叫三月节,已有2 000多年历史。清明节祭祀祖先,如今也在这一天开展祭扫烈士陵墓、悼念先烈的活动。清明时分,天气转暖,草木复萌,人们常常结伴到郊外踏青、放风筝、欣赏春光,所以清明节有时也被称为“踏青节”。

农历五月初五是端午节。端午节的来历有很多种说法。一般认为,它是为纪念中国古代爱国诗人屈原而产生的。屈原(约公元前340—前278年)是战国时期楚国人,他因自己的政治理想无法实现,又无力挽救楚国的灭亡,当秦国灭楚后,五月初五抱石投汨罗江自沉。江边群众得知,便纷纷驾舟打捞屈原尸体。为纪念这位伟大的爱国诗人,后人把这天定为端午节。每逢此节,民间有带香袋、吃粽子、赛龙舟习俗。香袋表示屈原的品德节操如馨香四溢,万古流芳;粽子原是防止鱼把屈原的尸体吃了,后成为节日食品;划龙船则表示去营救屈原。

农历八月十五为中秋节,又称“团圆节”。八月十五居秋季之中,故名“中秋”。中秋节最早源于古代帝王秋天祭月的礼制。魏、晋、唐、宋以来，逐渐演变成赏月的风俗。“中秋”一词，最早见于《周礼》一书，而真正形成全国性的节日是在唐代。据传这个重要节日的形成与“唐明皇梦游月宫”的故事有关。在古代，每逢中秋人们就用精制的糕饼祭奉月神；祭奉之后，全家人分吃，表示合家团圆欢聚。这种风俗，一直流传到今天。

农历九月初九为重阳节，是魏晋以后兴起的节日。“重阳”、“重九”之名肇于三国时代。主要有五种传统习俗。一是登高，此时秋高气爽，景色宜人，正是游历的好季节，既可以陶冶情趣，又有益于健康。二是插茱萸，可驱秋蚊灭虫害。三是饮酒赏菊。农历九月正是菊花盛开之时，观赏千姿百态的秋菊，喝几盅菊花酒，是重阳节的乐事。四是食重阳糕。人们把粮食制成白嫩可口的米糕，谓之重阳糕，而“糕”又与“高”谐音，食之谓可步步高升。五是开展敬老活动，从古至今重阳敬老之风绵延不绝。

12. 我国的教育

2005 年我国义务教育阶段在校学生 17 079 万人。全国普及九年义务教育的人口地区覆盖率超过 95%，比 2000 年提高了近 10 个百分点。高中阶段教育规模显著扩大。2005 年高中阶段在校生达到 3 990 万人，比 2000 年增加 1 472 万人，年平均增长 9.6%。高中阶段毛入学率已达到 52.7%，比 2000 年提高 9.9 个百分点。

高等教育实现了历史性跨越。2005 年高等教育在学总人数超过 2 300 万人，高等教育毛入学率达 21%，比 2000 年提高 8.5 个百分点。普通高等教育本专科在校学生达 1 562 万人，比 2000 年增长 1.8 倍；成人高等教育本专科在校学生 435 万人，比 2000 年增长 23%；在学研究生 98 万人，比 2000 年增长 2.3 倍。

2005年底，我国6岁以上人口平均受教育年限达8年，比2000年提高0.4年。普通高等教育招生505万人，在校生1 562万人，毕业生307万人。普通高中招生878万人，在校生2 409万人，毕业生662万人。普通小学招生1 672万人，在校生10 864万人，毕业生2 020万人。

（资料来源：中央人民政府门户网站　www.gov.cn）

（二）中国历史主要脉络

历史知识对导游来说非常重要，但也是现在的导游比较欠缺的。历史知识中，导游首先要了解中国历史的主要脉络，并争取能背熟（可自编口诀帮助记忆）。很多导游没有做到这一点，所以总是记不住某一事件的年代，或者无法体会某一事件的历史价值。记住中国历史的主要发展脉络对导游讲解大有裨益。

距今约170万年	元谋人生活在云南元谋一带
距今约70万至20万年	北京人生活在北京周口店一带
距今约18 000年	山顶洞人进入氏族公社时代
距今7 000至5 000年	河姆渡、半坡母系氏族公社
距今约四五千年	大汶口文化中晚期，父系氏族公社 传说中的黄帝、尧、舜、禹时期
约公元前2070年至公元前1600年	夏
约公元前1600年至公元前1046年	商

公元前1046年至公元前771年	西周
公元前770年至公元前476年	春秋时代
公元前475年至公元前221年	战国时代
公元前221年至公元前206年	秦
公元前206年至公元25年	西汉
25年至220年	东汉
220年至280年	三国时代（魏、蜀、吴）
265年至317年	西晋
317年至420年	东晋
420年至589年	南朝
386年至581年	北朝
581年至618年	隋
618年至907年	唐
907年至960年	五代
960年至1127年	北宋
1127年至1279年	南宋
1206年至1368年	元
1368年至1644年	明
1616年至1911年	清
1912年至1949年	中华民国
1949年以后	中华人民共和国

（三）古代帝王的相关知识

奴隶社会中最高统治者可称“后”、“王”、“天子”。古代认为君权神授，秉承天意治天下，故称君主为“天子”，夏、商、周三代最高统治者称“王”。秦灭六国后，秦王嬴政认为自己的功劳业绩超过以前任何一个“王”，遂称自己为“皇帝”。后来，历代君王都沿用“皇帝”称号。

皇帝正妻叫皇后，皇帝诸妾称嫔妃。皇帝诸子孙中有继承权的儿子、孙辈称为皇太子、皇太孙。皇帝之女叫公主，女婿称驸马。

（四）古代纪年方法

帝号纪年法：我国古代最早的纪年法是用帝王名号纪年。帝王即位之年为元年，依次为二年、三年按序计算，直到退位。

年号纪年法：公元前 141 年，汉武帝刘彻即位，次年使用“建元”，首创年号纪年。自此历代帝王依例建立自己的年号。从公元前 141 年建元元年起至 1911 年宣统三年的 2051 年中，建立过 600 多个帝王年号。

干支纪年法：干支是天干、地支的简称，十干和十二支相配，共 60 组，用以表示年、月、日的次序。从夏、商、周三代开始，这种干支纪年方法一直沿用数千年。天干，即：甲、乙、丙、丁、戊、己、庚、辛、壬、癸。地支，即：子、丑、寅、卯、辰、巳、午、未、申、酉、戌、亥。

（五）巧记二十四节气

农历中把一年分为二十四个节气，依次是：立春、雨水、惊蛰、春分、清明、谷雨；立夏、小满、芒种、夏至、小暑、大暑；立秋、处暑、白露、秋分、寒露、霜降；立冬、小雪、大雪、冬至、小寒、大寒。

在古代，二十四节气对人们的生产生活有重要意义，即使在今天，记住二十四节气对我们安排日常生活也不无裨益。我们可以根据这首“节气歌”来巧记：

春雨惊春清谷天，
夏满芒夏暑相连；
秋处露秋寒霜降，
冬雪雪冬小大寒。

（六）十二生肖

战国时，人们以十二地支配上十二种动物，便于人们记忆，即子鼠、丑牛、寅虎、卯兔、辰龙、巳蛇、午马、未羊、申猴、酉鸡、戌狗、亥猪。

作为导游，十二生肖最好能按顺序背熟，即：鼠、牛、虎、兔、龙、蛇、马、羊、猴、鸡、狗、猪。

（七）姓氏与名号

1. 姓与氏

上古时代既有姓又有氏。姓与氏既有联系又有区别。姓是整个氏族的称号，起源于原始社会母系氏族公社时期。氏是姓的分支，姓不大变化，而氏的变化较大。如周人姓姬，下面又分孟氏、季氏、孙氏、游氏等。氏的得名情况较为复杂，有的以封地为氏，如蔡，周武王之弟，封在蔡地；有的以居住地为氏，如西门、南郭，指住在城西门，住在南门外；有的以官职为氏，如司马、乐正，均为古代官名，等等。

战国之后人们往往以氏为姓，姓氏逐渐混为一谈，汉代以后通称姓。

2. 名与字

古人有名又有字。婴儿出生不久，便由父亲命名。男子 20 岁成人，举行结发加冠的冠礼，这时才取字。女子 15 岁许嫁，举行结发加笄礼，随之取字，因而对未定婆家的女孩有“待字闺中”的说法。字是由名滋生的，与名在意义上往往有联系，是对名的解释或补充。如诸葛亮，字孔明；屈原，名平，字原；张飞，字翼德；赵云，字子龙。名和字也可以是反义词，如韩愈，字退之。

古代尊卑分明。尊对卑，可直呼其名，卑自己也称名；对尊辈、平辈只能称字；对父母亲连字也不能称呼。

3. 号

号也叫别号，别字。名和字是尊长代取，号则往往是自己取的。字数较自由，多表现志趣、追求，或表示风雅。取号之风盛于唐、宋，以后文人几乎无人不号。如苏轼，号东坡居士；陶潜，号五柳先生；李白，号青莲居士；辛弃疾，号稼轩；黄庭坚，号山谷道人。欧阳修晚年有一万卷书、一千卷古金石文、一张琴、一局棋、一壶酒，而自己又是一位上了年纪的老翁，故自号“六一居士”。

（八）古代常见称谓

称谓是人们用来称呼的名称。古代的称谓，有的因不常使用而逐渐消失，但大多数仍保存在文献里或口语里，并一直沿用至今。常见的有：

父：除作为父亲的称呼外，古代还用于对男子的尊称。如“父老兄弟”中的“父”就是对年长者的尊称。

考妣：父母死后的称谓。古代亦用以称在世的父母。

祖：父母以上的尊长均可称之为“祖”。如父亲的父母称为“祖父”、“祖母”，祖父的父母称为“曾祖父”、“曾祖母”，曾祖父的父母称为“高祖父”、“高祖母”。

舅：母亲的兄或弟。但古代丈夫之父、妻子之父及妻子的兄弟亦可称为舅。

堂：同祖亲属称为“堂”，如堂兄弟、堂姐妹。

表:外姻亲属称为“表”,如父亲的姊妹、母亲的兄弟姊妹的儿女称为“表兄弟”和“表姐妹”;表兄弟、表姐妹的儿女称为“表侄”和“表侄女”。

岳丈:妻子的父亲。与岳丈有相同含义的还有:岳父、妇翁、岳公、岳翁、泰山等。

公:对尊长或平辈的敬称。

子:古代男子的美称或敬称。如孔子、老子、孟子、韩非子等,古代也指师长。

君:古代的一种尊称,男女均可用。

卿:古代高级官员或爵位的称谓。秦汉王朝三公之下设有九卿。卿也是古代君王称臣和夫妻之间的一种称谓。

足下:古代下对上或同辈的尊称。

阁下:对人的尊称,也常用于书信。今多用于外交场合。

先生:古代对父兄、师长、老人或有德行之人的尊称。此外,先生也用于妇女称自己的丈夫或称别人的丈夫。在某些地区的方言中,还称医生为先生。

令尊、令堂:令尊为尊称对方之父。令堂为尊称对方之母。

令子、令爱:令子为古代尊称对方之子。令爱为古代尊称对方之女,亦称“令嫒”。

(九)科举制度

从隋代开始,各朝统治者用科举考试来选拔官吏,聚集人才。它与以前的选官制度最大的区别在于,普通的读书人均有参加官府考试、从而有被选做官的机会。科举制度在中国历时1 300余年,影响巨大。取士标准在历史上有变化，唐时重诗赋，宋以后均重儒家经义，明清时又定八股文格式。1905 年，清政府正式推行学校教育，废除了科举制度。

虽然各朝科举制度的具体程序和办法略有不同，但实质未变。现将清代科举考试情况简述如下：

清代的正式科举考试分为三级，即乡试、会试、殿试。但为了取得乡试资格，必须经过院试。

(1)院试：又称郡试、道试。对参加过县试、府试后的童生所进行的考试。童生并非都是年少者，即使是年长的人，只要是这一考试程序的参加者，都叫童生。童生经过院试而被录取入县学、州学或府学者，称为“生员”，俗称“秀才”。取中秀才，算是功名的起点。

(2)乡试：是一省范围内的考试，三年一次，在各省省城举行。乡试之年又叫“大比”之年。乡试由于在秋季八月举行，所以又叫“秋闱”(闱是考场的意思)。发榜时正值桂花开放，故称“桂榜”。乡试参加者为秀才(贡生和监生也可参加)，考中者称举人，第一名称“解元”。举人才有机会入仕，并有声名于乡里。

(3)会试：是全国范围的考试，每三年一次会集各省举人在京城举行。因时间在三月份，又叫“春闱”。发榜时正值杏花开放，故称“杏榜”。考中者称贡士，第一名称“会元”。

清代的院试、乡试、会试的考试内容，以考八股文和试帖诗为主。

(4)殿试：由皇帝亲自主考，考策问，仪式颇为隆重。参加殿试的贡士，取中的统称为进士。发榜时采用金榜，因而考中进士又叫“金榜题名”。殿试分三甲录取：

第一甲叫“赐进士及第”，录取三名，依次称状元、榜眼、探花。

第二甲叫“赐进士出身”，录取若干名，第二甲第一名俗称传胪。

第三甲叫“赐同进士出身”，录取若干名。

如果一个人连续在乡试、会试、殿试考试中均取第一名（解元、会元、状元）就叫“连中三元”，亦可称为“三元及第”。

（十）古代避讳知识

避讳，就是遇到与君主、尊长名字相同的字和音要回避，不可直接书写或称呼，以表示尊敬。避讳始于周朝，行于秦汉，盛于隋唐，严于两宋，苛于清代，到民国成立后废除。

每一朝代皇帝之名是当时的“国讳”、“公讳”，而长辈之名是“家讳”、“私讳”。如：

秦始皇名嬴政，历代“正月”读成“征月”；

汉文帝名刘恒，称“恒山”为“常山”；

刘邦正妻名吕雉，称“雉鸡”为“野鸡”；

汉光武帝名刘秀，称“秀才”为“茂才”；

唐诗人李贺，父亲名李晋肃，李贺因此不能考科举，唯恐别人称他“李进士”；

有州官名叫田登，只准百姓叫“点灯”为“放火”；

康熙皇帝名玄烨，称“玄鸟”“玄武”“玄黄”为“元鸟”“元武”和“元黄”。

清人刻写的古书，有不少字缺胳膊少腿，都是因为避讳造成的。

避讳给古代文献造成一定混乱，给人们带来许多麻烦，给当今的读者造成诸多的不便。但是避讳制度客观

上也为鉴别历史档案文献的真伪提供了线索。

（十一）中国的书法

书法是一门具有中国文化特色的艺术。在我国的旅游风景地经常可以看到以楹联、匾额、碑林、石刻等形式存在的书法墨迹。

汉字完全不同于西方的拼音文字。汉字的每个字都有其固定的字体和严密的结构，汉字也是表意文字，具有“象形”的性质，同时还具有审美的功能。这些都为书法艺术的产生奠定了基础。中国书法艺术之美体现在：笔画粗细协调，字字形体变化，前后左右呼应，在曲折多变、多姿多彩中求得整体的和谐。

中国书法从字体类型上分为篆、隶、楷、草、行五类。第一，篆书。篆书分为大篆和小篆，一般来说甲骨文、金文、石鼓文属于大篆，秦始皇统一天下后所创篆书属小篆。第二，隶书。隶书开始于秦代，流行于汉魏，分秦隶、汉隶等。隶书的出现是中国书法史上的一个重要转折，为楷书奠定了基础。第三，楷书。楷书又称“正书”、“真书”。始于魏，盛行于晋，完备于唐。第四，草书。草书在汉代就已出现，完善和定型在魏晋。其特点是按一定规律将字的点画连写，结构简省，偏旁假借。它与隶书、篆书相比，艺术表现力很强。第五，行书。相传为东汉刘德升所创，可分为“行楷”与“行草”。

古代较为有名的书法家有东晋的王羲之、唐代的颜真卿和柳公权等。王羲之字体变化多端，风流潇洒，豪放洒脱。颜真卿的书法深厚丰满，端庄雄伟，笔势磅礴。柳公权书法以骨力胜，字瘦而骨不露，沉着痛快而气象雍容。颜真卿和柳公权又被人称为“颜筋柳骨”。

（十二）中国的戏曲

戏曲是中国传统戏剧文化的统称。中国戏曲源于古代的民间歌舞传统，经过长期的孕育和发展，从唐代歌舞戏到宋杂剧、金院本以及南戏，初步形成了中国古典戏曲的完整形式。戏曲发展到元戏剧，有了结构比较严谨的剧本，有了表现生活和塑造人物的多种舞台艺术，成为中国古典戏曲艺术的一个高峰，涌现了一批著名的剧作家，如关汉卿、王实甫等。明清至近代是中国戏曲艺术大发展时期，涌现出数以百计的地方剧种，各种剧种百花争艳，在满足人民娱乐生活和教育需求方面起了不可替代的作用。

戏曲是综合性的艺术。它集历史、文学、音乐、舞蹈、雕塑、体育、绘画、说唱等为一体，表现社会现实，因而广受欢迎。目前我国有京剧、昆剧、越剧、秦腔、川剧、豫剧、赣剧、黄梅戏、湖南花鼓戏、江西采茶戏、绍剧、沪剧、扬剧等360多个剧种在演出。

京剧集我国戏曲之大成，是我国的代表性剧种。它是在徽剧（徽调）、汉戏（楚调）、昆曲、秦腔和弋阳腔等戏曲的基础上，融会了它们的优点和长处而形成和发展起来的。京剧以其丰厚的内容、完善的形式、精湛的技艺、鲜明的民族特色和浓郁的艺术魅力，达到了我国戏曲艺术发展的高峰。

（十三）中国的文房四宝

笔、墨、纸、砚是书写、绘画的工具和材料。在漫长的历史进程中，中国的文人墨客充分发挥了笔、墨、纸、砚的实用价值，为当今人们留下了大量历史典集及书法、绘画等作品，对中国文化的发展和传播立下了不朽功绩。同时，通过一批能工巧匠的努力，笔、墨、纸、砚无论从造型设计方面，还是生产制作方面都大量融合了绘画、雕刻、书法、装饰等各种艺术手法，这使得中国的笔、墨、纸、砚在其实用价值之外还有着突出的观赏和收藏价值，成为中国传统文化的重要组成部分。正因为此，笔、墨、纸、砚素来被古人称为“文房四宝”，被古人所喜爱和珍藏。直至今日，笔、墨、纸、砚仍然魅力不减，成为许多中外游客喜爱的工艺品。

1. 笔

文房四宝，笔居首位。毛笔是我国传统的书写工具，比古埃及的芦管笔、欧洲的羽毛笔的历史更悠久。芦管笔、羽毛笔早已退出历史的舞台，而毛笔从漫长的历史岁月中走来，至今兴盛不衰，足见其强大的生命力。现代名笔有湖笔、衡水毛笔、李渡毛笔等。

2. 墨

墨是用于书画的一种黑色颜料，秦以前主要使用天然墨，秦及秦以后天然墨和人造墨并用。人造墨主要用松烟等原料制成。中国的古人在墨的制作上充分发挥了聪明才智，使墨不仅具有实用价值，而且具有收藏与观赏价值。古代“徽墨”最为有名，明代徽墨形成了以歙州地区为中心的“歙派”和以休宁地区为中心的“休派”两大派系。

3. 纸

造纸术是我国的四大发明（造纸术、火药、印刷术、指南针）之一，造纸术的发明是我国对世界文化的重大贡献。

我国最早的纸出现在西汉时期。东汉中期，尚方令蔡伦组织了一批能工巧匠，总结民间造纸经验，用树皮、麻头、破布、旧渔网之类原料，制造出一种质量较高的纸，史称“蔡侯纸”。此后，纸得到广泛应用。古代最有名的纸是宣纸，具有质地棉韧、洁白细腻、久不变色、不蛀不腐、卷折无损等特点，故有“纸寿千年”的美誉。正是因为宣纸的这些特点，使得宣纸历来被书画家们所喜爱，其魅力至今不减。

4. 砚

砚是用来磨墨的工具，为我国所特有。早在新石器时代的仰韶文化遗址中，就已发现了磨颜料用的石砚和石棒。商代有玉制调色盘，西周墓中出土了方形调色石板。战国时出现了石砚和砚石。汉代的砚多为圆形，三足，上雕刻有花纹，汉代还出现了陶砚。魏晋出现了青瓷砚、铜铁砚、漆砚等。

隋唐时期的砚形多样，流行的是箕形砚，带一足或两足。唐代砚以陶质为主，中期以后石砚流行。

宋代以石砚为主，开始重视装饰图案。端砚（产于端州，今广东肇庆）、歙砚（产于古歙州，今安徽歙县）、红丝石砚（产于青州，今山东青州）、洮河砚（产于甘肃临潭）被视为当时的四大名砚。

明清两代，砚式无定型，各具匠心。砚刻艺术达到高峰，许多文人好砚，并题写砚名或亲自刻砚，使许多砚成为珍贵的艺术品。当时亦有四大名砚，分别是：端砚、歙砚、洮河砚和澄泥砚（产于山西的绛县、晋城一带），影响至今。

（十四）中国烹饪概述

中国烹饪历史悠久。根据考古界的研究论断，距今五六十万年前的北京人已开始用火熟食，烹饪由此发端。“烹饪”见诸文字，最早在 2 700 年前的《周易 · 鼎》：“以木巽火，烹饪也。”

先秦时期。当时人们常用的食品原料为“五谷”（稻、黍、麦、菽、麻）、“五菜”（葵、藿、薤、葱、韭）、“五畜”（牛、羊、猪、犬、鸡）、“五果”（枣、李、栗、杏、桃）等。这时的调料也迅速增加，如盐（新石器时代已开始食盐）、醢、梅、饴、蜂蜜、椒、姜、酒等，为以后中国菜品多样化打下了基础。此时还重视选料，并制定了比较具体的标准，尤其对祭品的要求更严。商代的烹饪已开始使用金属工具，并出现了刀功技术。商周时期的人们还掌握了火候技术。随着烹饪技术的发展，大批包括菜肴、点心的美食问世，反映出我国先秦时期的烹饪技术已发展到很高的水平。

秦汉魏晋南北朝时期。选料有了重大突破，张骞通西域后，引进了茄子、大蒜、西瓜、黄瓜、扁豆、刀豆等新品种，进一步扩大了食源。猪肉取代牛、羊肉的位置，成为肉食菜肴的主要原料。锅釜由厚重向轻薄转变，铁制刀具开始广泛使用。厨膳劳动分工日趋周密，出现了炉案分工。出现了各式新的菜肴和点心。这一时期，各族、各地风味菜品互相交流，菜系处于酝酿之中。

隋唐至元朝时期。从西域、南洋引进了一批新的菜种（如菠菜、莴苣、胡萝卜等），海蜇、乌贼等入馔，食源继续扩大。瓷质餐具风行。烹饪技法大有长进，热菜的制作工艺进入成熟期。冷菜发展也很快，特别是工艺菜勃兴，成就突出。唐宋时期，各地风味流派发展很快，不少餐馆第一次挂出“胡食”、“北食”、“南食”、“川味”、“素食”等招牌，供应相应的风味菜点。

明清时期。烹饪技术达到封建时代的最高水平。其间食谱原料已近千种，烹饪技术经过数千年的积累、提炼，得到了升华，已初步形成有原则、有规律、有程序、有标准的烹饪工艺。各类菜品基本定型。

经过长期的历史发展变化，中国烹饪形成了很多特点，它们是：原料广博，菜品繁多；选料严谨，因材施艺；刀功精湛，艺术性强；善于调味，注重火候；技法多样，盛器讲究等。

中国菜的主要种类：①地方菜。指在一定的区域内，因物产、气候、习俗不同而形成的有地方特色的菜肴。我国素有四大菜系（川菜、淮扬菜、鲁菜、粤菜）、八大菜系（加上湘菜、徽菜、浙菜、闽菜）、十大菜系（再加上京菜、沪菜）之说。②宫廷菜。是专指供帝王与后妃所享用的具有特定规格和典式的菜肴。保留至今的主要是元、明、清三代的宫廷菜，尤其是清代的宫廷菜。③官府菜。指出自官僚士大夫之家厨膳的菜肴。如孔府菜、谭家菜等。④素菜。即以非动物性原料（蛋、奶除外）烹制而成的各种菜肴的总称。主要包括寺院素菜、宫廷素菜、市肆素菜、民间素菜等类别。⑤药膳。这是我国饮食文化特有的菜类，亦可称为饮食疗法。将中药根据酸、咸、苦、甘、辛五味和药性、功能，适当地放入菜肴中，达到健身的效果。⑥民族菜。指我国少数民族地区发展起来的菜肴。⑦清真菜。指我国信仰伊斯兰教民族风味的菜肴。

二、别具一格的欢迎词

导游人员致好欢迎词犹如优秀演员演好一场戏的“序幕”、杰出演奏家演奏好一段乐曲的“序曲”、高水平作家写好一部作品的“序言”。

规范化的欢迎词应包括五个方面的内容:①表示对游客(旅游团)的欢迎;②介绍司陪人员和自我介绍;③表示愿为大家诚挚服务的态度;④告知此次旅游有关的线路,注意事项等;⑤表示良好的祝愿。

但优秀欢迎词绝不是一篇生搬硬套的“八股文”,而应是丰富多彩的充满幽默和风趣的、富有人情味的一番“肺腑之言”。一篇生动、幽默的欢迎词能迅速消除游客和导游初次见面时自然产生的隔阂,把游客与导游之间的“买卖关系”迅速变成统一和谐的朋友之谊。旅游者外出旅游,就是一次“求美、求乐、求异、求知、求奇”的文化活动,幽默欢迎词就能使游客很快享受到“求乐”的快感。

致好幽默欢迎词一般采取以下两种做法:①选用一些谚语、名言和常用的风趣言语起到幽默作用;②因人、因团、因事、因时,即席说出风趣的话语增添乐趣。

(一)致欢迎词常用的一些谚语、名言

(1)有朋自远方来,不亦乐乎

(2)千年修得同船渡

(3)有缘千里来相会

(4)在家千日好，出门也不难

(5)人生就像一出戏，有缘千里来相聚

(6)赵钱孙李是一家，东西南北是兄弟

(7)我看起来有点老，就像陕西大红枣

(8)别看我长得胖，跋山涉水有力量

(9)别看我长得瘦，陪同导游有节奏

(10)别看我年纪小，不同景点导游看技巧

(11)别看我年纪大，再苦再累也不怕

(12)别看我长得高，为你服务投你所好

(13)别看我长得矮，服务不到立即改

(14)别看我长得娇，优质服务不会少

(15)别看我是个女导游，须眉不见得是上游

(16)别看我是个娃，天南地北我都会“拉”

(17)别看我长得丑，吹拉弹唱样样有一手

(18)五十六个民族五十六朵花，旅游团就是大家临时的家

(19)话不在多，而在于真情服务

(20)笑不在多，而在于发自内心

(21)车厢虽小，却能容纳来自五湖四海的朋友

(二)因时、因事致欢迎词

1. **各位朋友：**

你们好！

欢迎你们来到我们××旅游！

听说你们在××旅游时天气一直不好，天天下着雨。看大家脸色就知道在××旅游不是很开心，现在你们来到了这里，大家看，我们这儿的太阳和我一样张开着笑脸欢迎大家的到来。据天气预报说，这几天我们这一带是

晴天，气温 25℃ ~28℃，我想在这样好的天气旅游是再好不过了，这是老天爷给大家的补偿吧。我和司机×师傅一定好好配合老天爷，为大家服务好，保证大家在××旅游开心，愉快！

2. **各位朋友：**

你们好！

特别感谢大家不远千里来到我们这儿旅游。老天爷好像故意考验大家一样，一出发你们就碰到下雨。但我想，既然大家不辞辛苦来到我们这里，大家的心一定是诚的，决心一定是大的，绝对不会因几滴雨阻碍我们的旅游，绝对不会因为天气暂时不好给我们的旅游带来不开心、不愉快！大家放心。我们这儿的天气有点怪。下雨天也会时而晴空万里，我会循着天气变化规律见天行事，安排好室内室外景点旅游，决不会让大家白来一趟。据天气预报说，昨天开始雨就慢慢停了下来。我更加相信大家一定能经受住老天的考验，愉快地完成这次旅游。

3. **各位朋友：**

欢迎你们来到××旅游！

听说你们在前站的旅游中碰到点不顺心的事。中国有句俗话"时过境迁"，你们乘坐了十几个小时的火车，那些烦恼和不愉快的事早已被疾驰的列车抛远了。

你们来到了××，就是来到了开心之地，愉快之处。

4. **"同志哥，请喝一杯茶……"**

一首山歌迎来四方宾客，一杯清茶温暖万人心窝。按照我们当地接待客人的习俗献上一首歌，送上一杯茶，是我们对远道客人表示欢迎的最高规格，请大家接受。我对你们的光临致以最诚挚的欢迎，祝你们在这儿游得开心，玩得惬意。

（三）因团致欢迎词

针对来自全国各地的旅游者，送上几句“好话”，往往能起到意想不到的效果。

1. 欢迎来自北京的游客

①听说北京人习惯人们叫他“爷们儿”，为此我这里也“顺应潮流”，欢迎你们，来自祖国首都的“爷们儿”。

②我十分羡慕你们——北京客人，你们离党中央最近，今天能为大家当导游我很高兴，能为在党中央身边生活、工作的人们服务，我感到幸福。

③北京是3 000年历史的文化古城，一直闪耀着中华民族的文化光辉。我为北京骄傲。

④俗话说“不到长城非好汉”！你们生活在北京，生活在长城脚下，攀登长城肯定是经常的事情，今天我们能一睹“长城好汉”的风采，实在是太高兴了。

⑤听说北京的胡同数也数不清，多种多样的胡同千奇百怪，最短的胡同只有10米长，最窄的胡同只有40厘米宽，不知我这样身材的人可以挤过去吗？

2. 欢迎来自天津的游客

①欢迎你们——冯巩的老乡们，听说天津人人会唱快板、说相声。空闲时欢迎你们表演一下怎样？

②全国名点小吃很多，而且名字都很悦耳、动听、吉祥，而你们的名点小吃却取名叫什么“狗不理”、什么“耳朵眼儿炸糕”，这都是什么意思呀？

③听说天津人和气，服务意识强，连旅游投诉都很少，我应该好好向你们学习，希望你们能“不吝”赐教！

④天津的大麻花又大又好吃，在全国很有名气。我没见过更没吃过，我们当地也有麻花，不大，也没什么名

气，到时一定请你们尝尝我们本地麻花，看看与你们的麻花味道区别在哪？

⑤天津的杨柳青年画平时有卖的吗？泥人张的后代还做泥人吗？

⑥听说天津蓟县独乐寺内有一尊高达 16 米的泥塑佛立像，经受了 1976 年唐山大地震至今安然无恙，真了不起，有机会我一定去观赏。

3. 欢迎来自上海的游客

①热烈欢迎来自大上海的——“阿拉”们，你们的到来使我们这个“大城市”也变成“小城市”了。

②听说上海的男人们下班一进门，就围上围裙下厨房去了，真的吗？有机会我一定找个上海男朋友，因为我最不喜欢下厨房。

③现在社会上流行这么几句话，旅游旅游无非是到陕西看“坟头”、到广州看“车头”、到海南看“浪头”、到上海看“人头”，上海浦东大发展了怎么还是人挤人呀？看来还是我们小地方好呀。你们不想在我们这儿买栋房子吗？

④每次接到陪同上海旅游团的任务，我都很紧张，因为上海太出人才了。全国 23 名特级导游员上海就有 10 名。出名导游的地方，市民旅游素质肯定是很高的，为此我害怕我的水平不够，为大家导游导不好！

⑤听说上海人很浪漫，一到晚上，充满夜色美的十里外滩全是一双双恋人手挽手，脸贴脸，不管旁边有没有人，都毫无顾忌地紧紧拥抱在一起，我好羡慕啊！

⑥2010 年在上海举办世博会，普通老百姓是怎样准备世博会的？

4. 欢迎来自重庆的游客

①看到你们真羡慕,想不到重庆姑娘个个如此苗条,能告诉我秘诀吗?下辈子我一定到重庆出生去!

②我想问一下,重庆人喜欢吃“火锅”、“怕不辣”,是不是和下雾有关。重庆又称“火炉”,最高温度达到多少度?

③我从小就喜欢唱《红梅赞》,今天我想把这首歌献给大家,请江姐故乡的同胞们指点指点,给打打分,看合不合格。

④“两岸猿声啼不住,轻舟已过万重山”描述的万里长江旧景虽然一去不复返了,但每当我背诵这首1 000年前伟大诗人李白脍炙人口的《早发白帝城》诗句时,仍激动不已。

⑤“山水画廊”的长江三峡旅游线的主要景点基本上都在你们重庆,真让人羡慕、向往,如果我在重庆担任导游该多好呀!

⑥长江三峡大坝建成,听说很多著名景点,如张飞庙、白帝城、水中碑林、白鹤梁的原址会被水淹没,但所有文物不但没有受到一点损失,反而保护得更好,真应该好好感谢伟大的重庆人民。

5. 欢迎来自黑龙江的游客

①欢迎来自祖国最北部的各位游客,见到你们,就使我想起了毛泽东同志的伟大诗句:“北国风光,千里冰封,万里雪飘……”

②哈尔滨被誉为“中国小巴黎,东方莫斯科”。可见其中西合璧、交映生辉的城市建筑是何等的迷人。

③哈尔滨素有“冰城”的美誉,银装素裹,千里冰封,这是我国任何城市都难得的美景。老天爷对你们太偏

爱了。

④抗日英雄李兆麟、赵一曼，铁人王进喜是永远矗立在中国人民心中的丰碑。

⑤五大连池是绽放在我国旅游景点百花园中的五朵灿烂的莲花，它深深地吸引着全国人民。

6. 欢迎来自吉林省的游客

①吉林三宝“貂皮、人参、鹿茸”早已名闻中外。人参产量占全国80%，你们个个红光满面，精神抖擞，身体极棒，是不是你们天天吃人参？

②吉林素有“中国玉米带”之称，现在全国各地都兴起了吃粗粮、啃玉米之风，看来吉林人民可以大发“玉米”财啦！

③长春市别名“汽车城”、“电影城”。我国第一辆解放牌汽车从长春开出，我国第一座电影城也诞生在长春市。吉林人民太幸福了，脚下跑的、眼睛看的都给吉林人民第一个享受了。

④吉林市的“江城树挂”每年都吸引着无数摄影家、画家和中外旅游者前来拍照、绘画和游览。可惜我现在还没有这个福分来看到它。

⑤听说吉林“陨石雨陈列馆”陈列着一块世界最大的陨石，重达1 770公斤，能否给我们讲讲陨石与普通石头的区别呢？

7. 欢迎来自辽宁省的游客

①“雄赳赳，气昂昂，跨过鸭绿江……”看到你们，不由想起了50多年前，中国人民志愿军开赴朝鲜战场气壮山河的壮观场面，辽宁人民在反抗日本帝国主义的侵略、抗击反动派进攻和抗美援朝的伟大战争中做出的巨大贡献，永远记载在中华民族的史册中。

②沈阳故宫是仅次于北京故宫的最完美的皇宫建筑群,反映了满汉各族文化融合在建筑上的辉煌成就。

③听说位于沈阳市北 30 公里处有一由西往东倾斜的怪坡,上坡时骑自行车可不用蹬踏板,汽车熄火后可顺利地往坡上滑行。下坡时却要蹬踏板,汽车不发动往下滑行却很困难。真奇怪了,有机会我一定亲自去体验一下。能告诉我这是什么原因吗?

④辽宁海滨城市大连素有“苹果之乡”、“服装城”、“足球城”的盛誉,大连人真是幸福,吃的、穿的、锻炼身体的应有尽有。下辈子非做个大连人不可。

⑤2000 年,辽宁的岫玉被评为我国国石第一名,不知它和新疆的和田玉有什么区别。请辽宁朋友赐教。

⑥隋唐以来,鞍山的千山就是佛教和道教活动的中心。佛道两教并于一山,在我国是不多见的。不知为什么它们能长期友好相存。

8. 欢迎来自河北省的游客

①全国村庄千千万万,但面积最大、人口最多、行政级别最高的是你们石家庄,欢迎你们,全国最大山庄的“庄民们”。

②东起河北山海关的老龙头,西至甘肃嘉峪关,绵延近万里,这就是我们伟大的万里长城的东西两端的起终点。如果想沿着万里长城从东到西走一趟的话,你们河北人便可“近水楼台先得月”了。

③每当我过桥时就会很自然地想到你们赵县的“安济桥”,想到“安济桥”两个第一:我国最早的石拱桥,世界桥梁工程中首创“敞肩拱”。河北人民太伟大了。

④河北的旅游资源太丰富了,除了北戴河、苍岩山和嶂石岩为国家重点风景名胜区以外,清东陵、清西陵、承

德避暑山庄、金山岭长城等都是闻名海内外的著名人文景观。河北省文化底蕴极为丰富,知识内容极为广泛。在河北当一名导游太难了。我要向河北的导游好好学习。

⑤听说著名的《将相和》故事发生在邯郸,这是千百年来流传于世的彰显大团结的典型事例。我想古人都能珍惜团结,我们还有什么理由不好好团结呢?

9. 欢迎来自河南的游客

①谈起河南,我不由肃然起敬,河南是我国古代的政治文化中心。八大古都河南占了一半,安阳、洛阳、郑州、开封。河南是中华民族的摇篮。河南太值得一看了。

②龙门石窟是我国三大石窟之一,有佛像10万多尊。若要详细导游的话,一天就是讲解100尊也得花上近3年时间,真是难为洛阳的导游了。

③洛阳的"白马寺"堪称全国佛寺第一,要学习佛教真传应该是理想之处了。

④"少林,少林……"一曲《少林》之歌响彻全国,少林拳术名扬天下。听说河南人个个都会武术,什么时候能给我们露一手看看哦!

⑤听说在河南能查到全国各个姓氏的起源衍生情况,我姓×,请问旅游团的×先生,我与你同姓。我这个×与你那×是出自同一个祖先吗?

⑥据说洛河地区婚俗很特别。有"离娘肉,生饺子,压床板,闹洞房"一说,能否请你们介绍一下?

10. 欢迎来自内蒙古的游客

①"十五的月亮……"看到你们太激动了,情不自禁就唱起来了。我也不怕在"关公面前耍大刀"——出丑了,难得《敖包相会》的老手们到我们这儿来旅游,请各位

赐教。

②每年一度的内蒙古“那达慕”大会有确定举办的日期吗？其他民族的人可以随团参加吗？除了传统的摔跤、射箭和赛马外，还有什么游戏项目？

③两千年前王昭君为民族大业自愿出塞远赴匈奴和亲的义举为世人歌颂，这是我国民族大团结的楷模。今天我们56个民族能坚如磐石，王昭君自然功不可没。我想我们中华民族会永远团结得像一个人一样。这个团结是任何力量都不可阻挡的，这是中华民族振兴的根本保证。

④蒙古包架设较简单，一般在水草适宜的地方，用毛绳、毛毡、柳条棍架设好“毡房”，只要在毡房的地上铺上一块地毡就可睡觉，睡在这样潮湿的地方不会患关节炎吗？不知你们患关节炎的人多不多？

⑤全羊席是蒙古宫廷中独特的民族宴席。以一只全羊烹制出76道菜，然而每道菜名都不露“羊”字，这意味着什么？能否请你们介绍几个菜名吗？

11. 欢迎来自新疆的旅客

①各位“古丽”、“亚克西”，我想问一下，为什么你们头上要结那么多辫子呀？

②听说吐鲁番市东有一座火焰山，山上最高温度达70℃，沙面热气可以烤熟鸡蛋，是真的吗？真羡慕吐鲁番人烤鸡蛋不用烧燃料，这样烤熟的鸡蛋好吃吗？

③吐鲁番的“坎儿井”和“四川都江堰”都是我国古代杰出的水利工程，但不知为什么“坎儿井”另有“地下万里长城”之称？

④前不久我新疆的同学千里迢迢给我寄来一顶花帽，我也常见新疆人无论男女老少头上都喜欢戴一顶

花帽。请问花帽有没有男女、年龄、婚前婚后和等级之分？

⑤新疆著名歌曲《达坂城的姑娘》中有一句歌词“带上你的嫁妆，带上你的妹妹”，是不是新疆姑娘出嫁还要把妹妹作为陪嫁？如果新娘没有妹妹咋办？

⑥据说，北京故宫里一尊堪称世界玉件之冠的5吨多重的巨型玉雕“大禹治水玉山”就是用和田玉所雕，是真的吗？和田玉现在产量如何？

12. **欢迎来自甘肃的客人**

①欢迎你们，来自万里长城最西端的朋友们！

②我羡慕你们，“张骞出使西域”、“唐僧西天取经”、“丝绸之路”、“马可·波罗探险游历”都在你们甘肃留下了印迹。中国旅游业的标志“马超龙雀”青铜制品又出土于武威。到你们那儿当个导游该多荣耀啊！

③我曾经带团去过敦煌的莫高窟、天水的麦积山，今天见到你们，仿佛我又看到了茫茫戈壁滩，看到了敦煌，看到了麦积山。

④被誉为“沙漠第一泉”的月牙泉，处于200多平方千米的鸣沙山中，2 000多年来泉水从未枯竭，真乃奇迹也。老天爷对你们太偏爱了。

⑤相传唐代诗人王翰诗句中的“葡萄美酒夜光杯”中的“夜光杯”是西王母送给周穆王的一只“夜光常满杯”，倒酒入杯，则对月生辉，光明夜照，真有这么神奇吗？不知你们甘肃人用什么方法获得了西王母的“偏爱”。

⑥唐代诗人王维用“劝君更尽一杯酒，西出阳关无故人”的诗句送别友人。今天我想借此诗句，改动一下，“劝君多喝杯中酒，东入阳关遍地客”，对你们的到来表示热烈欢迎。

13. **欢迎来自宁夏回族自治区的游客**

①各位回族“多斯蒂”(兄弟),“色俩目”(您好),欢迎你们来这儿旅游。

②一提起回族,大家都晓得你们有一个不吃猪肉的禁忌,除此之外,你们还有其他禁忌没有?若有,请告诉我们,以便在今后为大家的服务中不出洋相,让大家“虑失怒底”(满意)。

③过几天就是“开斋节”了,在这里预祝各位节日快乐。“开斋节”可以送鲜花和蛋糕吗?

④从小学地理,学历史,就晓得“陕西宁,陕西宁”,那时总觉得“陕西宁”离我们太远了,今天见到你们,想不到“陕西宁”竟有这么近。

⑤宁夏“五宝”,枸杞、甘草、贺兰石、羊皮、发菜,誉满中外,听说,宁夏政府为了“环保”,不让“自挖发菜”,真有这回事吗?

⑥青铜峡 108 塔是我国古塔建筑中仅有的。塔一般是佛教的建筑物,建 108 塔的意思与佛教撞钟 108 下消除 108 个烦恼一样吗?难怪宁夏各位“多斯蒂”个个精神振奋,神采奕奕。

14. **欢迎来自青海的游客**

①今天我要用最隆重的礼节欢迎青海的同胞来我们这儿“纳顿”(土族语“玩”的意思)。为什么要用最隆重的礼节欢迎你们呢?因为你们掌管着我国最大的两条河流——“长江”、“黄河”。

②2006 年 7 月 1 日,这是个永远值得纪念的日子,这一天青藏铁路通车了,而起点就是你们青海的“格尔木”。以后我到西藏去请你们帮忙买票可以吗?

③听说青海人民每人平均一头牦牛,真让人羡慕。

骑着牦牛绕着青海湖旅游该多惬意呀!

④塔尔寺的“如意八塔”有八个十分动人的佛经故事,有机会请各位讲给我们听听好吗?

⑤青海的“冬虫夏草”是一种十分出名的药材,“冬天的虫子”和“夏天的草”怎么可合称为一种药材呢?

⑥听说你们那儿的“花儿会”极为热闹。是不是每年农历五月后天天都有?我打算组织一批客人到“花儿会”上唱“少年”,你们说好不好?

15. 欢迎来自西藏自治区的游客

①欢迎来自“世界屋脊”的朋友,你们从高原来到我们这儿有平原反应吗?听说,青稞酒可以治高原反应,但目前还没有发现有治疗平原反应的食品,只好麻烦各位自己珍重了,“扎西得勒”。

②听说,藏族的妇女用“赫土”涂面,美容护肤效果十分理想,“赫土”如果能推广的话,那么妇女同志就可以节约一大笔“化妆费”了。

③2006 年 7 月 1 日,青藏铁路通车了,今后来往西藏就方便了,但听说游览“布达拉宫”门票很难买到,每天只限售 2 300 张门票,以后我和家人到拉萨旅游有劳大家帮忙买门票可以吗?

④有个歇后语讲“藏族同胞穿衣服——露一手”,这样袒露单肩的风格是和气候、劳动有关吧!

⑤藏族人民献给客人最珍贵的礼物是洁白的哈达。“哈达”,仅仅是表示最真挚的感情吗?

⑥“喜马拉雅山再高也有顶……”看到你们就想起了这首振奋人心的歌曲,就想到自文成公主远嫁松赞干布 1 000多年来汉藏牢不可破的大团结。这种大团结产生的力量是无穷无尽的。

16. 欢迎来自贵州的游客

①看到来自贵州的各位朋友，我仿佛闻到了国酒“茅台”的芳香，我想这几天和大家在一起旅游，一定会沉醉在“茅台”酒的芳香中。

②“如浪卷，似涛翻，如浪似涛贵州山”描述的是贵州山的磅礴气势。贵州的山、四川九寨沟的水，我认为是我国山水景观杰出的代表。

③听说贵州很多地方男女是通过“游方”、对歌等形式相互认识并建立感情的。“游方”指的是什么？

④据说苗族也有龙舟节。但苗族的龙舟节与汉族龙舟节有六大不同。能否请贵州朋友们给我们介绍一下好吗？

⑤贵州是个多民族的省份，有 49 个民族，少数民族人口占全省近 40%。少数民族的歌舞很有特色。我想我们这个旅游团中肯定有少数民族的同志，能否请“露一手”让我们领略一下贵州的歌舞风情？

17. 欢迎来自湖北的游客

①看到湖北的游客，就想起屈原，就想起端午节吃粽子。据说 2 300 多年前当地人民将米包裹蒸熟抛于河中，奋力划船抢救投江的伟大爱国诗人屈原，这就是端午节的由来。

②听说你们湖北襄阳古城的护城河有 130 米至 250 米宽，这可是全国乃至全世界最宽的护城河，难怪襄阳自古就有铁打的“襄阳”之誉。

③被誉为“世界奇迹”的编钟深埋地下 2 000 多年，仍然能弹奏古今乐曲，太神奇了。你们听过演奏没有，有机会我一定要认真聆听。

④《三国演义》是我国古典名著之一，《三国》故事千

百年来盛传不衰、妇孺皆知、人人喜爱。凡看过《三国》的人,就自然不会忘记赤壁之战的蒲圻,不会忘记关公大意失去的荆州,不会忘记赵云救阿斗的长坂坡,不会忘记刘备“三顾茅庐”请诸葛的古隆中……湖北留在我们脑海中的地方太多了,真羡慕你们啊!

⑤听说你们曾经提出要把武汉建为“东方的芝加哥”,我认为大可不必。“欲穷千里目,更上一层楼”为什么一定要屈身于“芝加哥”之下做“武汉弟”呢?我认为武汉应该做“东方大武汉”。

⑥恭喜你们湖北的游客,你们的武当山已列入了《世界遗产名录》。武当山不仅是我国著名的道教名山,而且听说“武当”人个个有一套真功夫,正如其名之意,“非真武,不足当之”。能给我传授一点吗?

18. 欢迎来自湖南的游客

①热烈欢迎你们——领袖故里的客人。真羡慕你们啊,我国几位国家主要领导人都是你们湖南人。毛泽东主席,刘少奇主席,胡耀邦总书记,都是你们湖南“细伢子”,你们的山水有什么特别之处吗?

②范仲淹《岳阳楼记》中“先天下之忧而忧,后天下之乐而乐”的名言名扬海内外。为了表示为大家服务的诚挚心意,请允许我借范仲淹名作,改为“尽游客之需而需,更游客之乐而乐”。

③现在社会上流传着这么一种说法:“四川人不怕辣,江西人辣不怕,湖南人怕不辣。”真的是这样吗?听说你们的“朝天椒”把一位自称走遍天下不怕辣的美国人吓跑了。我已经通知餐厅了,为你们准备了本地最辣的菜,但能不能让你们满意我就吃不准了。

④毛泽东诗中“桃花源里可耕田”的桃花源就是你们

湖南的“桃花县”。桃花县桃树多吗?

⑤恭喜你们湖南的朋友,你们的张家界1992年就列入了《世界遗产名录》,被誉为“大自然迷宫”。吸引了来自全国各地、全世界的旅游者,尤其是韩国游客。

⑥按地理位置,湖南应是南方,南方历来多雨水,但想不到长沙“马王堆汉墓”却出土了2 100多年前西汉时期的至今仍保存十分完整的一具女尸,真是不可思议,湖南真是“深不可测”呀!

19. 欢迎来自江西的游客

①江西作为中国工人运动的摇篮,人民军队的摇篮,中国革命的摇篮,中华人民共和国的摇篮,全国乃至全世界人民对她无比崇敬,请接受我一个导游员的敬意,向江西人民学习。

②江西历来人才辈出,我在小的时候就记得有文天祥、王安石、欧阳修、陶渊明、宋应星、朱熹、詹天佑……真是一方水土养一方人,江西山水特别灵。有机会我一定要在江西住上一二年,也沾沾江西山水的“灵气”。

③认识中国,从景德镇开始。你们江西景德镇真了不起。“china”——“中国”,“中国”——“china”。“Thank you”——“江西”,“Thank you”——“景德镇”。

④欢迎你们,江西老表。据说朱元璋和陈友谅长期激战江西期间,朱元璋获得江西人民的全力支持,多次化险为夷。朱元璋许愿若能当上皇帝,希望江西人以“表兄弟”称谓来找他,江西“老表”就这么叫上了。江西人就这么自古就“当”上了皇亲国戚。

⑤祝贺你们江西庐山被评为“世界文化景观”。旖旎的庐山还在2005年就被评为全球唯一的“联合国优秀生态旅游景区”。真了不起,深为你们江西人而骄傲、

自豪!

⑥据说香港同胞的饮用水之源在你们江西安远县境内。香港同胞可真得好好感谢你们呀!

20. 欢迎来自福建的游客

①看见你们,就很自然地想到了厦门鼓浪屿,想到"平等"一词,据说鼓浪屿不准小车入内,不论男女老少,不论职位高低,在鼓浪屿一律都得步行,真是"平等"啦,真的是这样吗?

②前不久我带旅游团到福建崇武等地,当地一首民谣是这样描述惠安女传统服饰的——"封建头,民主肚,节约裤"。原来我很不了解,去过以后略有所知了。一个地方的服饰总是与当地的劳动生产和生活息息相关的。然而今天社会上流行的女性低腰裤,我就不理解了,这和惠安女传统服饰是不搭界的吧?我认为充其量只能是赶时髦!你们同意我的观点吗?

③妈祖在福建知名度极高,妈祖庙几乎遍及沿海,甚至东南亚、日本等地。正如一般老百姓相信观音菩萨一样,沿海人民相信妈祖会保佑一方平安。我虽然与大家信仰不同,但我也祈求妈祖保佑我们此次旅游一路顺畅。

④谈起福建就会想起福建是侨乡。侨乡出了一位杰出代表人物,毛主席亲笔题词高度赞许的华侨旗帜、民族光辉——陈嘉庚。据说鹰潭铁路、厦门大学就是陈嘉庚捐款创办的。

⑤福建、台湾只相隔一个台湾海峡,在厦门海边还可以清晰地看到大担、二担岛上人们的行走。有机会我一定要去厦门,亲眼看看祖国美丽的那一方。

⑥祝贺福建朋友,你们的武夷山被联合国列入《世界遗产名录》。听说武夷山悬崖上还遗有3 000多年前古越

人的船棺——“架壑船”。这些船是怎样飞上悬崖的呢?它和江西龙虎山古崖墓群有什么区别?

21. 欢迎来自浙江的游客

①“上有天堂,下有苏杭”——欢迎来自“人间天堂”的朋友们,欢迎你们“下凡”来到我们“人间”,我一定用“人间”最大的热情、真诚的态度为“人间天堂”的朋友们服务!

②哇——你们旅游团的女性个个都好漂亮美丽啊!果然名不虚传,“苏杭出美女”呀! 能陪同“美女团”旅游,我备感荣幸。

③浙江不仅有秀丽的山水,出西施般的美女,而且诞生出一代代名人和经商能手。陆游、鲁迅、周恩来、蔡元培等都是浙江籍的闻名中外的名人,近几年来温州、金华、宁波更是闻名全国的“老板”之乡。

④喝过你们的龙井茶,用过你们的张小泉剪刀,穿过你们的丝绸衣,吃过你们的金华火腿,听过你们的越剧——一句话,你们浙江的确是“人间天堂”,真让人羡慕呀!

⑤西班牙“斗牛”,风靡全球,想不到浙江金华一带也有“斗牛”,而且已有1 000多年的历史,并已列入了游览项目。你们那儿的“斗牛”与西班牙的“斗牛”一样吗?真想看看。

⑥杭州是我国古都之一,但现在很难体现出古都的风韵,有的尽是赶在前头的现代气息,我总觉得有一点点遗憾,你们有此感觉吗?

22. 欢迎来自安徽的游客

①据说荣获奥斯卡金像奖的电影《卧虎藏龙》的外景就是在你们安徽的真山、真水、真竹中拍摄的。连美国人

都没想到，世界上真有这么美的地方。看来《卧虎藏龙》电影又会像江西电影《庐山恋》那样创下一个电影连续放映几十年而不衰的世界吉尼斯纪录了。

②历史上安徽出了个朱元璋，建立了明朝；近代陈独秀，是中国共产党创始人之一，第一任中国共产党总书记；中国农村改革也是从安徽开始的。安徽在中国历史上占有的地位是何等重要啊！

③提起安徽，就想到了刻有“徽”字印记的徽商、徽菜、徽派建筑。安徽的确是广袤富庶之地呀！

④我曾经带团去过黄山，黄山的“奇松、怪石、云海、温泉”四绝至今还深深印在我的脑海中，而且通过那次黄山游，我完全认同了明代大旅行家徐霞客发出的“五岳归来不看山，黄山归来不看岳”的感叹。黄山太美了，有机会我会去第二次、第三次的。

⑤佛教名山九华山百岁宫中有一具真身菩萨，距今已有250多年。据传明僧海玉长年以野果为食，寿126岁，坐化圆寂后，僧徒们将其真身通体涂金供奉。后被明崇祯帝封为“应身菩萨”。看来现代人们主张回归自然，吃绿色食品是很有科学道理的。

23. 欢迎来自江苏的游客

①看到来自江苏的游客不由让我想起在江苏有两位我们当导游的人不可不说的“前辈”，一位是《桃花扇》的作者孔尚任，他亲自给皇帝当过导游官，能给皇帝当导游足以说明他知识渊博；一位是《沙家浜》里的阿庆嫂。阿庆嫂能言会道，招待客人热情大方。我想导游人员如果具备了他们二人的知识能力和服务技能，做一个合格的导游是没有问题了。

②说起江苏就自然会说起“六朝古都”南京、“东方威

尼斯”苏州、文人荟萃哺育了“八怪”的扬州、历来为兵家必争之地的徐州、拥有“天下第一泉”的镇江、素有“小上海”之称的无锡……江苏的名城太多了，真羡慕极了！如果有可能的话，下辈子我也要做个江苏人。

③“江南园林甲天下，苏州园林甲江南”。拙政园、网狮园、留园、狮子林不仅享誉中华，更是誉满全球，在这座园林城市生活工作确实太幸福了。美丽的园林增添了城市的美丽，美丽的城市培植了美丽的园林，美丽的城市更是哺育了千千万万美丽的人民。难怪苏州女同胞个个像园林中的花朵那样美丽、灿烂。

④苏州不仅是一座驰名中外的园林城市，而且是培育省长、省委书记们的学校。近几年来你们苏州为好几个省输送了省长、省委书记。衷心祝愿这些省市在这些书记、省长们带领下能迅速发展，更加繁荣、昌盛。

⑤“江南佳丽地，金陵帝王州”，具有 2 500 多年历史的南京文化积淀极为丰富：建于春秋时代的朝天宫、东晋留下的石头城、气魄庞大的明孝陵、奔腾不息的大运河、庄严肃穆的中山陵、彰显时代气息的长江大桥、金陵饭店……南京既是历史文化名城，又是一座现代化的园林城市。

⑥据去过江苏旅游的人说：南京、苏州、无锡、扬州、常州都是十分温馨舒适的城市。休闲时，市民们端着宜兴的紫砂壶泡着碧螺春，哼着茉莉花的小调或坐在夫子庙的茶社品尝着南京名点小吃，啃着无锡的肉排骨泛舟太湖……了不得，了不得，江苏人真会生活呀！

24. 欢迎来自广东的游客

①现在社会上流行这么一种说法，看 2000 年历史去西安，看 800 年历史去北京，看 100 年历史去上海，若要看

改革开放的历史就去广东。仅特区广东就有三个,这就是深圳、珠海、汕头。我去过这三个城市。这三个城市确实能反映出改革开放的历程和伟大成就。能给我们讲讲你们的经验吗?

②“广东人敢吃”,原本我不相信,前不久我带团到广州几个城市转了一圈才深有同感。你们不仅吃蚊、猫、老鼠,连蝎子、禾虫、蚕蛹都吃。好吃吗?你们不害怕吗?看来做一个“美食家”还得先练练胆子。

③据考证,地质地貌学上的“丹霞地貌”就出自于你们广东仁化的丹霞山。丹霞山有一著名景观“阳元石”,江西龙虎山也是丹霞地貌,也有一著名景观“仙女配不得”,很多看过这两个景点的人都会发出“真乃天造地设的一对”的感叹。然而美中不足的是,它们几千年来总是“夫妻分开”,害得成千上万前来贺喜的人只能穿梭游走广东、江西两地。

④广州全年鲜花不断,素有“花城”之誉,自古以来就扬名全球。唐代广州已是世界著名的港口,“海上香料之路”就是由广州通向阿拉伯和西方国家的。1840年,广州先后发生过林则徐禁烟、三元里抗英等重大历史事件,辛亥革命和第一次国内革命战争时期,广州都是政治活动中心。

⑤据报道,广州的旅游发展速度使其他省只能是“望其项背”。全国100强国内旅行社,你们广东几乎占了一半。你们的“广之旅”一下就把湖南张家界买断了几十年。不知我这个水平可不可以去你们广东旅行社应聘。

25. 欢迎来自山东的游客

①“山东大汉”、“山东大汉”,今天看见大家果然名不虚传。但我想这不仅是对山东人身高体壮的誉称吧,

据说山东人讲义气、豪爽,该出手时就出手也应是一个原因吧!能否给我们指点指点呢?

②山东自古出人才,世界上十大思想家中排在第一位的孔子就是出生在你们山东曲阜。还有亚圣——孟子,《聊斋志异》作者蒲松龄,著名诗人范仲淹,词人辛弃疾,爱国将领戚继光、丁汝昌、邓世昌……真是人才辈出呀!

③凡念过书的人谁不知"三山五岳",谁不知五岳之首是泰山,谁不知孔圣人家乡曲阜的"三孔",谁不知"孔孟之道"? 山东太伟大了,下辈子真的想投胎在齐鲁大地。

④济南——誉称"泉城",自古就有七十二名泉之说。"天下第一泉"的趵突泉及黑虎泉、珍珠泉和五龙潭被称为济南四大名泉。

⑤有一位导游用五线谱来描述青岛的美丽。我认为,这是个很好的创举。我去过青岛,青岛不愧是我国著名的港口城市,难怪北京奥运会的帆船比赛设在青岛。祝愿青岛更加美丽、动人。

⑥据说你们山东潍坊市被誉为"世界风筝之都",国际风筝联合会总部也设在该市。全国唯一的"风筝博物馆"也在潍坊,全国最长的360米的中国龙头蜈蚣立体串式风筝,全国最小仅为50毫米长的风筝就在该馆展出,真想去欣赏欣赏。

26. 欢迎来自云南的游客

①《五朵金花》、《阿诗玛》两部电影早已使云南名扬天下。我是听着这两部电影中的插曲长大的。风景如画的大理、令人神往的苍山洱海、千奇百怪的石林、古老的丽江、摩梭人的"花楼"、神奇的西双版纳……云南有那么

多令人向往的地方。云南给我的印象太深太多,对云南人真是羡慕极了。

②“万紫千红花不谢,冬暖夏凉四时春”。“春城”昆明四季如春。在四季如春的地方生活该是多好呀!我猜想你们那儿的人均寿命肯定大大高于全国平均水平,能告诉我昆明人平均寿命吗?

③听说昆明大观楼有一副对联,180 个字,上联写风光,下联述历史,真称得上“古今第一长联”。说到该对联,我不由又想起河北山海关孟姜女庙的对联,“海水朝朝朝朝朝朝落;浮云长长长长长长长消”。全联按字数,别看只有 20 个字,“海水朝落,浮云长消”,却有 6 种解读方法。中华文化真是博大精深啊!

④云南是我国少数民族最多的省份,民族风情浓郁独特,其中给我印象最深的是泼水节,凡到云南旅游的人都想参加泼水活动。据说,泼水节在傣族语就称“金比迈”,意为新年。人们互相泼水祝福,以求消灾除病。这种庆祝新年的活动吸引了大批游客前来观赏和参与。

⑤丽江是一座闻名中外的古城。在中国,凡是城一般必有城墙。然而不知为什么,丽江古城却没有城墙。能否请云南朋友指点指点?

⑥“米线”本来只是一种普通的细长的米粉条,但你们的“过桥米线”却遍布全国,据说,你们的“米线”还真和“过桥”有关,能给我们讲讲这则趣闻故事吗?

27. 欢迎来自四川的游客

①唐代大诗人李白曾慨叹:“蜀道之难,难于上青天。”但在交通发达的今天,我想这只能作为一种历史回顾吧,不然的话,我怎么能在这里接待大家呢?而且前不久,我还带了两个旅游团到你们那儿旅游呢!我想,李白

若有知的话，他应该将诗句改为“蜀道不再难，天堑变通途”了！

②据说，四川旅游形象定位为“天下山水，世界遗产，千古文脉，百味四川”这16个字，我认为是十分准确的，就拿世界遗产一项来说吧，你们四川就占4处，雄踞全国前列，九寨沟、峨眉山、都江堰－青城山、乐山大佛都是世界级景观。

③“川菜”为我国四大菜系之一，调味上偏重麻辣。其特色是“百菜百味，一菜一格”，其代表菜有麻婆豆腐、水煮牛肉、锅巴肉片、鱼香肉丝等。川菜趣闻故事繁多，不知我这样介绍你们川菜是否到位。请各位“川菜”家乡的人们打打分。

④四川熊猫是人见人爱的稀有动物，不仅是四川的宝贝，是全国人民的宝贝，甚至是全世界人民的宝贝。不是吗？连世界野生动物基金会的会徽都是大熊猫的形象。太值得四川人骄傲自豪啦！

⑤创建于2 300多年前的都江堰至今都还在发挥着巨大防洪和灌溉作用。李冰太伟大了，四川人民太伟大了，中华民族太伟大了！

⑥去过九寨沟的人都自然地把它比作“人间仙境”和“童话世界”，其翠海、叠瀑、彩林、雪峰和藏情更是九寨沟的“五绝”。古有“黄山归来不看山”一说，今有“九寨归来不看水”之称。黄山的山，九寨沟的水，是大自然赋予人类最伟大最壮观的山水景观。

28. 欢迎来自海南的游客

①热烈欢迎来自“东方夏威夷”的朋友们。你们海南占尽了现代旅游中的“三S”，你们的平均寿命肯定要高于全国平均年龄吧！

②过去海南被称为“天之涯”、“海之角”，是蛮荒之地。如今，海南成了我国最迷人的热带风光旅游胜地。这一切要感谢改革开放！

③海南对全国人民来说一直很神秘。我是从“万泉河水清又清，我送斗笠给红军”的歌声和“红色娘子军”的舞剧中开始了解、认识海南的。现在琼州海峡已架起了火车轮渡，我想，今后到海南旅游更方便了。

④跳竹竿是黎族人民的一种传统体育活动，男女都能跳。我也跳了几次，但每次不是脚踝被夹，就是腰腿被夹，这次，正好向你们学习学习，请不吝赐教。

⑤听说，东北地区不少人都在海南买了房子。冬天到海南避寒，夏天回到东北避暑。不知你们海南人在东北地区买了房子没有，人们的生活质量真是越来越高啊。

⑥椰子、槟榔、杧果、香蕉、菠萝、腰果……海南水果真是琳琅满目，馋得让人流口水呀！海南人真有口福，下辈子争取做个海南人。

29. 欢迎来自陕西的游客

①“自古陕西出帝王”，历史上陕西有 13 个王朝建都，其中秦朝、汉朝、唐朝都是我国历史上有作为、有伟大业绩的朝代。

②“东方红，太阳升，中国出了个毛泽东。”是陕西人民首先表达了对伟大领袖毛泽东的无限敬仰。的确，没有延安的 13 年，没有毛泽东，就没有咱们新中国的今天。全国人民感谢你们。

③陕西有两样物产在全国知名度极高：一是“大红枣”，个大鲜甜，一斤红枣只有十几个；二是享有“天下第一碗”之称的“羊泡馍”，据说连南方人都喜欢吃。有什么特殊味道？

④据资料介绍,陕西地下处处是文物,遍地是宝。一锄头挖下去,就可能碰到价值连城的文物。据说,享有“世界第八奇迹”之称的秦兵马俑就是几个农民挖水井时无意中挖出来的。如果再把秦始皇陵、乾陵挖掘出来,我想整个世界都要震翻了!老天爷对陕西的确“偏爱”呀!

⑤据说,素有“奇险天下第一山”的华山自古以来只有一条道,而且有的地方还得靠游客双手双脚攀爬,的确是这样吗?太刺激啦!有机会我一定去攀登。五岳我就差西岳华山没有去过了!

30. 欢迎来自山西的游客

①热烈欢迎各位“晋商”朋友。历史上山西人个个是经商好手,全国第一票房就在你们那儿的平遥。新中国成立后,有多届国务院财政部长是山西人。怎么样,什么时候也教我一手“理财”之道?

②旅游的确是一项丰富多彩的文化活动,有饮食文化、酒文化、茶文化、民俗文化……现在你们山西又有个“大院文化”,《大红灯笼高高挂》的上映引出了乔家大院、王家大院、张家大院的“大院文化”。旅游就是阅读一本百科全书!

③听说,几十年前在全国大发各种票证的年代,你们山西买醋还是凭“醋票”,是真的吗?为什么山西人对“醋”情有独钟呢?

④山西应县木塔是国内外现存最高大、最古老的木结构塔,而且历经7次大地震仍岿然不动。山西人民太伟大了,我要向你们好好学习学习!

⑤五台山是我国保存寺庙最多而又最完整的佛教名山。虽然经历战火纷飞的年代和“文化大革命”动乱时

期，五台山却仍能保护得如此完整，这是山西人民的功劳。在此，请接受我崇高的敬意和衷心的感谢！

⑥山西面食名扬天下，尤其是刀削面，它与北京的打卤面、山东的伊府面、四川的担担面、河南的熘面并称为“中国五大面食”。如果有一天我不做导游了，我就开一家专门的面食馆，我想一定会发大财。到那时我聘请你们兼任面食馆技术顾问，你们干吗？

31. 欢迎来自广西的游客

①热烈欢迎来自“山水甲天下”的广西朋友。广西美啊！漓江美啊！“江作青罗带，山如碧玉簪”，连游览过世界各地的美国总统尼克松都一再称赞，桂林是他到过的最美丽的地方。

②一首《唱山歌》使我想起古代歌仙刘三姐。据说广西大山歌圩有万人以上参加，内容有情歌、诗歌、对歌、推歌、连歌……这又使我想起现在的歌唱家韦唯。我想，各位生活在歌乡，肯定也是一个唱歌能手吧？怎样，给我们唱一个吧！

③听说，广西称狗为“地羊”，而且有“闻到狗肉香，神仙也不当”之说。狗肉吃法很多，竟有 20 多道菜点组成的“全狗宴”。但不知广西吃狗肉与朝鲜族人吃狗肉有何不同，能否给予赐教。

④据说，壮族婚礼中以送槟榔为贵，把槟榔看得比金子还贵。这是为什么呢？请你们给我讲一讲。

⑤广西北海的银滩被列为全国“最美休闲地”之一，真想去那儿看看。不知银滩有无旺季、淡季之分？

⑥历史上，广西发生过洪秀全领导的“金田起义”。第二次国内革命战争时期爆发过邓小平、张云逸领导的广西百色起义。广西风景优美，革命历史也很悠久啊！

32. **欢迎来自台湾地区的游客**

①“高山常青，绿水常蓝”，热烈欢迎各位同胞。同胞乃兄弟之义。同胞之情是任何人都不可斩断的！

②听说，在台湾饭馆经常可听到“老板，来一副棺材板”这样的招呼，真是太可怕了。据说，这还是一道中西结合的名小吃。为什么要取这种可怕的名字，能告诉我们吗？

③随着台湾旅游逐步向祖国大陆开放，我从小抱有的“游遍祖国的山山水水”的愿望不久就可以实现了，这真要感谢台湾人民的努力。在这里，向大家道个谢，不久，我还要登门致谢呢！

④台湾宛若一座海上公园，从清代起，台湾就有“八景十二胜”之说，真是名副其实的“宝岛”啊！连我这种未去过台湾的人都能说出“阿里山”、“阳明山”、“日月潭”、“台北故宫”、“北投温泉”等十几个著名景点。

⑤台湾高山族男子的服装一般都配有羽冠、角冠、花冠。平时，他们都这样穿着吗？还是只在逢年过节、喜庆之时穿呢？

33. **欢迎来自香港的游客**

①1997 年 7 月 1 日，这是中华民族大喜大庆的日子，也是值得中华儿女永远纪念的日子。香港回归祖国不知不觉就有十几年了，真是“弹指一挥间”！

②和大家在一起，让我香气扑鼻啊。不信？就连香港取名都离不开“香”字。香港因遍地花而得名“芬芳的港口”。香港盛产香木，被称为“清香的港口”。香港人自古以来就以制造檀香木和制香为生，其香味四溢而称为“香港”。

③据说香港同胞对数字爱憎分明，喜欢“3、6、8”，但

讨厌“4”和“13”。能给我们讲讲这其中的故事吗？

④香港素来就有“动感之都”、“东方之珠”的美称。香港自然景观秀丽动人，随着21世纪的到来，它作为国际金融、通信、运输及贸易中心将发挥越来越大的作用。我们祝福香港。

⑤近一两年来，香港的大学开始在祖国内地招生。尤其是2006年，据说，好几个省市的高考状元都报考并被香港几所名牌大学录取了。我相信，内地与香港的教育教学合作将会越来越密切，越来越广泛。

34. 欢迎来自澳门的游客

①澳门回归祖国已有10多年了(1999年12月20日回归)。《七子之歌》伴随着澳门的回归唱响，并将永远唱响在每一位中华儿女心中！

②大三巴牌坊是澳门著名的名胜古迹，也是澳门的代表性建筑物，它融合了东西方建筑艺术的精粹。“不到长城非好汉，不见牌坊不算澳门客。”你们赞成这个观点吗？

③我去过澳门，深深感叹澳门的“中西结合，华洋共处”的市容。现代化的高楼大厦、充满风情的石板路、西方文艺复兴时期的天主教堂……直至今天，我仍记忆犹新。

三、百家姓迎客

自我介绍看似简单,其实有很多奥妙。有的自我介绍平淡如水,有的则趣味盎然,当然,产生的效果就有天壤之别了。自我介绍,第一就是介绍自己的“姓”和“名”,“姓”是不能改变的,但自我介绍“姓”时有很多技巧。这里仅举我国常见的100个“姓”例给大家,供大家使用参考。

(1)我姓马,老马识途的“马”,请大家放心,我一定为大家带好路,做好导游,“鞍前马后”为大家服务。

(2)我姓刘,我相信,我的服务一定能给大家“刘”(留)下一个美好的印象。

(3)我姓顾,照顾的“顾”,请大家放心,我一定会尽心尽力为大家服务,照顾好大家的旅途生活。

(4)我姓黄,炎黄子孙的黄,我们都是龙的传人,让我们心连心,手拉手,共同为中华民族的复兴而努力奋斗!

(5)我姓“黎”,黎民百姓的黎,让我们大家精诚团结,做一个遵纪守法的好“黎民”百姓。

(6)我姓“赵”,老的百家姓氏中的第一个姓,赵钱孙李的“赵”。这次大家的“吃住行游购娱”都放心交给我“照”顾好了,若有半点“照”顾不周,愿接受大家的批评。

(7)我姓“万”,一万两万的“万”。请大家放一万个心,我会努力使大家达到“两万”个满意。

(8)我姓“谭”。中国近现代史出现的两位著名人物:清朝著名维新人物谭嗣同,新中国十大将领谭震林的“谭”,我以他们的姓氏作介绍,并不是炫耀自己,而是一来介绍方便,更主要的是我以他们为光辉榜样,时刻鞭策自己要不断努力,尽心尽责搞好本职工作,不往他们英名上抹黑。

(9)我姓“魏”,三国时期“魏、蜀、吴”的“魏”。请大家不用担心,在为大家服务、为大家导游讲解中我决不会“耍伪”的,我一定高质量为大家服务。

(10)我姓“王”,大王的王。王者,强也,我干导游虽然有几年了,自我感觉也还可以,但比起老导游总觉得要差很多,老导游们的确在各个方面都比我强,我一定好好向那些老导游们学习,当然,也要请在座的各位给予帮助指导。

(11)我姓“应”,应该的“应”。大家在旅游活动中,有什么要我办的,不论是计划内的还是计划外的,我都会认真努力去做,因为这些都是我“应该”做的。

(12)我姓“张”,张冠李戴的“张”。不过请大家放心,我为大家导游讲解景点知识,决不会“张冠李戴”。

(13)我姓“李”,桃李满天下的“李”。据资料统计,“李”姓是我国大姓,几千年来读书人多受孔子教育思想影响,孔子的“桃”“李”确实满天下。难怪资料统计说“李”姓是我国的大姓。

(14)我姓“熊”,珍稀动物“熊猫”的“熊”。我虽然没有熊猫那么可爱,讨人喜欢,但我会尽心尽责为大家服务好,让大家高兴的。

(15)我姓“蔡”,我国造纸术发明家之一蔡伦的“蔡”。今天我们写字用纸,自然不会忘记蔡伦。我一定努力为我们旅游团服务。不过请大家记住,无论哪年哪月，这儿的小蔡是不会忘记你们的。

(16)我姓“方”，没有规矩不成方圆的“方”。请大家放心，我一定会严格遵守合同规矩，按照程序化、标准化、规范化要求为大家提供高质量的服务。

(17)我姓“孙”，子子孙孙的“孙”。毛泽东在其伟大著作《愚公移山》中高度赞扬愚公精神。愚公率领儿子、孙子挖山不止，还让子子孙孙坚持不断，决心挖掉挡在家门口的两座大山。我一定向“愚公”学习，艰苦磨炼，我想总有一天我也会克服掉导游服务中一个个不足和缺陷，成为一名出色的导游员。

(18)我姓“胡”，胡思乱想的“胡”。但我决不做“胡思乱想”的事，我一定脚踏实地，兢兢业业做好我的本职工作，为游客提供高质量高水平的导游服务。

(19)我姓“范”，模范的“范”。我一定向全国优秀导游员文花枝学习，以优秀导游员为典范，努力工作，热情服务。请大家对我的工作打分，进行评价。

(20)我姓“吴”，《水浒传》中著名军师吴用的“吴”。吴用具有高超的军事才能，他足智多谋，帮助宋江“替天行道”。我也一定为大家做好服务，即使遇到再大的困难，我也会千方百计确保大家旅游活动顺利完成。

(21)我姓“郑”，郑重其事的“郑”。在这里我“郑重其事”地向各位游客表示，我一定会认真、严格地履行我的工作职责，为大家提供满意的服务，也欢迎大家对我的工作进行监督。

(22)我姓“舒”，舒舒服服的“舒”。现在社会上流行着这么一句话，旅游是拿钱买累受。旅游的确很辛苦，跋山涉水，日晒雨淋，旅游一天回来就想睡觉。但大家放心，我会尽力协助饭店方面，让大家一天回来后痛痛快快洗一个热水澡,舒舒服服睡上一觉,养精蓄锐,第二天再精神抖擞地出游。

(23)我姓“甘”,心甘情愿的“甘”。人们都说“导游工作苦,冬天冻疮夏中暑”,但我既然选择了这个职业,我一定会忠于职守,再苦再累也认了,也心甘情愿。

(24)我姓“蒋”,蒋介石的“蒋”。蒋介石尽管有许多不足之处,但有一点还是值得赞赏的——他始终坚持“一个中国”。今天我们要反对“台独”,争取中华民族早日大团圆。我一定立足本职工作,为振兴中华而努力。祖国越强大,台湾回归越快。

(25)我姓“曾”,多音字曾经的“曾”。欢迎大家慕名来到我们这儿旅游观光,我一定不会辜负大家的期望,我一定会让大家有“不虚此行”的良好感觉,努力地“曾”(增)加大家对我们这儿的好感。

(26)我姓“姜”,“姜太公钓鱼——愿者上钩”的“姜”。通过国家旅游局和全国旅游工作者的齐心努力,过去那种坑害游客的“愿者上钩”的恶劣经商行为基本上得到遏制。为此,请大家放心旅游。若发现真有什么坑害大家的事情请随时告诉我,我一定会维护大家的合法权益。

(27)我姓“罗”,“包罗万象”的“罗”。几年来从事导游的经历使我深深感到导游工作的确包罗万象,其内容包括吃、住、行、游、购、娱等方面,上至天文、地理,下至自然、历史知识无所不包。当然,这也是扩大我们导游知识面的好岗位。我一定会好好珍惜它,也请各位多多指教。

(28)我姓“金”,金银铜铁的“金”。各位游客,我深知当好一名合格的导游不是一件容易的事。游客们来自全国各地、世界各地,各种职业、各种性格的人都有,要使每位游客都很满意决不是仅靠几句豪言壮语,也不是只凭高超的导游技艺,最重要的是要凭导游人员一颗“金子”般的心。我姓金,自然,我更应该朝这方面好好努力。

(29)我姓“聂”,繁体字是三个耳朵的“聶”。耳朵多,表明听的意见也多,我一定努力做到名副其实,多多听取各位对我们旅游服务方面的意见,请大家不要客气,服务不周的地方,请多多指出,我一定虚心接受,认真改正。

(30)我姓“周”,我们敬爱的周恩来总理的“周”。周总理是屹立在全国人民心中的丰碑。我一定以周总理为榜样,努力工作,认真为游客服务,为“周”姓添光增彩。

(31)我姓“涂”,稀里糊涂的“涂”。但请各位放心,我会认真为大家服务,办事决不会稀里糊涂。否则,岂不是自断前“涂”(途)了吗?

(32)我姓“叶”,树叶的“叶”,清代著名医生叶桂的“叶”。各位游客肯定听过叶桂学医的故事。叶桂先后拜师 17 次,汲取多家之长。一次他诊断的一个在百日之后会死的病人,被一位老和尚治好了。从此,他摘下医牌,隐姓埋名,跟老和尚学医,终于成为清代著名的医学家。我一定向他学习,向各位游客学习,成为一位合格的导游员。

(33)我姓“孔”,孔夫子的“孔”。我为能姓“孔”而感到骄傲,当然,我也不能光为姓孔而骄傲,我一定好好努力,为“孔”姓添光增彩。

(34)我姓“钱”,金钱的“钱”。据说“钱”姓祖先彭孚曾担任过钱府上士(掌管钱财的官)。但请大家放心,我会向我们祖先学习决不会使大家乱花钱,当好大家购物的参谋。

(35)我姓“冯”,双马“冯”,其意就是两匹马的“冯”。

欢迎各位来到我们这儿旅游。一匹“马”祝大家到这儿旅游，心想事成，每次旅游活动“马到成功”，另一匹“马”就是我愿为大家“鞍前马后”做好服务工作。

(36)我姓“沈”，北宋著名科学家沈括的“沈”。沈括对天文、历法、地理、物理、医学、文学、音乐等都有深入研究。导游也是一门包括自然科学、人文知识在内的内容极为丰富广泛的新兴学科，我一定向祖先沈括学习，做一名知识渊博的优秀导游员。

(37)我姓“韩”，唐宋八大家之首韩愈的“韩”。查问韩姓著名人物，随手就可举出：战国末期著名思想家韩非、西汉著名军事家韩信等。我既为姓韩而感到骄傲自豪，更感韩姓后代肩负的责任。我认为只有立足本职工作，认认真真为大家服务，才是学习、敬仰先祖们的唯一行动。

(38)我姓“朱”，伟大的无产阶级革命家朱德同志的“朱”。朱德同志为中国人民的事业、为社会主义建设做出了杰出贡献，我一定以朱德同志为榜样，为我国的旅游事业尽一份绵薄之力，而且一定把这个决心落实到每一次的接待服务中。

(39)我姓“秦”，我国第一个封建王朝秦朝的“秦”。秦始皇最大的功绩之一就是实行了中央集权，实现了全国第一次大团结。我想我们这次要圆满完成旅游活动也得靠来自不同地方的各位团友们的共同团结。我们团结一致，旅途一定愉快。

(40)我姓“文”，文质彬彬的“文”。我一定像“文”姓一样，为大家礼貌服务，如有不妥之处，请大家随时指出，我一定立即改正。

(41)我姓“左”，左右的“左”。欢迎大家到我们这儿旅游。在今后为大家服务的过程中,我一定为每一位游客服好务,决不会“厚左薄右”。

(42)我姓“邹”,原国务院副总理邹家华的“邹”。和“文绉绉”的“绉”有一边一致。所以在为大家服务中我不会过于“文绉绉”,该出手时就出手。

(43)我姓“陈”,陈列的“陈”。不过请大家放心,我是大家的导游,我会用心为大家服好务,决不会当大家导游服务的“陈列”品。

(44)我姓“苏”,苏州的“苏”。我能为大家做导游,感到很荣幸,很高兴,我向大家保证,我一定为大家提供满意的服务,让大家在我们这儿的旅游“舒舒服服”。

(45)我姓“许”,许愿的“许”。在此,我也给大家许个愿,希望大家在我们这儿的旅游活动一切顺利,一切开心。

(46)我姓“程”,工程的“程”。我是大家的导游,我的任务是把食、住、行、游、购、娱几项综合性服务作为一项工程来完成。请大家放心,我一定会让大家样样满意,事事顺心的。

(47)我姓“何”,几何的“何”。俗话说“我为人人,人人为我”。也就是说,人人都可以为别人服务,人人也可以接受别人的服务。今天,各位到我们这儿旅游,就请大家不要客气,让我好好地为大家服务。以后我到你们那儿去,我也会好好地接受大家的服务。

(48)我姓“吕”,双口“吕”。我是大家的导游,我不仅会充分发挥我的双口的嘴上工夫,为大家做好导游讲解,我更会在各方面为大家提供细致、周到的生活服务。

(49)我姓“施”,施工的“施”。我是大家的导游,工作职责就是为大家提供“食、住、行、娱、游、购”全面服务。

我一定在为大家服务过程中“施好工”，为大家提供一项满意的服务的工程。

（50）我姓“严”，严格的“严”。我一定不辜负祖辈给我的这个“严”姓，严格按照《导游人员管理条例》规定的标准为大家服务，也请大家严格要求我。

（51）我姓“谢”，感谢的“谢”。感谢大家给我一个为你们服务的机会，我一定不会让你们失望的。

（52）我姓“鲁”，《水浒传》中鲁智深的“鲁”。不过请大家一百个放心，我为大家服务决不会“鲁莽”的，我会尽心尽责地为大家提供周到而细致的服务的。

（53）我姓“袁”，类人猿的“猿”字去了左边偏旁的“袁”。人类最早是从类人猿慢慢演变过来的。现在进入21世纪了，旅游活动已逐渐成为人们生活的必需。作为一名旅游活动组织者，我应每时每刻为各位游客认真服务，确保旅游者的旅游活动每次都能“袁”（圆）满成功！

（54）我姓“柳”，柳树的“柳”。柳树最大的特点就是栽在哪里就在哪里生根，就在哪里为行人提供服务，从不计较索取。我也要具有柳树的精神，立足本职工作，为每位游客提供高质量的服务。

（55）我姓“唐”，唐朝的“唐”。唐朝是我国历史上的一个昌盛的朝代。今天，我们的国家比唐朝更昌盛强大，我能在这么好的时代为大家服务感到由衷的高兴，我一定好好努力，为大家提供周到的服务。

（56）我姓“贺”，祝贺的“贺”。按照国际惯例，年均收入达到500美元~1 000美元时，居民将会产生外出旅游的动机。今天，大家不远千里来我们这儿旅游，说明大家的年均收入大大超过了1 000美元，祝贺大家迈入了“先富裕起来的人”的行列。

(57)我姓“毕”,毕业的“毕”。我虽然大学学业成绩合格了,也拿到了毕业证,但能否真正做一名优秀导游员,还要通过各位严格的实践“考试”。我一定好好努力工作,争取早日圆满“毕业”。

(58)我姓“郝”,新中国著名劳模、女部长郝建秀的“郝”。我一定向这位女劳模学习,精于本职工作,为每位游客好好服务。

(59)我姓“康”,健康的“康”。旅游既是一次求知、求乐、求新、求异、求奇的审美活动,但也是对身体的最好考验,为此,我希望大家在这里的旅游活动取得圆满成功,更祝愿大家保持健康的身体。

(60)我姓“固”,坚固的“固”。感谢大家不辞辛苦来到我们这儿旅游,我会尽力照顾好大家的旅游活动和生活的。

(61)我姓“于”,于是的“于”。请大家放心,大家既然慕名来到我们这儿旅游,说明大家对我们这儿的关心、支持。我保证不做“于”大家不利的事,一定为大家提供高质量服务。

(62)我姓“汪”,三点水加王字的“汪”。欢迎大家不辞辛苦来到我们这儿旅游。根据日程安排,各位在此旅游活动很紧凑,很辛苦,希望大家多多注意休息,始终保持“汪”(旺)盛的精力,尽量多看多玩儿,得到最多的收获。

(63)我姓“詹”,我国铁路之父詹天佑的“詹”。作为他的后人,我不能只“詹”(沾)他们的光,而应向祖先们学习,为“詹”姓增添光彩。

(64)我姓“武”,文武的“武”。武的反义词是“文”。作为一名合格的导游员必须具备较高的“文化素养”,我

一定会努力，争取做一名学识渊博的高水平导游。

（65）我姓"倪"，单人旁右加上繁体字"兒"字的"倪"。非常欢迎朋友们到我们这儿旅游，根据日程安排，各位在这儿的旅游活动相当紧张，体力消耗肯定很大。为此，小倪在这儿向大家提个醒，希望大家好好注意休息，不宜过多劳累，以免发生体力的透支。

（66）我姓"孟"，孟子的"孟"。希望来到这儿，就像到了自己家一样。我们工作中有什么不妥之处，请不用客气，随时给我们提出来，我们一定立即改正。大家千万不要把意见和不满"闷"在肚子里。

（67）我姓"萧"，西汉名臣萧何的"萧"。欢迎大家到我们这儿旅游。我们这儿除了旅游资源十分丰富外，各种名点小吃也很吸引人。不过，小萧在此给大家提个醒，名点小吃虽然好吃，但不宜过多，否则"萧"（消）化不良会给身体带来不适。

（68）我姓"毛"，伟大领袖毛泽东的"毛"。我十分高兴能与毛泽东同姓，自然我更要牢记毛主席教导，认真为人民服务，为大家当好导游陪同。

（69）我姓"戴"，张冠李戴的"戴"。不过，请大家放心，我自信，我对本地的旅游知识还是了解得较清楚的，决不会"张冠李戴"。

（70）我姓"宋"，《水浒传》中宋江的"宋"。感谢大家来到我们这儿旅游，作为东道主，我一定给大家"宋"（送）上我们一片深情厚谊，为大家提供良好服务。

（71）我姓"项"，西楚霸王项羽的"项"。能为大家担任导游，感到十分高兴和荣幸，我一定会尽心尽责为大家提供全面的优质服务，让大家对我们的每一"项"服务都感到满意。

(72)我姓“董”,董建华的“董”。我深知作为一名称职的导游一定要有广泛的旅游知识和高超的导游讲解技巧。我更“董”(懂)得首先要有正确的为游客服务的思想和品质,我一定会遵照我的诺言为大家提供高质量的服务。

(73)我姓“梁”,栋梁的“梁”。旅游业已成为我国国民经济发展的支柱产业,我能成为旅游战线的一名战士感到很高兴,很荣幸。我一定好好努力,争取早日成为我们旅行社的“栋梁”之才。

(74)我姓“杜”,防微杜渐的“杜”。各位游客,欢迎你们到这儿旅游,我一定为大家提供令大家满意的服务。若我的服务工作有什么不妥,请大家毫不客气地指出,我一定虚心接受大家的批评,绝不会“杜”绝大家对我的关心和协助。

(75)我姓“贾”,《红楼梦》中贾宝玉的“贾”。我虽然姓“贾”,但请大家一百个放心,我为大家提供的服务绝不会掺“贾”(假)。我为大家服务的心绝不是虚情“贾”(假)意的。

(76)我姓“江”,长江的“江”。长江是中华民族的摇篮,祖国是我的母亲,各位游客是我们旅行社和我们导游的“上帝”。我一定像尊重、热爱自己母亲一样,尊重、热爱各位游客,为大家提供高质量的服务。

(77)我姓“丁”,园丁的“丁”。老师是我们的园丁。各位游客就是我的老师,就是敬爱的园丁。我一定接受老师们的考核、检查,争取做一个合格、称职的学生。

(78)我姓“樊”,攀登的攀字去了下面的“手”字的“樊”。俗话说“江山美不美,全靠导游一张嘴”。作为一名称职合格的导游,其主要职责是为大家进行导游讲解,主要是用“嘴”。但很多具体事项仍然是少不了双手的。我一定用“嘴”好好为大家进行导游讲解。同样,我也会用双“手”为大家做好每一件具体的事。

(79)我姓“田”,田野的“田”。农民同志一年到头在田野勤恳耕耘,只盼秋天好丰收。我一定向农民同志学习,好好在旅游天地里工作,为各位游客送上满意的服务。游客们的满意也就是我最大的丰收。

(80)我姓“徐”,徐懋功的“徐”。作为一名优秀的导游,要具备丰富的知识和高超的服务技巧,而更重要的是要为游客送去“徐徐的春风”,让游客感到春天般的温暖。

(81)我姓“梅”,梅花的“梅”。“若非一番寒彻骨,哪得梅花扑鼻香”。我深知,我在各位游客面前还是一名新兵,各方面知识还不完备,服务技巧还很不成熟,但我有信心、有决心刻苦学习,经受一番冰霜的磨炼,终有一天我会像老导游一样放出清香。

(82)我姓“管”,管理的“管”。我是一位导游,我牢记我的工作职责,为大家提供“食、住、行、游、购、娱”服务。但我不会忘记,我担任的另一个职责是要对大家的财产、生命安全尽到一名管理人员的职责。我会随时提醒大家管理好自己的物品,注意安全。

(83)我姓“段”,阶段的“段”。在校期间老师常常教导我们要为每一位游客、为旅游活动的每一件事、为旅游活动的每一阶“段”提供优质服务。否则“10 - 1 = 0”,我会努力照老师的教导去做的。

(84)我姓“石”,石头的“石”。很高兴为大家服务,无论在导游讲解方面,还是在生活照料、安全保卫方面,我一定会为大家提供“石石”(实实)在在的服务。

(85)我姓“林”,树林的“林”。十分高兴为大家服务,有人常常问我,小林,你热情为游客提供各种优质服务,甚至做很多分外的工作,这图的是什么?我很坦然地告诉他们,我图的是游客在“林”(临)别之际讲上一句“谢谢你小林,我们此次旅游值得”。这样我就心满意足了。

(86)我姓“春”,春天的“春”。雷锋为人民服务的座右铭是“对待同志要像春天般的温暖”。我一定向雷锋同志学习,以春天般的温暖为大家做好每一次服务工作。

(87)我姓“宗”,祖宗的“宗”。各位游客,在热烈欢迎大家到来的同时,我郑重向大家表示,我一定“宗”(总)结经验,热情、认真为大家服务。有不对之处,请大家随时批评指正。

(88)我姓“洪”,洪水的“洪”。今天能为大家服务,我感到很高兴,祝愿大家在这儿旅游一切顺利,我一定尽力为大家做好服务工作,同时我也希望大家未来大展“宏图”后再来这里旅游,请不要忘记这里有小洪,小洪会随时为大家服务的。

(89)我姓“崔”。全国优秀导游员文花枝为了保护旅游者不惜牺牲自己,把活的希望让给旅游者。她的事迹非常感人,“催人泪下”。我一定向文花枝学习,做一名优秀导游员。

(90)我姓“白”,白颜色的“白”。各位游客,欢迎大家不辞辛苦来我们这儿旅游,我一定尽心尽力为大家服务,让大家在我们这儿旅游好、生活好,各方面都满意,决不会让大家扫兴而归,“白”来一趟。

(91)我姓“高”,高矮的“高”。今天能为大家当导游,很是高兴,我一定不辜负大家对我的期望,以“高”标准要求自己,为大家提供“高”质量的服务。

(92)我姓“赖”,依赖的“赖”。各位游客,很高兴能为大家服务,我一定尽心尽力做好本职工作。当然,一次圆满的旅游活动是靠大家同心协力才能完成的,所以,很多工作我还得依赖大家的帮助、支持。

(93)我姓“郭”,大文豪郭沫若的“郭”。改革开放以来,我国的旅游业发展迅速,现在国家已制定了《十一五旅游发展规划》,而且通过全体旅游工作者的努力,我国十一五发展已初具轮“廓”。我能为我国的旅游事业工作感到十分高兴,我一定珍惜这难得的机会,努力工作。

(94)我姓“晏”,与宴请的“宴”同音。按照旅游合同,我已为大家安排好了在这儿旅游的大餐,随时“宴”请大家,为大家做好一切服务工作。

(95)我姓“曹”,曹操的“曹”。随着旅游事业的高歌猛进,一些不正常的“曹”(嘈)杂之音也会掺杂其中。不过,请大家放心,我会尽力为大家清除那些不和谐的“曹(嘈)杂之音”,确保大家旅游顺利、健康进行。

(96)我姓“邵”,与“少”(shào)同音。能为大家服务自然是我的荣幸,我一定遵守我们的服务诺言,为大家服务,老“邵”(少)无欺,一视同仁。

(97)我姓“伍”,队伍的“伍”。随着旅游事业蓬勃发展,导游队伍也随之越来越大,当然,一些泥沙也随之而来。目前,国家旅游局正在狠抓导游队伍建设,我想,大家尽管放心,以后的旅游肯定会越来越规范的,我保证大家此次旅游肯定会满意的。

(98)我姓“易”,容易的“易”。随着旅游业的不断发展,旅游者审美能力与维权意识也在不断提高,对我们导游人员的要求也更高了。我也越来越感到,要真正每次都做到高质量的服务是不容“易”的,但我会努力去做。

(99)我姓“凌”,壮志凌云的“凌”。从小我就立下为祖国旅游事业努力工作的“凌云壮志”。现在我这个愿望实现了,我一定珍惜这个岗位,在这个岗位做出优秀成绩,用行动实现自己的诺言。

(100)我姓“欧阳”,唐宋八大家之一欧阳修的“欧阳”。欧阳修经过几十年的努力,开一代文风。我要向他学习,在导游的工作岗位上,努力要求自己,刻苦钻研,逐渐形成自己的导游风格,成为一名出色的导游员。

四、别具一格的欢送词

情真意切、耐人回味的欢送词宛如好的演出在谢幕前的最后的精彩表演，既能给游客留下难忘的美好印象，有时还可弥补导游中的不足。

欢送词的内容一般应包括：表示惜别、感谢合作、征求意见、期待重逢、表达美好的愿望等。但也不可千篇一律，千团一样，千人不变，而应因团、因人、因事、因地，采取不同的方式、方法。

导游一般的告别话语主要有：

(1)没有不散的宴席，也没有永远在一起的朋友。

(2)送君千里终有一别。

(3)今天的告别是为了明天、明年的再相逢。

(4)愿我们的友谊天长地久。

(5)只有在离别的时候才深深地感到我们相处的日子太短太短。

(6)我舍不得你们，我会时刻想念大家的。

(7)请记住我的情，记住我的爱，记住我们有缘还会相会。

(8)“海内存知己，天涯若比邻。”我期待我们的再次相聚。

(9)告别，是我期待下次相逢的开始。

(10)离开你们很难过，又为你们将看到家人而高兴。

(11)中国有句古话“两山不能相遇，两人总能想逢”,我期盼很快再相见。

(12)请不要忘记,这里有你们一个永远的家——××旅行社。

(13)请不要忘记,在遥远的这里有我,与你们有缘而又可以永远信赖的同胞。

(14)今天我虽然为大家送行,但心中有许多许多的眷恋。

(15)让我们这里的山山水水给您留下美好的回忆。

(16)请大家接受我美好的祝愿,让我们的明天更幸福,生活更甜美。

(17)让我们记住这段欢乐时光,我真诚地邀请各位,如果有机会的话能够再来这里,去追寻那些待续的故事,再去分享中华文化的精华。

(18)我相信,在不久的将来,我们一定会相逢在这片神奇的土地上,重温友谊的温馨和惬意。

(19)送上一曲“好人一生平安”,祝愿大家一生平安。

(20)愉快的旅游就要结束了,但我们的友情却刚刚开始,我期待着各位的再次来访。

(21)“好花不常开,好景不常在,今日离别后,何日君再来”,但我相信,我们之间友情的花朵会常开,我们这儿的美景永远常在,我们的相会一定会再来。

(22)“轻轻地我走了,正如我轻轻地来,我挥一挥衣袖,不带走一片云彩。”天下之大,没有不散的宴席,短暂的相逢就要结束,挥挥手就要和大家告别。

(23)车站就要到了,我的歌还没唱完,等各位下次来时再唱吧,我想那时我的歌肯定比现在唱得好得多。

(24)别了,朋友们,请记住这儿有你们的老朋友,期待着与你们的再相逢。

(25)相信各位朋友在××的游览参观，在你的生命长河中，一定会增添一段新的记忆，但愿留给大家的印象是美好的。

(26)今天我虽然不能和大家登机(船)随各位远行，但我的心我的情却会永远随着大家。

(27)“东西是新的好，朋友还是老的好”，这次我们是新知，下次各位再来，我们就是故交了。

(28)回顾××天的行程，曲折与劳累、快乐与欢笑，可以说同时伴随着大家。然而，让我最感动的就是各位的宽容和理解。

(29)因……给大家带来不便，让我深感愧疚，在我们即将分别之际，我再次向各位真诚地道歉。

(30)因……的发生，我为之付出了昂贵的“学费”，同时也连累大家为之蒙受损失，我深感不安。不过请大家相信，我会“吃一堑，长一智”。学费虽然昂贵，但我认为也值。大家下次再来时愿接受大家考验，到时，我定会交出一份令大家满意的答卷。

(31)请让我朗诵一首小诗，表达我的惜别之情：

惧怕这离别的忧伤
我迟迟不敢伸手
惧怕这别离的惆怅
我久久不肯抽手
但愿这深情的一握
天长地久
但愿这醉心的一握
情韵悠悠

(32)承蒙各位关爱和协助，使我们一起度过了美好的时刻，在这里向各位表示衷心的感谢，是你们的支持使我增强了信心，是你们的帮助使我增强了力量，是你们的理解使我增强了战胜困难的决心。

（33）在和大家相处的时间里，我深深感到各位朋友的亲切温暖，更从大家那里学到了不少的东西。与其讲我为大家服务，还不如说你们当了我的老师，给了我很多课堂上学不到的知识。

（34）任何愉快的旅行，最愉快的还是最后那一段，那就是回家。祝大家一路平安，愉快回家。

（35）但不知大家的心情是否愉快？对我们的工作是否满意？好，如果是满意，我们就更高兴，如果有不当之处，一方面请大家多多包涵，另一方面还请大家多批评指教。

（36）几天以前我们还不相识，今天，我们却以朋友的身份相互告别。我将在记忆中永远收藏与大家共度的这段美好时光。

五、幽默故事和笑话

笑话和幽默不仅有助于消除疲劳，调节旅途气氛，有时还能化解矛盾，实现“化干戈为玉帛”。因此，一位具有幽默感的导游总是会受到游客的欢迎。即使我们没有幽默的潜质，也无法在较短时间内培养出卓越的幽默才能，但我们可以有意识地学习，掌握一些幽默故事和笑话，只要旅途中有合适的场合，我们就可以拿来向游客“兜售”一番，这往往也能达到较好的效果。

（一）有关导游和游客的幽默和笑话

1. 对导游工作的另一种评价

很多人都觉得导游工作很吸引人，既轻松又好玩，其实他们只知其一，不知其二。我们行业内有人这样评价导游工作：

起得比鸡还早，
干得比牛还多，
吃得比猪都杂，
赚得比民工都少，
看着比谁都好！

2. 导游为什么能做到早起

因工作需要，导游经常需要早起。有一次，一位游客问导游，说你为什么总能做到准时起床，而我总是做不到，用闹钟也没有用？导游回答说，过去我也跟你一样，闹钟响的时候,常常把它拍了继续睡,后来,我在闹钟边放了个老鼠夹,从此再也不敢拍闹钟了,睡懒觉的毛病也根除了。

3. 苍蝇太多

顾客:“经理,你们旅店的厕所里苍蝇太多了,简直叫人受不了。”

经理:“您下次不要一大早就上厕所。”

顾客:“那该什么时候去?”

经理:“最好是中午十二点去,那时候苍蝇都到餐厅去了。”

4. 打灯笼的蚊子

一个旅游团住进一旅馆,有两名同住一室的游客整个晚上被蚊子咬得十分恼火。最后,一个游客想出一个办法——用被子蒙住头,这样蚊子就咬不到他们了。过了一会儿,一个游客伸出头来呼吸新鲜空气,这时他看见了以前从未见过的萤火虫,于是他叫道:“蒙住头也没有用,蚊子打着灯笼找我们呢。”

5. 提意见

顾客:“你们的意见本在哪儿?我想提意见。”

服务员:“是表扬还是批评?”

顾客:“当然是批评。”

服务员:“那好,我们这里代卖信纸,一毛一张。”

6. 都忘在家里

妻子老抱怨丈夫爱忘事。丈夫决定改掉这个坏毛病,于是找来一本关于如何增强记忆力的书,读后觉得大有长进,要妻子试试他。妻子说:“明天咱们外出旅游,你把应带的东西背出来。”丈夫想了各种窍门,终于把各项物品背下来了。

第二天，两人上路了。在汽车里，妻子问他："你能背下咱们带什么东西了吗？"丈夫一字一句地背得滚瓜烂熟，一件不少。妻子很高兴，问他东西放在哪儿了？丈夫一听，瞠目结舌。他懊丧地说："亲爱的，东西都忘在家里了！"

7. 这里没有鳄鱼

在海滩，一游客想下水又很犹豫，她不无担心地问导游："海里有鳄鱼吗？""没有。""真的没有？""真的没有，有的话早被鲨鱼吃光了！"

8. 如果请了导游

在沙漠上，游客们在茫茫黄沙中发现了几具骷髅。"这些骷髅是怎么回事呢？他们是些什么人？"游客问。"他们在沙漠中迷了路，永远留在了这里。但如果他们请了导游，结果肯定不一样了！"导游回答。

9. 生死未卜

两个人一起去峡谷探险，其中一个不幸失足掉下山崖。另一人焦急地询问"你伤得怎样"？掉下的回答是："还不知道，我还没有掉到底呢！"

10. 卖弯刀

A 市是著名的旅游城市，每天吸引很多外国游客，当然也吸引了很多中国游客。在一个集市上，一位老太太挎着篮子沿街叫卖："弯刀喽……弯刀喽……"一位中国游客很好奇，凑过去一看，哪有弯刀啊，全是些梳子、袜子什么的。游客心里正纳闷：莫非挂羊头卖狗肉？经导游解释才恍然大悟：原来她在向老外叫卖："one dollar, one dollar..."

11. 哪里都漂亮

一位外国游客略懂中文，有一回他看见一对中国夫妇带着一个小女孩在散步，主动上前打招呼，并称赞小女孩长得很漂亮。女孩的父亲谦虚地说:“哪里！哪里!”这位外国游客一惊,看来笼统的赞美还远远不够,那就举例说明吧！于是用生硬的中国话说道:“眼睛、眉毛、鼻子、耳朵、嘴,都漂亮!”

12. 单行道

我们入住一个陌生城市的酒店后,要拿一张酒店的名片或记住酒店的名称或所在街道,这是非常重要的。有一位法国游客在纽约旅游,在逗留期间他决定徒步逛逛这个城市。但当他走到街口的时候才想到自己既没有拿酒店名片,也没有记住酒店的名字,这时他看到路边有一路牌,他不懂英语,但他想这应该就是街名了,于是他很认真地将街名记在了小本子上。这样,即使迷路也不用怕了,他想。

正如这位法国人所预料的,他果真迷路了。但他并不担心回酒店的事,他找到一位警察,幸运的是这位警察还会两句法语。警察很快明白了这位法国人的意思,于是问他住在哪条街道。法国人拿出他的本子,警察接过来一看,只见本子上端端正正地记着:单行道。

13. 国情不同

一外国游客指着一幢低矮的楼房不屑地说:“你们国家的楼房太矮了,在我们国家,这样的楼房起码比你们高十倍!”

当地人:“对！那是一所疯人院,当然没你们的大了。”

(二)有关交通的幽默和笑话

1. 倒车

司机和一个口吃的同事一起出车。

在一个丁字路口,因为要变向,所以要倒一段车,而车后是一堵大墙，要倒得恰到好处才可以。

司机忘记同事有口吃，请同事帮忙：“你帮我看一下，到了告诉我一声……”

汽车启动，倒车……

“倒……倒……倒……倒……倒……”口吃同事口中不停。

司机依言倒……倒……倒……倒……倒……

“倒……倒……倒……”看得出，口吃同事已经面红耳赤，急不可耐，但司机并没有看见。

终于，口吃同事把一直想说的一句话说出来了：“倒不得！”但为时已晚，大墙被车撞得轰然倒地……

2. 车祸

两辆车子发生碰撞，两位车主都走下车来查看情况。

甲车主看了一下车子说：“幸好我们安然无恙，车子也没有什么损坏。老兄，要不要喝点酒压压惊？”并递过去一瓶酒。

乙车主欣然接过酒瓶，喝了几口，问甲车主：“你不来一点？”

甲车主说：“好，等警察来了以后我再喝。”

3. 怎么开车

有个青年一手握着方向盘，一手搂着女友的腰。警察对他说：“要用两只手。”他生气地说：“笨蛋，用两只手我还怎么开车？”

4. 聪明的乡下人

两位游客同坐火车，他们一个是城里人，一个是乡下人。

两人都觉得闲得发慌，需要找点事做。城里人说：“干脆咱俩打赌吧，双方轮流出题，对方若答不出来，就要付给出题人10元钱。”乡下人说：“你们城里人聪明，打赌的话，我肯定吃亏。要么这样吧，你答不上来，你输给我10元钱；我答不上来，我输给你5元钱。”

城里人自恃见多识广，就答应了。

乡下人问道：“什么东西三条腿在天上飞？”城里人想了半天也答不上来，只好付给乡下人10元钱。轮到城里人提问题，他也向乡下人提出了同样的问题。“我也不知道。”乡下人说，“这5元钱给你。”

5. 铁路即将通过

一条新的铁路正在修建。某日，一位工程师走进一农户家中，对主人说：“我不得不告诉你，新铁路将正好通过你家的房子。”

“我没意见，”农户说，“但你要是以为火车每次打这通过的时候，我都会为它开门和关门，那你就大错特错了。”

6. 紧急滑梯

飞机遇险，紧急迫降后，机长通知乘客从紧急滑梯滑下来。一位母亲带着孩子顺利地从滑梯滑下，母亲拉起孩子的手让他快跑，哪知他死活不挪步，说：“再滑一次。”

7. 跑道

飞机需要迫降在一个飞行员不熟悉的机场，在费尽千辛万苦后飞机终于停稳了，但冲出跑道很远。

“这是什么破机场，跑道这么短！”飞行员抱怨道。

这时他的助手回过头看了看，说：“跑道的确很短，不过倒是挺宽的。”

8. 高度和位置

导航员：“请告诉我你的高度和位置。”

飞行员是位新手，但回答得毫不含糊：“我大约5英尺 10 英寸高,现在正在驾驶员的位置上。”

9. 先把枪扔掉

一位教官问一位新兵:“假如你夜里独自一个人守一座桥,手里拿着枪,突然发现一个赤手空拳的敌人向你扑来,你会怎么办?”

“我认为首先应该把手里的枪扔掉,这样敌人就不会为了夺枪而杀我了。”

10. 提前到家

一个男孩和一个女孩随大人一起出来旅游,在火车站候车室,他们进行了一次很有意思的探讨:

女孩:“9 点的火车,为什么叫我们 8 点到?”

男孩:“笨!这样我们可以提前一个小时到家。”

女孩:“那我们一个人买两张票,不就可以提前两小时到家了吗?”

男孩:“真的耶,导游怎么没有想到?”

11. 钱不够

出租车司机:“到了,35 元。”

乘客:“对不起,我只有 30 元。这样吧,你再开回去一点。”

12. 慌不择车

一醉汉超速驾车,被警察拦下。警察正要对他进行盘问,突然,另一辆车在路边翻了,警察赶忙过去处理车祸。醉汉趁机跳上车,把车开跑了。

第二天,警察找上门来,醉汉以为是来催交罚款的,没想到警察开口便说:“请您把警车还给我们,您的车我刚才已停在门口了。”

13. 快上车

列车上正在检票。一列车员走到一个流浪汉身边,问:“你的票呢?”

“我没票。”

“你到哪里?”

“我不知道。”

“那你怎么上车了?”

“我在车站时,你大声说‘快上车’,我就上来了。”

14. 老打嗝

巡逻警察发现有辆汽车每跑 10 米左右就要上下颠簸一下。于是,他发动摩托车追上去截住了那辆车:“您的车怎么啦?”司机满脸惶恐:“没,没什么,警察先生,我,我老打嗝。”

15. 有点晕车

交警抓住了一个交通肇事的司机,司机摇摇晃晃地站在他面前。

交警看着他的样子,摇摇头说:“又是一个酒后驾车的。”

司机努力地站稳后说:“不,我没有喝酒,只不过是有点晕车而已。”

16. 汽车配件

大卡车司机开车经过一个山村时向一位居民打听:“请问,此地哪里可以找到汽车配件?”

“往前走,过了那个急转弯处有个峡谷,那下面多得很。”

17. 让座

在拥挤的公共汽车上,一个站着的孕妇对旁边坐着的一位男子说:“你不知道我怀孕了吗?”

只见该男子紧张地说:“孩子不是我的。”

18. 证据

路上有两辆车撞在了一起。警察问其中一位司机是怎么回事。

司机:“当我正开着车的时候,前面突然闯出一个醉汉,把我撞了。”

“你怎么知道他是醉汉呢?”警察问。

司机回答:“因为我看见他驾驶着一棵树往前跑,这说明他一定是喝醉了!”

19. 请求起飞

在驾照的路考现场,一考生顺利上车,坐在驾驶座上打火、踩油门,检查完仪表后对考官说:“报告考官,各仪表检查正常,请求起飞。”(估计该考生从小有当飞行员的理想,破灭后只好学开车)考官听后沉稳地回答:“允许起飞,注意前方高压线!”

20. 飞得太低

公路上有一位游客驾车狂奔,被警察拦住了。

“我开得太快了吗?”

“不,你飞得太低了。”

21. 开过大奔吗?

某日,我开了一辆面包车,一开奔驰的追上我,问:“兄弟,开过大奔吗?”我气坏了,一踩油门就开走了。谁知他追上我,又问:“兄弟,开过大奔吗?”气死我也!我又开走了。在前面,他超了我,撞树上去了。我跑过去,问:“兄弟,开过大奔吗?”他带着哭腔答:“我就是因为没开过才问你刹车在哪,你咋不告诉我啊!”

22. 警察与司机

交通警察站在一辆汽车旁。他对司机说:“我应对你处以罚款,要知道,这条街道上的车辆只能单向行驶。”

“那么,我现在就把车掉头。”

“这里禁止掉头。”

“那我就把车停在这里。”

“这里严禁停车。”

“那么,您出个价吧,如果不低,这辆车就归您了。”

23. 抢救伤员

寒冷的冬天,一个骑摩托车的人觉得胸前很冷,于是把衣服反着穿,也就是把扣子在后面扣上。不幸,那天发生了车祸。两个警察很快赶到。

警察甲:“好严重的车祸!”

警察乙:“是啊,脑袋都撞到后面去了!”

警察甲:“嗯,还有呼吸,我们帮他把头转回来吧。”

警察乙:“好,一、二,使劲,转回来了。”

警察甲:“嗯,没有呼吸了。”

24. 车站接人九大方式

(1)怒火中烧式:我忙得要死,你来干什么?给我滚回去!

(2)罪恶交易式:货带来了吗?

(3)嘘寒问暖式:路上还好吧?吃过饭了吗?想方便一下吗?

(4)善解人意式:想上厕所吗?请跟我来。

(5)虚情假意式:你怎么才来,我都等了半天了?

(6)暗中逐客式:城里污染太重,待久了对身体不好。

(7)简洁明了式:走!

(8)久别重逢式:呜呜呜……

(9)天罗地网式:各小组请注意,目标已出现,准备行动!

25. 到哪里

一位小姐打电话叫出租车。

小姐:你好,我在××路口,我要搭出租车。

司机:那你穿什么衣服呢?

小姐:我穿蓝色上衣,白色裙子。

司机:到哪里?

小姐:到膝盖。

司机:……

26. 最快的速度赶来

某人在公路上超速行驶被警察拦下。

警察:"我今天一个上午就在这里等着你了!"

司机:"我知道,所以我以最快的速度赶到这里!"

27. 加油

一天,小丽和她的男朋友开车出去兜风。车快没油了,小丽的男朋友把车开进一个加油站,这时一阵大风把他的帽子吹跑了,他对小丽说:"我去捡帽子,你帮我加油!"

男朋友跑开不远,就听到小丽在他后面大喊:"加油!加油!"

28. 超车

一位骑自行车旅游的人感觉太累了,见前面是一段很长的上坡路,遂决定搭便车。他终于在路边拦下一辆跑车,由于跑车太小,司机就用绳子一端连着汽车,一端连着自行车,并告诉游人:"我拖着你走,如果你觉得太快了,就按自行车铃告诉我将速度降下来。"

起初相安无事。后来,另一辆跑车超过了他们,拖着自行车行驶的这位跑车司机不干了,他忘了后面还有自行车,油门一加,追逐起前面的跑车。这样,两辆车你来我往,谁也不让谁,这可苦了后面的骑车人,他拼命按铃,但无济于事。车子经过一路段时,警察发现了这两辆车超速,于是赶紧用无线电通知前方的警察说:"有两个疯子刚刚飙车经过我这里,几乎快飞起来了,请你把他们拦下来!”这时,警察突然发现了后面的自行车,惊讶不已,说:“哦,老天爷! 简直难以相信,竟然有一部自行车紧跟在他们后面,一直疯狂地按铃想要超他们的车!”

29. 我是驾驶员

有一个人急匆匆坐上一辆出租车,说:“快送我去机场,我要赶9点的飞机!”出租车司机看看表说:“已经9点了,飞机早飞走了。”那人说:“不,我不去飞机走不了,因为我是那班飞机的驾驶员。”

30. 防追尾

某学究气十足的文人终于拿到驾照,但开车没几天就被人追尾。为防再次被追尾,他别出心裁,在车尾贴上“已所不欲,勿施于人”的纸条。哪知,没两天车又被人追尾。文人刚要发火,那位司机一脸委屈:“对不起,我仔细盯了半天,也不明白您写的是啥意思。”

31. 没带驾照

有一个人在大街上吃力地推着汽车。交警见状,走过去询问:“是不是汽车出了故障或者是没汽油了?”

“都不是。只是因为刚才我发现忘记带驾驶执照了。”

32. 有限度的供应

飞机误点,使阿杰错过了这一班飞机,他非常生气地责骂航空公司的女职员,那位女职员不断地道歉,说是公司负责送他到旅馆过夜,等明天一早的飞机。阿杰仍觉得不满意,说直到现在还没好好地吃一顿饭,于是那女职员给他一张餐券,说是可以在机场的餐厅用餐。此时,阿杰怒气平息,但仍不免埋怨地说:“如果不是你们飞机误点的话，今天晚上我就可以和太太在一起了。”那位女职员连忙说：“对不起，先生，这的确是我们的过错，可是我们的供应也是有限度的。”

33. 问问你的母亲

一天，一个非常富有的阔少爷在公路上超速，被一个女警察发现。那位阔少爷很不愿意地把车停在了一边，不耐烦地说：“你知不知道我的爸爸是谁？”女警察客气地答道：“对不起，先生，这我可帮不到你，你有没有试一试问问你的母亲？”

34. 神经列车

一位旅客向列车长抱怨说：“我们那节车厢里有一个神经病，他大吼大叫，强占座位，口口声声称自己是拿破仑。”

列车长若无其事地说：“没关系，不要害怕，下一个站就是滑铁卢了。”

（三）有关就餐的幽默和笑话

1. 算错了杯数

某人好酒，几乎每饮必醉。某日，他又喝多了，一身酒气回到家中。妻子怒问：“我告诉你喝酒只喝两小杯，你为什么每次都要超量？”

丈夫低下头认错道：“我文化低，算错了杯数。”

2. 艺术照

一酒店新开张，准备了很多精美的菜谱，菜谱上每一种菜都配有照片，赏心悦目，很是诱人。一顾客挑了几种漂亮的菜，然后就满怀期待地在桌边等着。不久，服务员将菜端了上来。

“怎么和照片上的大不一样？”顾客问。

“菜谱上的那是菜的艺术照，你说人的艺术照和真人会是一样吗？”服务员的解释天衣无缝。

3. 穿错了大衣

饭店里，一个异常谦恭的人胆怯地问另一位顾客，顾客正穿一件大衣。

“对不起，”他问，“请问您是不是让·皮埃尔先生？”

“不，我不是。”那人回答。

“啊。”他舒了一口气，“那我没有弄错，我就是他，您穿了他的大衣。”

4. 不要蛋壳

有三个人在餐馆里同时点份煎蛋。第一个人跟老板讲：“老板，我要一份煎蛋，但是不要蛋黄。”老板按他的要求煎了一个蛋。

第二个人跟老板讲：“老板，我要一份煎蛋，但是不要蛋白。”老板也照做了，但明显有点不耐烦了。

轮到第三个人，老板有些不客气地问他：“你呢？你不要什么？”“我……我不要蛋壳。”第三个人有点胆怯地说。

5. 忘记掺酒

推销员工作了一天已累得疲惫不堪，他来到一家饮食店，要了杯酒，刚尝了一口，顿时愣住：“这是酒吗？怎么跟白开水一个味？”

店主吃了一惊：“糟糕，我忘了掺酒了。”

6. 食物太糟

顾客：“你们店的食物糟透了，我要见你们的经理。”

服务员：“对不起，先生，我们的经理到外面吃东西去了。”

7. 风味小吃

顾客走进一家风味小吃店，没吃几口就抱怨上了：

“你们这儿怎么这么大风?”

“您没看见招牌吗?‘风味小吃’。”店员回答。

8. 乡土小吃

顾客:“你在街头卖食品,应该加一个防尘罩。”

售货员:“用不着,我卖的都是风味乡土小吃。”

9. 吃自助火锅经验总结

王先生爱吃自助火锅,并对数年吃火锅经验总结如下:①排空肚子,这一点最重要;②只吃贵的,不吃对的;③水少喝,不喝最好!要喝也要等到吃到尾声再喝;④六亲不认,抢菜时,千万不要分散注意力,不要看见熟人就打招呼,要知道,晚一秒,虾子就没了;⑤肥的、油腻的少吃,尤其是叉烧之类的,很容易饱;⑥事先熟悉地形,记住贝啊、虾子啊、螃蟹啊都放什么地方,直奔目标;⑦中途多上厕所,及时腾出空间;⑧选择特能吃的吃友,以营造良好的吃的气氛。

10. 给行人留下深刻印象

“喂,服务员,”客人气愤地说,“昨天同样的价钱,给我的鸡比今天多一倍。”

“这很有可能,先生。”服务员回答说,“你昨天坐在哪儿?”

“就在那儿,窗子旁。”

“那就对了,先生。我们总是给坐在窗子旁的人多一些,以便给行人留下深刻印象。”

11. 我没烫着

在一家餐馆里。一位顾客对服务员说:“你的大拇指浸在我的汤里了!”

“先生,没关系,我没烫着。”

“那就请你喝吧。”

服务员说："先生，用不着喝，真的不烫人。"

12. 结账

一位顾客慢条斯理地在餐厅中用餐，然后他示意侍者结账。当侍者把账单送上时，他摸了摸口袋，假装惊慌失措地说："糟糕，我的钱包不见了！"

侍者面无表情地问："哦，真的吗？"于是，他把这个男人带到门口，大声命令他："蹲下！"然后用力一脚，把他踢到门外。

这时，坐在另一张桌上的一个顾客，自动地走到门口蹲下来，回头对侍者说："结账！"

13. 保准上瘾

在一家豪华酒店，一位顾客指着一种没听过的饮料问服务员："小姐，这种清凉饮料好喝吗？"

"当然好喝。不信，您只要尝一杯，保准上瘾。来一份吗？"

顾客摸摸头，想了一下，说："我还是不要了，省得以后麻烦！"

14. 最新鲜的菜

顾客："为什么这碗菜里都是泥？"

侍者："这是最新鲜不过的菜，刚从泥里拔出来的呢！"

15. 癞蛤蟆的菜单

一癞蛤蟆发了财，请一帮朋友在野味店吃饭。

坐毕，癞蛤蟆开始点菜：清蒸天鹅，红烧天鹅，沙锅天鹅，干炸天鹅……最后，他合上菜谱，咬牙切齿地说："再要你们这儿最漂亮的一只小母天鹅来陪酒！"

16. 怎么没馅

一位顾客到小吃店吃包子，咬一口，不见包子馅儿，再咬一口,还不见馅儿。奇怪地问道:“服务员,这包子怎么不见馅儿?”

服务员说:“皮厚呗。”

顾客又咬了几口,直到吃完了包子还未见馅儿,又问服务员。

服务员说:“你可能吃的是馒头。”

17. 没有了

一位顾客进一家餐馆,把大衣挂在衣帽间,然后坐到桌子旁,点了一份牛排。侍者从厨房出来说:“对不起,牛排没有了。”

顾客又点了一份红烧猪肉,侍者又从厨房空手而回,说:“对不起,也没有了。”

顾客又选了几样菜,但侍者每次都回来说“没有了”。顾客生气了,他决定离开,于是对侍者说:“把我的大衣拿来吧!”

过了一会儿,侍者空着手从衣帽间出来了,对这位可怜的顾客说:“很抱歉,您的大衣也没有了!”

18. 生财有道

一对夫妇开了一家小餐馆,他们总是等到最后一个客人离开才关门打烊。

一天,已经到了第二天凌晨 2 点,一个男客仍然没有离开,他伏在桌上睡着了,还打着鼾。

老板娘太困了,便要丈夫去叫醒他。她丈夫走到厅里又走回来,过了一会儿又走出去,又走回来,如此来来回回好多次。

老板娘不耐烦了:“你已经出去 6 次,为什么还不叫醒他? 太晚了,快让他走!”

“不,不要让他走,”老板得意地笑着说,“你看,我每次去叫他，他总以为是找他结账，就掏出一张 5 元票子给我，然后又接着睡。现在我已经收了 6 张，离天亮还早着呢！”

19. 苍蝇与咖啡

一个绅士去喝咖啡，正要举杯，发现杯子里有只苍蝇。

“喂，侍者，”绅士叫道：“咖啡里有苍蝇。”

“苍蝇？那绝对不可能！”侍者说，“老实对您说，在给您端上来之前，我把所有的苍蝇全拣出来了！”

20. 答案

顾客：“服务员，您能解释一下我的汤里的苍蝇是怎么回事吗？”

服务员弯腰仔细地看了看回答道：“它在游泳，先生，它在游泳。”

21. 花样繁多

顾客：“你们饭馆的米饭真不错，花样繁多。”

服务员：“不就一种吗？”

顾客：“不，有生的，有熟的，有半生不熟的。”

22. 搅拌咖啡

服务生给一位先生端上一杯滚烫的咖啡，但他忘了拿咖啡匙。

这位先生委婉地提醒他说：“我可没法用我的手指来搅我的咖啡呀！”

服务生听后，立即端上另一杯咖啡，放在这位先生面前，然后对他说：“先生，这杯只是略为温热，您现在可以用手指来搅拌您的咖啡了。”

23. 中奖

一位顾客在某餐厅吃饭。他点了一份牛排。快要吃完的时候,他突然发现牛排里有一只苍蝇。他十分气愤地叫来服务员询问是怎么回事。服务员不慌不忙、彬彬有礼地说:“先生,祝贺您,您抽中了本餐厅设置的再来一份的大奖。”

(四)有关购物的幽默和笑话

1. 拿错药

一位游客买了补药从店里出来,没走多久,店员急匆匆地追出来了。说:“对不起,您要的是补药,我错给您拿了毒药。”游客大惊:“你太粗心了,差点出大事!”店员答:“可不是,老板知道了肯定要骂我的,毒药可比补药贵一倍呢!”

2. 液晶电视的缺点

一位农村老太太在亲人的陪同下进了城,此次进城她只有一个目的——买台新彩电,淘汰家里的旧彩电。商场的彩电真多,各种型号、各种尺寸的都有,真是琳琅满目,价格也相差很大,有的要上万元,有的只有几百元。农村老太太对买彩电的专注引来了一群导购小姐。一位导购小姐极力向老太太推荐一款液晶电视,说这台电视最适合老年人。“多少钱?”老太太问。“11 999元。”导购小姐心想,没吓着她老人家吧。这时老太太慢条斯理地说:“电视机很好,价格也适中,但有两个毛病,不能买。”“什么毛病?”小姐忙问。“一是太轻了,里面零件装得少。”“那第二呢?”导购小姐觉得好笑。“第二嘛,电视机太窄,咱家的猫蹲不住!”

3. 补差价

顾客:“我刚在你这买了几个鸡蛋,还没到家,一个鸡蛋里就钻出一只小鸡。”

店主:“是吗?那你还应补5角钱差价。”

4.服务态度

某书店,一批顾客在专心看书。

营业员:“这里是书店,不是阅览室!”

一顾客:“怎么这样的态度,一点笑容都没有。”

营业员:“你是来买书的,还是来买笑的?”

5.治秃秘方

谢某四十而谢顶,烦恼不已。有一天看见报上有治秃秘方的广告,大喜,立即汇款邮购。数日后收到回信:请问您要假发还是帽子?

6.近视眼买饼

一近视眼买了只烤鸭搭在肩上,满街找卖大饼的,他来到一卖凉席的摊前说:“你的饼真大,来一张!”

卖凉席的骂道:“就你那眼神还玩鹰呢!”

7.耐用的收音机

某甲请开电器行的某乙来修理收音机。某乙说:“这样差劲的收音机是谁卖给你的呀?”

甲说:“就是你呀,你忘了,去年……”

乙:“哦,原来是那一台,真耐用,竟能够用上一年。”

8.进口货

一个卖苹果的喊道:“谁买苹果,进口货。”

过路人一听“进口货”,便你一斤、他一斤地买上了。

有人拿起一个尝了尝,说:“这不是很平常的苹果吗,你怎么说是进口货呢?”

卖苹果的人说:“怎么不是呀,您张嘴一吃,这苹果不是‘进口’了吗?”

9.买龙虾

顾客:“服务员,这个龙虾怎么只有一只爪?”

服务员:“对不起,先生,这只肯定打过架了。”

顾客:“哦,那给我那个打赢的吧。”

10. 流行时装

一位顾客问售货员:“这件上装是不是最时髦的款式?”

“当然是现在最流行的时装,没有比这更新的款式了!”

“那么太阳晒了会不会褪色?”

“瞧您说的!这件衣服在橱窗里已挂了三年了,到现在还不是崭新的吗?”

11. 闰月

一月前,某商场打出了大幅广告:“本月清仓,所有商品成本价销售!活动于月底结束,欲购从速!”但第二个月开始了,广告依旧。尽管这并不奇怪,但有一顾客还是想知道营业员会做何解释,于是他问一营业员:“活动不是上个月就结束了吗?”营业员:“您还不知道?这个月是闰月!”

12. 老婆的威力

周六,老婆命令我到早市上买拖把,反复叮嘱:“拖把四块钱就能买一把,千万不要买贵了!”

到了早市,询问了很多摊贩,怎么也不下五块钱。我和一个小贩磨了半天,对方仍寸步不让。我情急之下,冲他嚷道:“四块钱卖给我,行不?你要是不卖给我,一会儿我叫我老婆来跟你砍价,怎么样?”

小贩眨了眨眼,二话没说,爽快地把拖把递给我,成交!

13. 一打鸡蛋

一顾客订购了一打鸡蛋,但送给她的只有10个,于是她去找商店的主人。

“我早上不是订了一打鸡蛋吗?”她问。

“是的。”店主回答说。

“但你们只给了我 10 个。”

“哦,对了,其中有两个是坏的,我们替你扔掉了。”

14. 禁止抽烟

售货员对一个正在抽烟的顾客说:“先生,我们这里禁止抽烟。”

顾客回答:“这可是在你们店里买的。”

售货员:“那又怎么样,我们这里还卖手纸呢。”

15. 说谎的后果

老板十分愤怒地对新来的一个职员吼道:“你不但迟到,而且还编造理由。你知道,老板们是怎样对待说谎的职员的吗?”

职员不慌不忙地说:“知道——立即派他去当产品推销员。”

16. 推销有术

一天,某推销员按电铃:“太太,我这边有一本书《丈夫晚归 500 种借口》,您一定要买!”

某太太:“笑话! 我为什么一定要买?”

推销员:“我刚卖给您先生一本。”

(五)有关孩子的幽默和笑话

1. 吃冰激凌的理由

女儿:“妈妈,我又长胖了,可能是天热而‘热胀’的,我真的很想‘冷缩’。”

妈妈:“那你想到什么好办法了吗?”

女儿:“您一天让我吃两个冰激凌就行了!”

2.7 减4 等于几

爸爸:"女儿,7 减 4 怎么还是 7? 不是告诉过你吗,7 减 4 就是你有 7 块巧克力,给了阳阳 4 块,那么你还剩几块?"

女儿:"我最爱吃巧克力了,我是不会把它给阳阳的。"

3. 养鸡

小明放暑假了,他决定养一群鸡来向父母证明自己的能力。他先买了一群小鸡,为了省事,他又买了几只母鸡。但没过多久,小鸡全部死光了。

爸爸:"你是拿什么喂那些小鸡啊?"

小明:"我没有给它们喂东西。"

爸爸:"那它们当然会死啊!"

小明一脸委屈:"小鸡不是应该由母鸡喂养的吗?"

4. 踩下去

一位小朋友正将一塑料袋丢入一个已堆得满满的垃圾桶中,老师见状,立即说道:把塑料袋踩下去!

小朋友于是将塑料袋从垃圾桶中拿出来放在地上用力地踩下去……然后,满脸疑惑地望着老师。

5. 母鸡的腿为什么是短的

两个孩子在讨论母鸡的腿。

甲:"你说,母鸡的腿为什么这么短?"

乙:"傻瓜,母鸡的腿如果很长,生蛋的时候蛋不就摔破了。"

6. 捡花生

一对父子在看电影。儿子看见地上有一颗不知从哪儿滚来的花生,于是从地上捡起来。父亲看到了,说:"不要这样,真没出息……给我一粒啦! 快点!"

7. **历史故事**

小明老是缠着爸爸要他讲历史故事给他听。一天，小明又向爸爸提出了这一要求。

爸爸："好！从前，有一只青蛙……"

小明："唉呀，我要听历史故事！"

爸爸："好！在宋朝，曾经有这样一只青蛙……"

8. **别问成绩**

小亨利的姑姑来到他家做客，见到亨利，对他说："亨利，我想送一件礼物给你，让你高兴高兴！"

"太谢谢了！姑姑。"亨利回答。

"不过，给你礼物之前，我要问问你的考试成绩如何。"

"得了吧，"亨利说，"如果你是真心让我高兴，就别问我的成绩。"

9. **宝宝找妈妈**

5岁的宝宝与妈妈在人群中走散，他哭着向人们打听："你们看到我妈妈吗？她身边带着一个很像我的小男孩。"

10. **不受罚的原因**

老师："华盛顿在儿童时代，用斧头砍掉了园中的一棵樱桃树。由于他勇敢地承认了自己的错误，父亲就没有惩罚他。"接着，老师又问："为什么犯了错误的华盛顿没有受罚，谁能说说其中的原因。"

一名男孩站起来说："这很简单，因为华盛顿手里拿着斧头。"

11. **孩子的理想**

"爸爸，我长大了要当一名北极探险家。"

"好极了！"

“可是我想立刻开始参加训练。”

“怎么训练?”

“请每天给我 1 元钱买冰激凌,这样我将来就能适应北极的寒冷天气了。”

12. 听话的孩子

有一家失火了。爸爸、妈妈都逃了出来,只有他们的小儿子还在里面。妈妈很紧张地在外面喊:“儿子啊,你在里面干什么? 都失火了还不出来?”

儿子回答:“我在穿袜子。”

妈妈急了,说道:“都失火了,还穿什么袜子?”

过了一会儿,儿子还没出来……

妈妈实在等不及了,喊道:“你到底在干什么,怎么还不出来?”

儿子说:“我在脱袜子!”

13. 双手端饭

4 岁的儿子给爷爷盛饭,妈妈在一旁教导:“儿子,你应该双手端饭给爷爷!”

儿子一脸不屑,冲着妈妈说:“我都快 5 岁了,力气不小了,这饭我一只手就能端起来!”

(六)其他幽默和笑话

1. 成绩

期中考试过后,数学老师即将在课堂上宣布数学成绩,他说:“这次考试,班上 90 分以上的同学和 80 分以上的同学一样多!”班上同学一阵欢呼。接着他又说:“80 分以上的和 70 分以上的一样多!”下面又是一阵欢呼。

这时有同学小声问:“那么不及格的呢?”

“不及格的人数和全班人数一样多!”老师回答。

2. 形象的解释

一个大学教授在给中学生讲解经济危机，学生们对衰退、萧条、恐慌等字眼很不理解。于是教授解释道："这不难理解，衰退时，人们需要把腰带勒紧；萧条时，人们很难买到扎裤的腰带；当人们没有裤子时，恐慌就开始了。"

3. 历史在重演

父亲与老师在谈论自己的儿子。

"老师，我儿子历史学得怎么样？当初我念书时，不喜欢这门课，有一次还考了不及格。"

"历史在重演！"老师回答。

4. 英语授课

"从下学期起，我们的各门功课全部都用英语授课。"老师宣布说。

"不！我们会听不懂的。"一名同学反对说。

"不要担心听不懂，学语言，说到底就是要多听，不断地听。你们每天都听我说英语，时间久了自然就会听懂。"

"可是我每天都在听小狗叫，到今天也不知道它在说什么。"

5. 滴水不漏

某日，老师在课堂上想看看一学生智商有没有问题，问他："树上有 10 只鸟，开枪打死一只，还剩几只？"

学生反问："是无声手枪或别的无声的枪吗？"

"不是。"

"枪声有多大？"

"80 ~ 100 分贝。"

"那就是说会震得耳朵疼？"

"是。"

"在这个城市里打鸟犯不犯法？"

“不犯。”

“您确定那只鸟真的被打死啦?”

“确定。”老师已经不耐烦了,“拜托,你告诉我还剩几只就行了,OK?”

“OK! 树上的鸟里有没有聋子?”

“没有。”

“有没有关在笼子里的?”

“没有。”

“边上还有没有其他的树,树上还有没有其他的鸟?”

“没有。”

“有没有残疾的或饿得飞不动的鸟?”

“没有。”

“算不算肚子里怀孕的小鸟?”

“不算。”

“打鸟的人眼有没有花? 保证是10只?”

“没有花,就10只。”

老师已经满脑门是汗,且下课铃响,但学生继续问:“有没有傻得不怕死的?”

“都怕死。”

“会不会一枪打死两只?”

“不会。”

“所有的鸟都可以自由活动吗?”

“完全可以。”

“如果您的回答没有骗人,”学生满怀信心地说,“打死的鸟要是挂在树上没掉下来,那么就剩一只,如果掉下来,就一只不剩。”老师当即晕倒!

6. 绝对安静

老师:“现在,同学们,我要你们保持绝对安静,静得你们连一根针落到地上都听得见。”

过了一会儿,全静下来了,一个小男孩尖叫道:“扔针吧!”

7. 未曾失手

一学生要求转校。按照要求,转校学生必须填写“转学自评表”。在“曾经是否因为考试作弊受到处分”一栏,他填了一字“未”。下面一栏是“说明原因”,他继续写道:“未曾失手”。

8. 取决于菜的数量和质量

化学课上老师讲解溶剂与溶质的关系:“一定的溶剂只能溶解一定的溶质。比如说,你吃了一碗饭,又吃了一碗,第三碗吃下去已经饱了,你还能吃下去吗?”

有个学生回答得天衣无缝:“这取决于菜的数量和质量!”

9. 突发横财

一对士兵接到上级的悬赏令:捉住一个敌人,可得黄金 10 两。士兵们开始昼夜不停地在沙漠中搜索猎物,几天下来,人人疲惫不堪。有两个士兵因太累了,竟然在沙漠中睡着了。

当其中一个士兵醒来时发现他们被几十个敌人包围了。他立即推醒另一个,说:“快起来,我们发大财了!”

10. 谁把门关了

一支部队在进行军事演习。几个士兵晚上入住一老农家中,他家房门朝西。半夜,四处漆黑,集合号突然响起,士兵们摸黑爬起来往外跑,跑得最快的一个忘了这里的房门方向变了,一头撞在墙上,他疼得捂着头大骂:“谁把门关了?!”

11. 近视眼

士兵:“长官,我求您一件事。”

军官:“什么事?”

士兵:“您看,我是一个近视眼,这次战斗就不必参加了吧?”

军官:“这个问题我早就考虑过了,你将被派到第一道战壕,以便你看得更清楚一些。”

12. 假如这是炸弹

一位将军视察军舰,他为了检验一下士兵的应变能力,把自己的帽子摘下来,放在甲板上,对一位值班士兵说:“假如这是一枚炸弹,你会怎么办?”

值班士兵看了一下,一言不发,一脚把那顶将军帽踢下了大海。

13. 没有击中目标

一名新兵一连打了数十发子弹,但无一命中。教官气得大骂:“饭桶,如果我是你,早就到树林里自杀了。”

新兵真的走进了树林,不久便传来一声枪响,教官大惊失色,正要派人去树林,只见那名新兵飞快地跑了出来,立正,敬礼,说:“报告教官,我刚才向自己开了一枪,但没有击中目标。”

14. 视力证明

一个士兵想找个借口离开军队,于是他找到军医,说:“真糟糕,我的视力越来越差了,你有什么办法吗?”

军医给他看了一下说:“你能证明你的视力不好吗?”

士兵环顾四周,指着对面墙上的钉子说:“你能看见墙上的钉子吗?”

“看得见。”医生说。

“可我看不见。”此人悲伤地说。

15. 婚假

两个士兵站在军官面前。

一个说:“少校,请准我15天假,因为我要结婚了。”

另一个说:“少校,能不能准我20天假,因为我也想结婚。”

“你为什么要多出5天呢?”上校问。

“因为我还得先花5天时间去找新娘。”

16. 毫无怨言

汉森、维特和科尼希三人一同上了前线。

在一次激战中,一颗子弹打穿了汉森的一条胳膊。他痛苦地跑过去找维特:“我亲爱的维特,你瞧瞧,我的胳膊被打断了!”

维特满不在乎地说:“你嚷嚷什么?瞧瞧人家科尼希,脑袋都打飞了,可他却毫无怨言。”

17. 意想不到的地方

炮兵连长向营长报告:“报告营长,敌人太狡猾了,隐蔽的地方简直让你意想不到,我们该怎么办呢?”

“笨蛋,向那意想不到的地方开炮。”

18. 选兵种

在征兵办事处,负责人问一位报名参军的人:“你希望去哪个兵种服役?”

“我想去军舰上服役。”

“很好!我们把你安排在潜水艇上,怎么样?”

“那可不行,先生。”

“为什么?”

“因为,我睡觉时有个习惯,那就是一定要开着窗子。”

19. 死马挡道

9名老兵请了一天假,但第二天早操时还不见踪影,上校十分恼火,这时,第一个士兵回来了。

“真抱歉,先生,”他对上校解释说,“表慢了,误了火车,我就租了一辆汽车,但汽车又坏了,我于是买了匹马,谁知道马又死了,我跑了10里路才赶回来。”

上校将信将疑。紧跟着陆续来了7个士兵,迟到理由如出一辙。

最后一个士兵赶到了:“我误了火车,租了部汽车……”

上校早已按捺不住:“你敢说汽车坏了?”

“不,先生,”士兵回答,“汽车没坏,但路上那么多死马,汽车过不来呀!”

20. 密码电报

“这是将军发给您的电报,上校。”一位士兵前来报告。

“念吧。”上校命令道。

“我们这次失利首先应归罪于你的愚蠢与无能……”

“这是一封密码电报,立即把它译出来!”上校严肃地指示道。

21. 受够了

教官在向一群新兵不停地下命令:

“向右转!……向左转!……向右转!……齐步走!”

其中一个新兵径自走出队列。

“你到哪里去?”教官问。

“我已经受够了,你自己都不明白你要干什么,才几分钟时间你就改变了无数次主意。”

22. 谁动了我们的酒

一个中士领着一队新兵练习刺杀,新兵们个个无精打采。中士下令暂停,并开始训话:“你们听着,这些草人是你们真正的敌人,他们烧掉了你们的房子,杀害了你们的父母,抢去了你们的钱财,并且喝完了你们的威士忌!”

中士的训话很快起了效果,新兵们群情激愤,其中一个看上去格外愤怒,只见他目露凶光,紧咬嘴唇,向中士大声问道:“中士,是哪一个喝完了我们的威士忌?”

23. 聪明的指挥官

军事演习正在进行。一位指挥官的汽车陷进了泥里。他看见几个士兵正懒洋洋地坐在地上,便叫他们来帮忙。

“很抱歉,先生,我们已经阵亡了。”士兵们答道。

指挥官转向他的司机:“卫兵,赶快从这些死尸中拖出两具来填到轮子底下,好让我们快点上路!”

士兵们马上从地上跳起来。

24. 口哨

士兵:“小姐,你闯入了军事禁区!”

小姐:“我不知道这是禁区。”

士兵:“你没听见我向你吹口哨吗?”

小姐:“听到了。”

士兵:“那你为什么还往里闯?”

小姐:“我妈妈时常告诫我,不要理会男人的口哨。”

25. 念讲稿念出来的问题

有位乡干部在妇女节到来之际给某村村民做报告。因为稿子是秘书写的,领导事先也没有熟悉讲稿内容,因此稿子念起来比较生硬,下面群众听得也昏昏欲睡。突然,领导加大了嗓门喊了一句:“妇女同志站起来……”大家一惊,摸不清领导用意,尤其是在座的女同志,不知道该不该站起来,正犹豫之间,只见领导不紧不慢地翻到第二页,继续念道:“……了!”

26. 迟来的报应

一个男人结婚时向上天发誓忠于自己的婚姻,但结婚不久他就出轨了,他起先还担心会遭报应,但时间一久就淡忘了。

有一回他坐船横渡海峡,突遇暴风,他突然意识到上天的惩罚来了,连忙祈求看在同船其他无辜者的份儿上饶恕他。这时,天空传来了一个低沉的声音:"你以为我这些年闲着呢!凑齐这一船人我容易吗?"

27. 有关星星的联想

有一天晚上,福尔摩斯和他的助手在帐篷里露营。半夜醒来,福尔摩斯看到了满天繁星。他于是推醒了助手,问:"看到星星,你联想到什么?"

助手沉思片刻,说:"天空真是无边无际,每颗星星都相当于一个太阳,而我们居住的地球只是太阳系中一个很小的行星,相比之下,我们人真是太渺小了!"

福尔摩斯很不耐烦地打断他:"你这笨蛋,我们的帐篷被人偷走了!"

28. 聪明的交易

某日,一个秃头男子走进美容院,对一位发型师说:"如果你有办法让我的头跟你的头一样,又不用经历任何痛苦,我将付给你 5000 元。"

"好办极了!"发型师收起了 5000 元钱后,迅速地剃光了自己的头发。

29. 不能容忍第二次出错

老王领工资时发现少了一元钱,便去找会计要求补领。会计解释说,因为上个月多发了一块钱给他,这次就将那一块钱扣除了。老王一听就不高兴了,大声质问会计:"你这个人怎么工作的,粗心大意,心不在焉……"会计听得不耐烦了,说:"你上个月多得了工资怎么不来找我?"老王理直气壮地说:"偶然一次失误,我可以理解。

但我不能容忍再一次出错。”

30. 让小偷放心

一小区内某单元10户人家有9户安装了防盗门，只有一户没装。某天，装了防盗门的9户人家都被小偷光顾，只有未安装防盗门的这一户没进小偷，但小偷却留了个字条：“你放心我，我也放心你。”

31. 免费理发

一个男人带着小明走进了理发店。

“您是要理发还是要刮脸？”理发师问。

“都要。”他坐上了理发椅。

理完发后，他从椅子上站起来说：

“再给我的孩子剪剪发吧。我出去买张报纸。”

一个小时过去了，那个男人还没有回来。理发师等得不耐烦了，问小明：“你爸爸到底是去哪儿啦，怎么还不回来？”

“那不是我的爸爸，”小明回答，“我不认识他。刚才在街上，他说，他要带我去一个免费理发的地方。”

32. 错过了八个

王经理走进音乐会会场的时候，音乐会已经开始了。他问旁边的妻子，台上正演什么曲子？“贝多芬第九交响曲。”妻子不耐烦地说。“唉，”王经理长叹一声，“没想到迟到这一会工夫，就错过了八个！”

33. 你插什么嘴啊

丈夫和妻子吵了一架。下班后，丈夫见妻子依旧铁青着脸，便知趣地去逗猫。

妻子吼道：“你跟那头猪在一起干吗？”

丈夫惊讶地说：“这是猫，不是猪！”

妻子没好气地说：“我跟猫说话，你插什么嘴啊？”

34. 领导开会三要点

第一点,直接对下级讲话,要说:"我强调几点……"

第二点,平级讲话后,你发言要说:"我补充几点……"

第三点,上级领导讲话后,你必须发言,起始句应是:"我的体会有几点……"

35. 从哪打的电话

琼斯先生在看报时,惊讶地发现报上竟然刊登了一篇关于他的悼文。他怒气冲冲地打电话给一个朋友:"真是岂有此理,你看到了我的悼文吗?"

"看到了,可是……"朋友的声音有些发抖,"您,您是从哪打来的电话?"

36. 关于月亮的争论

两个同村的人为月亮争得不可开交,一个人认为月亮上长了树,一个人认为没长树,只是有几座石头山。他们谁也说服不了谁。这时一个陌生人路过,两人连忙请教他:"朋友,月亮上长了树吗?"

过路人回答:"我不是这个村的,我不太清楚。"

37. 手术后约会如何

一个病人即将被推入手术室,这时他发现身边一位护士很漂亮,"手术后约会如何?"他问护士。

"约会?"护士答道,"你需要去问我的男朋友。"

"他在哪? 我要见他。"

护士笑着说:"你很快就能见到他,他一会儿就来给你做手术,那时你再和他商量吧!"

38. 一定有希望

病人绝望地问医生:"我的病没希望了吧?"

"话不能这么说,"医生安慰道,"尽管得这种病的人 10 个有 9 个要死,但毕竟还有十分之一的希望。你应该树立信心,因为我医治的这种病人已有9个,他们全都死了,所以,你一定是有希望的。”

39. 现在你开始追我

一天深夜,一位年轻女子路过一家精神病院,竟然发现从精神病院内跑出一个男子,而且这个男子大喊一声开始向她冲来,年轻女子吓得拔腿就跑,男子紧追不舍。

很不幸,前面是一个死胡同,该女子无路可逃,只好跪地求饶:“你愿意怎样就怎样,只求你不要杀我。”“真的吗?”男子狡黠地笑了笑,“那现在你开始追我。”

40. 钢笔和温度计

一位实习生问老医生:“你为什么把温度计夹在耳朵上?”

老医生:“完了!我一定把钢笔插在病人的肛门里面了!”

41. 怎么能放心

女儿:“妈,因你不准我跟花痴结婚,他昨晚服毒了。”

妈:“啊?那他死了没有?”

女儿:“幸好他把感冒药错当安眠药吃了,结果没死成。”

妈:“就是嘛,连这样的事都搞错,我怎么能放心把女儿交给他!”

42. 拉马桶的后果

1944年的一天,英国遭受空袭,一所公寓被炸弹击中,人们发现,一位老人不见了。忽然,人们听到废墟中传来笑声,于是组织人拼命挖掘,终于从厕所的残砖碎瓦中挖出了毫发未损的老人。人们问他为什么发笑,老人回答:“我一拉抽水马桶,这房子就倒了。”

43. 小说的结局

王先生正在写小说的最后一章。他太太提着一大桶衣服经过书房门口时探头问了一声:“写得怎样了?”

“快好了,”王先生高兴地回答,“男主角正向女主角求婚。”

王太太赶忙说:“拜托!你一定要让她拒绝,这样她以后才能快乐地过日子。”

44. 两醉鬼

醉鬼甲:“你喝醉了。”

醉鬼乙:“我没醉。”

醉鬼甲:“还说没醉,你说话舌头都短了。”

醉鬼乙:“你的舌头也不长。”

醉鬼甲:“你说没醉是吧?好!”(顺手拿出一个手电筒,打开)

醉鬼乙:“干什么?”

醉鬼甲:“你看见一条光柱吗?你要是没醉就顺着光柱爬上去。”

醉鬼乙:“我才不上你当呢!等我爬到半中腰,你一关手电,我不就摔下来了。”

45. 加上一条

在一次制定美国宪法的会议上,有位议员说:“在宪法里要规定一条:常规部队任何时候都不得超过5 000 人。”

华盛顿平静地说:“这位先生的建议的确很好。但我认为还得加上一条:侵略美国的外国军队,任何时候都不得超过3 000 人。”

46. 人是由猴子变的吗

英国科学家达尔文在一次宴会上恰好和一位美貌

女士坐在一起,女士以戏谑的口吻说:“达尔文先生,听说你断言,人类是由猴子变来的,我也属于你的断言之列吗?”

达尔文彬彬有礼地答道:“当然!不过,你不是一般的猴子变的,你是由长得非常迷人的猴子变来的。”

47. 真实年龄

一个60岁左右的富有的单身汉爱上了一个比他年轻得多的女子。但又怕对方嫌自己年龄太大,为此他去请教一位好友:“我想跟她结婚,但是我怕把真实年龄告诉她之后会使她失望,所以我想对她说,我只有50岁……”

“恰恰相反,”朋友打断了他的话,“你应该告诉他,你已经70岁了,且疾病缠身。”

48. 用腿签字

一位作家去一家杂志社领稿费,可出纳却对他说:“真对不起,先生,支票已经开好,但社长没有签字,领不到钱。”

“早就该付的稿费,他为什么不签字呢?”作家有些不耐烦了。

“因为他脚跌伤了,正躺在床上。”

“啊!我真希望他的腿早点好。因为我想看看他是用哪条腿签字的!”

49. 心理疾病

一位主妇非常专断,她的丈夫不得不督促她去找心理医生,夫人同意了。于是两个人一同来找医生,丈夫在外面等了一个多小时,夫人总算出来了。丈夫问道:“有点好转吧?”

“没多大变化,”夫人说,“我花了50分钟才使他相信,如果他那张病床搁在靠墙的一边,看起来一定会舒服得多……"

50. 回娘家

妻子见丈夫连续看足球比赛什么也不顾,一气之下回了娘家。一进门见父亲一人在家看足球。"妈妈呢?"她问。"回你外婆家了。"

51. 没有同伙

法官问一罪犯:"这几起盗窃案是你一个人所为吗?"

"是的。要知道,当前能找到一个与我志同道合的人那是相当困难的。"

52. 抢银行

某银行,一个蒙面人拿着手枪对着营业员:"我要提一笔款。"

"请问您的账号是……"

"废话!我要有账号,还拿手枪干什么?"

53. 指纹在脸上

"你们四个人还抓不住一个罪犯,简直是饭桶!"警官向部下发火。

"长官,我们并没有白追,我们把他的指纹带回来了。"

"在哪儿?"

"在我们脸上。"

54. 作案工具

警察抓到一个正在作案的罪犯。

罪犯:"我没有罪,因为我只不过是被人利用的工具而已,而工具是没有罪的。比如说一个人用刀杀了人,罪过在人不在刀。"

警察:"您是说您是被人利用的工具吗?"

罪犯:“是的!”

警察:“那好,请跟我走一趟!”

罪犯:“为什么? 我没有罪!”

警察:“按照法律,作案工具是要被没收的。”

55. 个人秘密

公司经理指示在每人的工资袋里夹一张说明:“您的工资数是您的个人秘密,请不要泄露给任何人。”

一位初来的职员数了数工资,皱着眉头在签名处写了一句话:“我决不会向任何人泄露,因为我和您一样,不好意思将这种收入讲出去。”

56. 加薪的理由

一天,某公司的一位老职员鼓足勇气,走入经理办公室:“先生,我在这10多年里,一个人干三个人的活,却只拿一个人的工资。我请求加薪。”

经理说:“很好,我可以为你加薪,但有一个条件:请说出来你为哪两个人多干了活,我先将他们解雇。”

57. 两个推销员

一次,两家皮鞋工厂各自派了一名推销员到太平洋上某个岛屿去开辟市场。两个推销员到达后的第二天各给自己的工厂拍了一份电报回去。

一封电报是:“这座岛上没有人穿鞋子,我明天搭第一班飞机回去。”

另一封电报是:“好极了,这座岛上没有人穿鞋子,我将说服他们穿上我们的鞋子。”

58. 斗牛士的报复

在西班牙首都马德里,一场斗牛赛刚刚结束。

在这场比赛中,一位著名的斗牛士受了重伤,他刚刚被抬进医院不久,却又见他全身缠着绷带从医院出来。

“我一定要报仇!”斗牛士向聚集在医院门前的众多崇拜者大声疾呼。

然后他开始沿街向前走去,人们紧跟着他,不知他要做什么。

斗牛士走进了一家酒馆,坐在一张桌旁,然后吩咐侍者:“给我上两份烤牛肉,烤得越焦越好!”

59. 用人标准

古董商店要招收一名工作人员。店主从地板上捡起一小块木头片,问一名面试的年轻人:“你看清楚了吗?这是什么东西?”

“彼得大帝的牙签。”

“回答得好极了,你马上可以开始工作。”

60. 勤劳的蚂蚁

妈妈:“你看蚂蚁多勤劳,从不浪费时间去玩。”

儿子:“不过我每次到郊外去旅行,总会遇见它们的。”

61. 牛的牢骚

鸡跟牛发牢骚说:“人是世界上最自私的动物,让我们多下蛋,自己却实行计划生育。”牛说:“你那点委屈算什么,那么多人喝我的奶,谁管我叫妈了?”

62. 小蛇的忧虑

有一天,大蛇与小蛇一起散步,小蛇忧郁地望着大蛇,问:“我们有毒吗?”“我们是蛇,当然有毒。”大蛇回答。

过了一会儿,小蛇又问:“我们真的有毒吗?”“真的有毒!”大蛇有些不耐烦了。

走了没多久,小蛇似乎还是不放心,又问:“我们真的有毒吗?”大蛇生气地回答:“我跟你讲了多少遍,我们真的有毒,你问那么多次干什么?”

“我刚才咬到自己的舌头了!”小蛇简直要哭了。

63. 谨慎的小猴

一个游客在喂动物园的猴子吃花生，他发现一个小猴特别奇怪，它总是拿花生在屁眼里塞一下然后再吃。那人不解地问管理员。

管理员答道："它去年吃了个大桃，费好大劲才把核拉出来，所以现在它吃什么都得先量量。"

64. 老鼠的男朋友

两只鼠姑娘在路上相遇：

"哎，我最近交了个男朋友！"

"是吗？快拿照片给我看看。"拿出一张蝙蝠的照片来。

"呀，怎么这么丑哇！"

"丑是丑了点儿，可他是个飞行员呢！"

65. 甩开膀子吃

女主人把吃剩下的鸡鸭鱼肉倒进一只桶里，准备倒掉。一只黑老鼠和一只灰老鼠钻进桶里，大吃大喝起来。

黑老鼠对灰老鼠说："这家女主人是我的朋友，是她让我领你来吃这美味佳肴的。"灰老鼠说："你能交上这样的朋友真是福气呀！"

正说着，一瓢热水倒进桶里，把两只老鼠的毛都烫掉了，疼得它们直咧嘴。灰老鼠问："这是咋回事？"黑老鼠说："这是女主人让我们脱掉衣服，甩开膀子吃！"

66. 迟钝

连日大暴雨使陆地成为泽国，一群动物乘着小船在水上漂流。食物快吃完了，它们决定通过游戏把一些同伴抛下去。规则是轮流讲笑话。要是谁的笑话不能使所有的动物都发笑，那它就要倒霉。

经过抽签，由牛先讲。牛的笑话非常精彩，多数动物都笑了,但猪没有笑。于是牛被扔下了海。然后轮到羊。羊的笑话非常糟糕,没有谁能笑出来,可猪却扑哧笑出了声。

“你为什么要笑?”动物们纳闷地问。

“对不起,我想起牛的笑话了。”猪慢吞吞地回答。

67. 没有结婚

雌鸟看见雄鸟戴着指环,以为雄鸟已擅自结婚,忍不住泪流满面。雄鸟怒气冲天地说:“我跟你讲了多少遍了,这个指环是鸟类研究站的人给我套上的,不是结婚戒指！我还没结婚!”

68. 猴狗联姻

猴狗联姻,新婚之夜,猴新郎喜滋滋地悄悄问新娘:你嫁给我是喜欢我哪一点？狗新娘羞涩地说:还不是为了孩子能有点人模样!

69. 三只老鼠吹牛

三只老鼠在一起吹牛,第一只说:“我一天不吃老鼠药就会胃痛。”

第二只说:“我一天不踩老鼠夹脚趾就发痒。”

第三只不慌不忙地指着自己盖的被子说:“看见没?猫皮做的!”

70. 牛跳悬崖

一人在山上闲逛,见一悬崖,想知道这悬崖有多深。见旁边有一巨石,于是找来一根木棍,利用杠杆原理将巨石撬下悬崖。说时迟,那时快,只见一头牛发疯般地飞奔过来,并一下子跳下悬崖。这人百思不得其解。

一会儿,一农夫过来问:“看见我的牛了吗?”

这人回答:“看见了,但牛自己跳进悬崖了。”

“怎么可能呢？俺将俺的牛拴在一块大石头上啊!”

71. 饿狼觅食

一饿狼在村边觅食，听见有家人在训孩子："再哭就把你扔出去喂狼！"饿狼窃喜，决定蹲在屋边守候。

虽然小孩哭了一夜，但饿狼仍一无所获。不禁感叹："哎，人类说话不算数！"

六、谜语

谜语，是暗示事物或文字等供人猜测的隐语。它往往采用隐喻、迂回的方式对某种事物进行描述，而猜谜者必须通过思考、分析、猜测、判断后才能得出正确结论。

猜谜语是一项高雅悠然、益智怡情、轻松愉快的大众文化娱乐活动。导游在组织游客游览的过程中，恰当地组织一些猜谜活动，不仅有利于活跃旅途气氛，增加知识，还能使导游与游客间的关系变得更加融洽，增加游客对导游的信任。导游在组织猜谜活动时要密切注意游客的反应，如果多数游客积极性很高，踊跃参与，导游不妨多出些谜语，也可让游客来出谜语。相反，如果大家积极性不高，或只有少数游客参与，导游就应适可而止。为提高游客的猜谜积极性，达到活跃气氛的效果，导游选取的谜语不应太难，应尽量选用经过短暂思考就能找到答案，又比较有趣味性的谜语。

下面，我们选用了一些常用的谜语，供导游在旅途中参考。

（一）地名谜

喜暑（宁夏）
宁静（甘肃）
东南北（西藏）
扎帽花（安徽）

银河渡口(天津)
双喜临门(重庆)
长治久安(辽宁)
大河解冻(江苏)
碧波万顷(青海)
船出长江口(上海)
固若金汤(保定)
万里无坎坷(平遥)
日照清流涌(阳泉)
抵达分水处(临汾)
静静的顿河(文水)
辕门(营口)
当代人(新民)
花开四季(长春)
双双无突破(四平)
春回大地(苏州)
无风不起浪(宁波)
近水(临川)
长江(修水)
攀登(上高)
百世纪(万载)
树叶落尽(余干)
共同富裕(丰都)
宁死不降(奉节)
街谈巷议(聊城)
雾中钓鱼(烟台)
柳暗花明又一村(新乡)
戈壁城(沙市)

地下河(潜江)

发放救济(恩施)

千里戈壁(长沙)

助人为乐(资兴)

不走捷径(宁远)

安居故里(宁乡)

一再夺银牌(三亚)

百川汇集处(海口)

日照长(绵阳)

一寸光阴一寸金(贵阳)

项羽(楚雄)

太平调(曲靖)

合议庭(会理)

依然故我(个旧)

全面整顿(大理)

粮油(米脂)

(二)日常用品谜

哥儿俩,一样长,有肋骨,没肚肠。(梯子)

站是圆,睡是方,背面粗,脸面光。(席子)

舌儿尖,肚子大,吃什么,吐什么。(注射器)

一只罐,两个口,只装火,不装酒。(灯笼)

有面无口,有脚无手,听人讲话,陪人吃酒。(桌子)

半个西瓜样,口朝上面搁,上头不怕水,下头不怕火。(锅)

外面冷冰冰,里面热心肠,一夜到天亮,肚里仍不凉。(热水瓶)

一只鸟儿笼中站,三个翅膀真稀罕。不吃粮来不喝

水，一到热天飞得欢。（电扇）

墙上一条河，刮风不起浪，天寒河水少，天热河水多。（温度表）

一朵花儿真奇怪，晴天家里栽，雨天门外开。（雨伞）

大四方，小四方，谁家没它闷得慌。（窗）

（三）字谜

武（斐）
饭（糙）
稻（类）
嘴（唧）
岸（滂）
雨（池）
灰（尘）
思（十）

大厦（庐）
水库（沧）
干涉（步）
西施（俪）
东施（妞）
书签（颊）
早上（日）
和局（抨）
晚会（多）
默读（卖）
春联（闵）
几点（凡）

次子(元)
老友(做)
自己(体)
地表(坡)
朝阳(晌)
零头(雨)
鼓掌(拿)
秋收(火)
周末(口)
留下(田)
士气(恽)
傍晚(晒)
汛期(泼)
蒸馏(法)
房租(锯)
空肚(饮)
狗洞(突)
森林(楷)
灭火(一)
重逢(观)
湿柴(沐)
虚心(七)
稻种(籽)
不要走(还)
画中人(佃)
羊离群(君)
语言美(让)
邮递员(储)

不夜天（昶）
十二点（斗）
单身汉（合）
丢了钱（铁）
将相和（斌）
十五日（胖）
动手术（刑）
夹生饭（炊）
一口咬定（交）
擦去汗水（干）
减二得四（园）
七百除一（皂）
单人拦网（内）
礼貌待人（傲）
一落千丈（仗）
与人方便（更）
由上转下（甲）
公而无私（八）
雨下植树（霖）
一昼一夜（明）
此路不通（趾）
春末夏初（旦）
包头界首（甸）
古文观止（故）
异口同声（谐）
江西南昌（汨）
水火相容（淡）
二大二小（秦）

山水相连(汕)
有说有唱(谙)
自我介绍(记)
主动一点(玉)
千少万多(仿)
一户一斤(所)
步伐一致(跻)
尘土飞扬(小)
明日动身(月)
集中一点(虫)
指东话西(诣)
床前明月光(旷)
二十四小时(旧)
四十八小时(亘)
七十二小时(晶)
二点天上来(关)
说话的技术(团)
不是普通话(访)
一万零一撇(厉)
两眼视力好(瞿)
大框加小框(固)
四去八进一(日)
八九不离十(杂)
一二三五六(罢)
第二次握手(观)
开门日正中(间)
有一点不准(淮)
积水而为海(每)

神女峰的传说(巫)
春一半夏一半(麦)
此谜无人猜中(仲)
大水可以发电(淹)
两边都能听到(耶)
才进去就关门(闭)
一天走了一里路(量)
一人一口一只手(拾)
风吹草低见牛羊(蓄)
大河没水小河干(哥)
千里之行始于足下(踵)
只有姐姐妹妹和弟弟(歌)
前前后后都要放在心上(总)

(四)成语谜

一(接二连三)
乖(乘人不备)
火(灭顶之灾)
田(留有余地)
荀(一丝不苟)
日(目空一切)
导游(引人入胜)
胜境(不败之地)
初一(日新月异)
齐唱(异口同声)
客满(座无虚席)
印书(千篇一律)
飞雪(天花乱坠)

皮球(一团和气)
眼镜(迫在眉睫)
砌墙(后来居上)
煤堆(乌合之众)
观光(一览无余)
守岁(以待来年)
夜雨(下落不明)
居中(不相上下)
听笑话(闻过则喜)
新纪录(史无前例)
讨论会(各抒己见)
冲奶粉(水乳交融)
狗咬狗(犬牙交错)
浪淘沙(拖泥带水)
气象万千(风云变幻)
南辕北辙(事与愿违)
雪雨交加(落花流水)
量体裁衣(以身作则)
禁止登山(高不可攀)
此时无声胜有声(弦外之音)
滕王高阁临江渚(近水楼台)
长年跋涉戈壁滩(久经沙场)
黄河长江皆流入海(殊途同归)
庐山恋,青山恋(脉脉含情)
朝辞白帝,暮到江陵(一日千里)
江河纵横,峰峦林立(千山万水)

(五)词语谜

缺席(未来)

阅读(观念)
再见(重视)
剧终(观光)
泥塑(捏造)
结果(现实)
好看(美观)
全错(绝对)
后会有期(待遇)
江中明月(漂亮)
千篇一律(同情)
集体写作(公文)
单人沙发(绝对可靠)
业余搞雕塑(凭空捏造)

(六)带格谜

大家七嘴八舌(打一气象名词)　(多云)
没有全记下(打一物理名词)　(短路)
优点(打一称谓)　(处长)
思量(打一物品)　(算盘)
烫发(打一食品)　(花卷)
诈降(打一常用名词)　(服装)
怕老婆(打一医学名词)　(内服)
独自归(打一金融名词)　(回单)
请留步(打一歌曲名)　(送别)
全合格(打一省会城市)　(成都)
一目了然(打一医学名词)　(透视)
相当清白(打一春秋战国名人)　(廉颇)
没有差别(打一称谓)　(同事)

市政开支(打一杂志名)	(花城)
只许前进(打一常用词)	(退休)
银行存折(打一经济名词)	(本钱)
花言巧语(打一气象名词)	(云彩)
屡战屡败(打一数学名词)	(负数)
这棵树好(打一黑龙江地名)	(佳木斯)
远方的未婚妻(打一成语)	(不近人情)
关门(打一常用词)	(掩护)
见火不救(打一成语)	(顺其自然)
练习发音(打一称谓)	(学生)
飞身上马(打一棋类)	(跳棋)
出国再见(打一财会名词)	(外汇)
红灯全亮了(打一交通名词)	(交通亭)
黄昏(打一河南地名)	(洛阳)
假姑娘(打一四川地名)	(南充)
不夜天(打一湖南地区)	(衡阳)
不轻易表态(打一医学名词)	(肾炎)
想不起来(打一商业名词)	(旺季)
九十九加一(打一植物名)	(百合)

七、谚语

谚语是在群众中间流传的固定语句,用简单通俗的话说明一定的道理。谚语中很多语句闪烁着智慧的光辉。导游恰当地运用一些谚语,能使语言变得更加生动,增强说服力,也易引起游客共鸣。比如,在谈到旅游可以增长见识时,导游可引用谚语"见识见识,不见不识"、"脚板底下出文章";要求游客抓紧时间游览时,可引用谚语"紧前不紧后";提醒游客注意饮食卫生时,可引用谚语"谨口胜于吃药";提醒游客走山路时注意安全,可用"宁走十步远,不走一步险"等。

在长期的社会生产实践当中形成了很多谚语,我们选取了其中的一部分,供大家旅途参考。

A

爱叫的麻雀不长肉

按倒的母鸡不下蛋

按下葫芦瓢又起

按人口做饭,量身体裁衣

按人下菜碟

暗地里拨火儿

傲不可长,志不可满,乐不可及

B

八仙过海,各显其能

八岁八,掉狗牙

巴掌大捂不过天来

扒了东墙补西墙,结果还是住破房

拔苗助长

拔一毛利天下而不为

拔了毛的凤凰不如鸡

拔出萝卜带出泥

拔了萝卜窟窿在

把薪助火,如虎添翼

把戏把戏,全是假的

把好钢用在刀刃上

白猫,黑猫,逮住耗子就是好猫

白的易黑,黑的难白

白布落进染缸里,满缸清水洗不清

白日点灯灯不明,黑夜走路路不平

百艺通,不如一艺精

百星不如一月

百足之虫,死而不僵

百闻不如一见,一见不如实践

百里挑一

百里不同俗,十里改规矩

百病从口入,百祸从口出

百步无轻担

百年修得同船渡,千年修得共枕眠

百人出韩信

百川归海而海不盈

败军之将，不敢言勇
搬起石头砸自己的脚
扳倒大树有柴烧
半路上杀出个程咬金来
半年辛苦半年粮
半斤对八两，拳头对巴掌
绊人的木桩不在高
包子有肉不在褶上
宝玉、白银与黄金，不若堂前有子孙
饱备干粮晴备伞，丰年也要防歉年
饱时莫忘饥时苦，有衣莫忘无衣难
饱时省一口，饿时得一斗
暴躁的人跳着叫，有智的人坐着笑
抱住粗腿有饭吃
本事是真的，西洋镜是空的
本钱易出，伙伴难求
笨鸟先飞，人多智广
笨工出巧匠
笔勤能使手快，多练能使手巧
臂力大胜一人，知识多胜千人
扁担提灯笼两头明
兵听将令，马听锣音
兵不在多而在精，将不在勇而在谋
兵来将挡，水来土掩
兵马未动，粮草先行
病来如山倒，病去如抽丝
剥了皮的蛤蟆，临死还要跳三下
脖子再长，高不过脑袋

伯乐相马,和氏识璧,慧眼识人才

补漏趁天晴,读书趁年轻

不求有功,但求无过

不端人家的碗,不受人家的管

不尝黄连不知苦

不碰南墙不回头,不到黄河不死心

不受一番冰雪苦,哪得梅花放清香

不受苦中苦,难得甜中甜

不打扮,不漂亮;打打扮扮赛貂蝉

不当家不知柴米贵

不拿秤怎知斤和两

不图便宜不上当

不听老人言,吃亏在眼前

不见兔子不撒鹰

不见棺材不掉泪,不到黄河不死心

不是一家人,不进一家门

不知水深浅,切莫急下水

不到长城非好汉

不到乌江不尽头

不入虎穴,焉得虎子

不鸣则已,一鸣惊人

不怕虎生三只眼,只怕人有麻痹心

不怕少年苦,就怕老来穷

不怕走得慢,就怕路上站

C

菜刀虽利不能削自己的柄

苍蝇不钻无缝蛋

恻隐之心，人皆有之
曾经沧海难为水，除却巫山不是云
察言观色，见机行事
差之毫厘，失之千里
拆别人一座屋，自得一条梁
拆东墙，补西墙；挖好肉，医烂疮
长江后浪推前浪，一代新人胜旧人
常在江边走，难保不湿鞋
炒菜要油，耕田要牛
炒豆子出芽，铁树开花
吵架无好言，打人无好拳
车到山前必有路
车无轮子路难行，依赖他人事难成
城门起火，殃及池鱼
成则为王，败则为寇
成事在天，谋事在人
成也萧何，败也萧何
秤不离砣，公不离婆
秤砣虽小压千斤
吃尽美味还是盐，穿尽绫罗还是棉
吃江水，说海话
吃一堑，长一智
吃人家的嘴短，拿人家的手软
吃了一粒种，失了十日粮
出门靠嘴，种田靠水
出门一里，不如家里
出门十里改规矩
出外没有六月天，衣着自己要注意

出笼的鸟,入山的虎
雏凤清于老凤声
吹啥风,落啥雨
春暖花开,瑞雪丰年
春捂秋冻,到老不生病
慈母手中线,游子身上衣
此处不留人,自有留人处
此地无银三百两
聪明反被聪明误
聪明一世,糊涂一时
从小偷针,长大偷金
从小看大,七岁到老
粗粮好吃布衣暖
粗丝难织细绢
寸金难买寸光阴

D

打石看石纹,医病看病根
打了三场官司,当得半个律师
打了骡子马也惊
打人莫打脸,说话莫揭短
打人要忍,打蛇要狠
打死卖拳的,淹死会水的
打蛇要打颈,斩草要除根
打雷的雨下不长
打虎亲兄弟,上阵父子兵
打虎要力,捉猴要智
打掉牙齿往肚里咽

打起来无好手,骂起来无好口
打不成狐狸,惹一屁股臊
打开天窗说亮话
打屁瞒得了响,瞒不得臭
打架不能劝一边,看人不能看一面
大笑三声,有益健康
大难不死,必有后福
大指压着二指,井水不犯河水
大匠手里无弃材
大路朝天,各走半边
大雁南飞秋意凉
大事化小,小事化了
大斗进,小斗出
大河无水小河干,大河有水小河宽
大人不记小人过,宰相肚里能行船
单弦不成音,独木不成林
胆大漂洋过海,胆小寸步难行
但行好事,莫问前程
当面锣,对面鼓
当面说话无是非
当局者迷,旁观者清
刀枪入库,马放南山
刀子嘴,豆腐心
处处留心皆学问
道不同不相为谋
德修而谤兴,道高而毁来
得放手时须放手,得饶人处且饶人
灯不拨不明,理不辩不清

跌得倒，爬得起

钉是钉，铆是铆

东西越用越少，学问越学越多

豆腐好吃豆难磨

读不尽世间书，走不尽天下路

读会唐诗三百首，不会做诗也会吟

读书百卷，不如万里行程

读万卷书，行万里路

赌博赌博，越赌越薄

渡船渡到岸，帮人帮到底

对牛弹琴，对狗吹箫

对症下药，药到病除

多下及时雨，少放马后炮

多一事不如少一事

多一分不要，少一分不让

E

恶龙单怕地头蛇

恶事传千里

恶有恶报，善有善报；如果不报，时辰不到

饿虎扑食，旱地拔葱

饿了糠也甜，饱了蜜也嫌

儿不嫌母丑，狗不嫌家贫

儿大不由爷，女大不由娘

耳听为虚，眼见为实

耳听八面，眼见一方

耳不听不烦，眼不见为净

二人同心，其利断金

二虎相争，必有一伤

F

翻手为云，覆手为雨
凡事预则立，不预则败
烦恼不寻人，人自寻烦恼
反复无常是小人
饭要一口一口地吃，路要一步一步地走
饭后百步走，能活九十九
肥马好画，瘦马难描
风声大，雨点小
风送人，雨留客
风马牛不相及
逢善莫欺，见利莫贪
斧砍大树，鞭打快牛
父亲英雄儿好汉，老子挑葱儿卖蒜

G

甘蔗没有两头甜
干打雷不下雨
干干净净，吃了没病
赶鸭子上架
胳膊都是朝里弯
胳膊扭不过大腿
隔着门缝看扁人
隔行如隔山
隔行不知艺
隔手的金子，不如在手的铜

根深不怕风摇动,树正何愁月影斜
公婆疼大孙,父母疼幼子
工欲善其事,必先利其器
弓是弯的,理是直的
恭敬不如从命,受训不如从顺
狗嘴里吐不出象牙
狗戴帽子装好人
狗眼看人低
狗急跳墙,兔急咬人
狗咬吕洞宾,不识好人心
狗多不怕狼,人多不怕虎
鼓要打在点子上,笛要吹在眼子上
鼓不打不响,话不说不明
瓜无滚圆,人无十全
瓜熟蒂落,水到渠成
瓜田不纳履,李下不整冠
挂羊头,卖狗肉
观其外,知其行;观其友,知其人
观棋不语真君子
关起门来打狗,堵住笼子抓鸡

H

孩要哄,泥鳅要捧
海内存知己,天涯若比邻
海阔凭鱼跃,天高任鸟飞
海水不可斗量,人不可貌相
害人之心不可有,防人之心不可无
寒从足起,病从口入

行行出状元,类类有高低
行家看门道,外行看热闹
行家一伸手,便知有没有
好花不常开,好景不常在
好茶不怕细品
好事不出门,坏事传千里
好汉不提当年勇
好狗不挡道,好猫不睡灶
好马不吃回头草,好汉不夸旧功劳
好虎架不住一群狼,屎壳郎多了还能垫翻车
好话慰人心,恶言刺人心
好话一句三冬暖,话不投机六月寒
好蜂不采落地花
好叫的猫逮不住老鼠
好客的朋友多,好说的废话多
喝酒喝到人肚里,说话说到人心里
喝原汤化原食
河边栽柳,道边栽杨
河里涨水,怪不得鸭子
合群的羊不怕狼
合抱之木,生于毫末
黑发不知勤学早,到老方悔读书迟
恨铁不成钢,恨水不成冰
后生不看水浒,老来不看三国
虎落平阳被犬欺
虎毒不食子
花盆栽不出万年松,猪圈跑不出千里马
花在墙内,香在墙外

画饼不能充饥，望梅不能止渴
画虎不成反类犬
话到舌尖留半句，事从礼上让三分
话说三遍淡如水
慌不择路，饥不择食
黄金有价人无价
谎话说不得，庄稼荒不得
火上浇油，灶下添薪

J

机不可失，时不再来
鸡蛋里挑骨头
鸡肚不知鸭肚事
鸡飞蛋打一场空
鸡肥不下蛋
鸡急上房，狗急跳墙
鸡犬之声相闻，老死不相往来
急火不如慢太阳
急来缓就，高来低就
急水也有回头浪
己所不欲，勿施于人
既在江边站，必有望景心
记人之功，忘人之过
家贫不是贫，路贫贫煞人
家有千金，不如日进分文
假的真不了，真的假不了
捡了芝麻，丢了西瓜
见风使舵，顺水撑船

见惯了骆驼,看不出牛大来
见面三分熟
见人说人话,见鬼说鬼话
见识见识,不见不识
箭在弦上,不得不发
将欲取之,必先与之
姜是老的辣,醋是陈的酸
将帅无能,累死三军
将在谋而不在勇,兵在精而不在多
脚板底下出文章
脚跑不过雨,嘴强不过理
解铃还须系铃人
金无足赤,人无完人
金玉其外,败絮其中
紧前不紧后
谨口胜于吃药
近水楼台先得月,向阳花木早逢春
近水知鱼性,近山识鸟音
近朱者赤,近墨者黑
精打细算半年粮
精诚所至,金石为开
敬人自敬,薄人自薄
镜子越擦越明,脑子越用越灵
久旱逢甘雨,他乡遇故知
酒朋饭友,无钱分手
聚沙成塔,集腋成裘
君子不夺人之美
君子坦荡荡,小人常戚戚

君子一言,驷马难追

K

看菜吃饭,量体裁衣
看山跑死马
靠山吃山,靠水吃水
苦口是良药
快快活活不生病,气气恼恼成了病
快马不用鞭催,响鼓不用重捶

L

老将出马,一个顶俩
老王卖瓜,自卖自夸
老要精神少要稳
冷菜冷饭吃得,冷言冷语受不得
离乡不离腔
礼多人不怪
良药苦口利于病,忠言逆耳利于行
临渊羡鱼,不如退而结网
临阵磨枪,不快也光
留得青山在,不怕没柴烧
鲁班门前弄大斧
路遥知马力,日久见人心
路在嘴边
驴唇不对马嘴

M

麻雀虽小,五脏俱全

慢病在养，急病在治
没吃过猪肉也见过猪跑
没有过不去的火焰山
没有金刚钻，别揽瓷器活
没有梧桐树，引不来金凤凰
眉毛胡子一把抓
美不美，家乡水；亲不亲，故乡人
明枪易躲，暗箭难防
明知山有虎，偏向虎山行
磨刀不误砍柴工
莫问收获，但问耕耘
莫在人前夸海口，强中还有强中手
牡丹虽好，还需绿叶扶持
木匠的孩子会砍柱，铁匠的孩子会把钳

N

拿人的手短，吃人的嘴软
拿着棒槌当做针
拿着鸡毛当令箭
拿着鸡蛋往石头上碰
哪个耗子不偷油
哪个猫儿不吃腥
哪里的黄土不埋人
男大当婚，女大当嫁
男儿膝下有黄金
男儿有泪不轻弹
难者不会，会者不难
难做的事情，容易做得好

内行看门道,外行看热闹
嫩竹长成材,能挑千斤担
泥人经不起雨打,假话经不起调查
你敬人一尺,人敬你一丈
你有来言,我有去语
你有关门计,我有跳墙法
你走你的阳关道,我走我的独木桥
逆风点火自烧身
鸟困投林,人困住店
鸟向明处飞,人往高处走
宁吃半餐,不吃断餐
宁吃鲜桃一口,不吃烂杏一筐
宁为玉碎,不为瓦全
宁走十步远,不走一步险
牛皮不是吹的,火车不是推的

O

藕断丝不断,葱断两头空
藕叶连根,十指连心
怄气破财,和气生财

P

怕虎不在山上住
旁观者清,当局者迷
皮之不存,毛将焉附
蚍蜉撼大树,可笑不自量
匹夫不可夺志
平生不做亏心事,夜半敲门心不惊

Q

七分锣鼓三分唱

齐心的蚂蚁能吃虎

棋逢对手,将遇良才

骑驴的不知赶脚的苦

骑着驴找驴

骑马坐轿,不如躺倒睡觉

旗开得胜,马到成功

起了早五更,赶了个晚集

千层纱抵不住一层棉

千斤担子众人挑

千里之堤,溃于蚁穴

千里之行,始于足下

千年松,万年柏

千年纸张会说话

千日造船,一日过江

牵着不走打着走

前不着村,后不着店

强光底下没毒虫

强记不如善悟

强将手下无弱兵

强龙不压地头蛇

强扭的瓜不甜

强弩之末,难穿鲁缟

强迫不成买卖,捆绑不成夫妻

墙里栽花墙外开

墙上一蔸草,风吹两边倒

巧妇难为无米之炊

茄子不开虚花，孩子不说假话
青山不老，绿水长存
青蛙常常忘记它曾经是蝌蚪
清官难断家务事
清者自清，浊者自浊
轻诺者必寡信
轻霜打死独根草，狂风难摧大树林
情人眼里出西施
情深恭敬少，知己笑谈多
穷家富路
穷人的孩子早当家
求人莫如求己
求人如吞三尺剑
泉水不怕小，只要水长流

R

让一得百，争十失九
热不马上脱衣，冷不马上穿棉
人不辞路，虎不辞山
人不可貌相，海水不可斗量
人多出韩信，智多出孔明
人非圣贤，孰能无过
人逢喜事精神爽，月到中秋分外明
人贵有志，学贵有恒
人过留名，雁过留声
人活脸，树活皮
人挪活，树挪死
人怕出名猪怕壮

人生何处不相逢
人是铁,饭是钢
人往高处走,水往低处流
人无信不立
人闲生病,石闲生苔
人心不足蛇吞象,贪心不足吃月亮
人心齐,泰山移
仁者见仁,智者见智
任凭风浪起,稳坐钓鱼船
日中则移,月满则亏
肉烂在锅里
入国问禁,入境问俗,入家问忌
入乡随俗
入乡问俗,出门问路
软藤缠死硬树
瑞雪兆丰年
若要人不知,除非己莫为

S

塞翁失马,焉知非福
三百六十行,行行出状元
三个臭皮匠,顶个诸葛亮
三分吃药七分养
三句话不离本行
三日不见,当刮目相看
三十六计,走为上计
三十年河东,三十年河西
三天不打,上房揭瓦

三天打鱼,两天晒网
杀鸡焉用牛刀
杀鸡给猴看
山中无老虎,猴子充大王
山再高也高不过两只脚
伤筋动骨一百天
上梁不正下梁歪
上山容易下山难
上有天堂,下有苏杭
少壮不努力,老大徒伤悲
少年夫妻老来伴
奢者富不足,俭者贫有余
舌头没有不碰牙的
蛇有蛇路,鼠有鼠路
舍不得羊,套不住狼
伸手不打笑脸人
深山藏毒虎,浅草露群蛇
生姜还是老的辣
生看衣衫熟看人
生米煮成熟饭
生于忧患,死于安乐
绳锯木头断,水滴石头穿
失败是成功之母
师傅领进门,修行在个人
狮舞三堂无人看,话讲三遍没人听
十个指头不一般齐
十年窗下无人问,一举成名天下知
十年树木,百年树人

十事半通，不如一事精通
是福不是祸，是祸躲不过
是马是骡，拉出去遛遛
手心手背都是肉
手中有粮，心中不慌
守着大树没柴烧
书山有路勤为径，学海无涯苦作舟
蜀中无大将，廖化做先锋
树叶掉下怕打头
谁家锅底不抹黑
水清不养鱼，人察则无徒
水有源头树有根
说不出的才是苦，挠不着的才是痒
死猪不怕开水烫
送君千里，终有一别

T

踏破铁鞋无觅处，得来全不费工夫
台上一分钟，台下十年功
台上握手，台下踢脚
泰山压顶不弯腰
贪多嚼不烂
天上下雨地上滑，自己跌倒自己爬
天上下雨地下流，小两口打架不记仇
天下名山僧占多
天下没有不散的筵席
天下兴亡，匹夫有责
甜瓜儿嘴，苦瓜儿心

跳到黄河洗不清
同船过渡，皆是有缘
偷鸡不着蚀把米
兔子急了也会咬人

W

万变不离其宗
万事皆从急中错
王子犯法，与庶民同罪
望梅止渴，画饼充饥
望山跑死马，望鱼馋死人
屋漏更遭连夜雨，船破又遇打头风
无风不起浪
无功受禄，寝食不安
五岳归来不看山
勿以恶小而为之，勿以善小而不为

X

习惯成自然
细工出巧匠
戏台大家搭，戏要大家唱
瞎猫碰上死耗子
下海方知海水深，上山才晓山难行
下雪不冷化雪寒
夏不借扇，冬不借棉
小洞不补，大洞叫苦
行百里者半九十
行船走马三分险

秀才不出门,便知天下事
绣花枕头一肚草

Y

言必信,行必果
言不乱发,笔不妄动
言多语失,食多伤胃
眼睛里揉不得沙子
燕子高飞晴天告,燕子低飞雨天报
羊毛出在羊身上
羊入虎口,有去无回
要知下山路,须问过来人
一把钥匙开一把锁
一白遮三丑
一个巴掌拍不响
一日不见,如隔三秋
一山不容二虎
一山望着一山高
一叶知秋
易涨易退山溪水
艺多不压身
饮食要卫生,一熟二鲜三干净
有话说在明处,有药敷在疼处
有志不在年高,无志空活百岁
又要马儿跑,又要马儿不吃草
远看衣服近看人
远路无轻载
远水不救近火

远水解不了近渴

月亮出来是圆的,小两口打架是玩的

Z

在家靠父母,出外靠朋友

站得高,看得远

只见树木,不见森林

只见鱼喝水,不见两腮漏

只许州官放火,不许百姓点灯

只要功夫深,铁杵磨成针

智者乐水,仁者乐山

众人拾柴火焰高

煮饭要放米,说话要讲理

八、脑筋急转弯和魔鬼词典

从某种意义上说,脑筋急转弯和魔鬼词典都是打破了人们的常规思维定式,给人一种意想不到的解答,而且它们大多通俗易懂,出人意料又诙谐机巧。导游员若运用得当可增加旅途中的乐趣。

在行车途中导游员出一些脑筋急转弯的题目,是个很不错的活动,人人都能参与,有些答案非常幽默风趣,使团队的气氛也很热烈。但脑筋急转弯问题的答案一般都比较简短,而且现在的年轻人大多数都喜欢玩这类游戏,在各种场合经历过类似的问题,知道很多答案。如果导游员出的题目太显而易见,刚问完,甚至才说上半截就有人回答出来,未免有点尴尬。因此,导游员出题时要考虑团队成员的基础。团队以年轻人为主的话,要出一些不常见的、有一定难度的问题,让他们经过思考,七嘴八舌议论之后再给出答案,效果会比较好。若团队成员年龄较大,脑子不容易转弯,有时反而会说导游员给的答案是“乱弹琴”,所以对这类游客就要出一些具有一定逻辑和智力的问题,如“3 个孩子吃 3 个饼要用 3 分钟,90 个孩子吃 90 个饼要用多少时间?答案:还是 3 分钟”。又如“小明捉了一只鸟,但不想马上把它带回家,四周又没有可绑住小鸟的东西。附近有一口干涸的井,小明便把小鸟放进井里。你认为小明的方法可行吗?为什么?答案:可行,因为鸟不能像直升机那样直接向上飞”。这些问题让他们比较容易接受，而且产生耳目一新的感觉。

魔鬼词典可以产生笑话或幽默故事的效果，一般适宜导游员自问自答，如果团队中有游客也有收集类似词典的爱好，也可以互动。

（一）脑筋急转弯

（1）为什么大部分佛教徒都在北半球？

南无阿弥陀佛。

（2）一位高僧与屠夫同时去世，为什么屠夫比高僧先升天？

放下屠刀立地成佛。

（3）胖妞生病了，最怕别人来探病时说什么？

多多保重。

（4）中国人最早的姓氏是什么？

姓“善”。《三字经》里说：“人之初，性（姓）本善。”

（5）红豆熟了之后会生出什么呢？

南国（红豆生南国）。

（6）1 到 9 这几个数，谁最勤快，谁最懒？

1 最懒，2 最勤（一不做二不休）。

（7）什么路最窄？

冤家路窄。

（8）请用四个字形容为了美丽拒绝生孩子的女人。

绝代佳人。

（9）真理的位置在哪里？

真理无所不在。

（10）为什么暑假一定比寒假长？

热胀冷缩。

（11）一只蚂蚁不小心从飞机上掉了下来，死了。猜猜它是怎么死的?

飘得太久,饿死了。

(12)什么东西肥得快,瘦得更快?

气球。

(13)什么叫擒贼先擒王?

丢了东西先把姓“王”的抓起来。

(14)美国总统怎样到白宫里?

从大门里走进去的。

(15)一个侍者给客人上啤酒,一只苍蝇掉进杯子里面,侍者和客人都看见了,请问谁最倒霉?

苍蝇。

(16)小强最不爱上课,可有一样课他从不讨厌,你知道那是什么课吗?

下课。

(17)请你解释一下“以牙还牙”是什么意思?

拔牙和镶牙。

(18)下雨天办公室到处漏水,可大家为什么没被淋湿?

没有人来上班。

(19)谁是百兽之王?

动物园园长。

(20)实验室里放着火柴、酒精灯和蜡烛,做燃烧实验时,请问应该先点燃什么?

火柴。

(21)牛的舌头和尾巴在什么时候遇在一起?

餐厅里。

(22)小张被关在一间并没有上锁的房间里,可是他使出吃奶的力气也不能把门拉开,这是怎么回事?

推开门就行

(23)什么照片看不出照的是谁?

X 光照片。

(24)农夫养了 10 头牛,为什么只有 19 只角?

有一只是犀牛。

(25)狐狸精最擅长迷惑男人,那么什么“精”男女一起迷?

酒精。

(26)放大镜不能放大的东西是什么?

任何东西(看起来是放大了,实际上还是原来那么大)。

(27)山上有三只狼,猎人用枪打死一只,还有多少只在山上?

一只(死的那只)。

(28)你用左手还是右手写字?

用笔写字。

(29)哪种人一年只工作一次?

圣诞老人。

(30)什么东西最容易满足?

袜子。

(31)如果你有一双翅膀你会做什么?

上医院检查,好好的人怎么长出这种东西来了?!

(32)1 和 2 可以相互转化,2 在沸水中生成 3,3 在空气中氧化成 4,4 有臭鸡蛋的气味。问 1、2、3、4 各是什么?

鸡、鸡蛋、熟鸡蛋、臭鸡蛋。

(33)电和闪电最大的区别是什么?

一个收费一个不收费。

(34)人们常说的三个字是什么?

不知道。

(35)茄子的另外一个名字叫什么?

蔬菜。

(36)做了什么事,知错却不能改?

考试卷子交了之后。

(37)什么人冬天最不怕冷?

雪人。

(38)小强考了99分,爸爸为什么批评他?

语文和数学加起来一共99分。

(39)人能登上珠穆朗玛峰,有一个地方却永远登不上。那是什么地方?

自已的头顶。

(40)什么人整天工作忙得团团转?

芭蕾舞演员

(41)为什么女人穿高跟鞋后,就代表她快结婚了?

穿高跟鞋走得慢,很容易被追上。

(42)9月28日是孔子的诞辰,那10月28日是什么日子?

孔子满月。

(43)兔子又和乌龟赛跑,这次没睡觉,为什么还是输了?

因为是和忍者神龟比赛。

(44)一个人空肚子最多能吃几个鸡蛋?

一个,因为吃第二个的时候肚子已经不空了。

(45)人的长寿秘诀是什么?

保持呼吸,不要断气。

(46)什么人靠运气赚钱?

送煤气的人。

(47)在一次枪击事件中,法医对被害者进行检查,发现被害者被子弹打中,但在被害者身上和现场没有找到弹头,为什么?

弹头是用冰做的。

(48)老张是一位出色的小说家,为什么有一次他连续写了一个月,连一篇小说的题目都写不出来?

他写的是日记。

(49)什么事只能一个人做,两个人以上就不能做,而且只要你不讲,没有人知道你做了什么?

做梦。

(50)有辆快速前进的赛车在路口 90 度左转时,请问哪一个轮胎一定离地?

备用轮胎。

(51)老师叫小朋友画一只小鸟,大勇什么都没画,交给老师一张白纸,老师很气愤。大勇说了一句话,却使老师转怒为笑?

小鸟飞走了。

(52)三个金叫"鑫",三个石叫"磊",三个火叫"焱",那么三个鬼叫什么?

叫"妈呀~~~"

(53)什么东西看不到却能摸得着,万一摸不到会把人吓倒?

脉搏。

(54)王先生有两个当警察的朋友,其中一个是另外一个的孩子的父亲,这是可能的吗?

可能,两个警察是夫妇。

(55)小美可以金鸡独立地站两小时以上,为什么却无法双脚在一张报纸上站一分钟?

报纸在墙上。

(56)一只体长50厘米的红螃蟹和一只体长30厘米的黑螃蟹赛跑,请问谁会赢?

黑螃蟹。因为红螃蟹已经被煮熟了。

(57)世界上使用的语言很多,那么什么话是世界上通用的呢?

电话。

(58)天大,还是月大?

月大(1月等于30天)。

(59)世界上哪一个海不产鱼?

辞海。

(60)什么桥下没水?

立交桥。

(61)网在什么时候可以提水?

水变成冰的时候。

(62)在什么地方被人打不疼?

梦里。

(63)小鸟最怕得什么病?

恐高症。

(64)小明晚上看文艺表演,为啥有一个演员总是背对观众?

乐队指挥。

(65)大家都不想得到的是什么?

疾病。

(66)什么比赛输的有奖品,赢的没有奖品?

划拳喝酒。

(67)什么事睁一只眼闭一只眼比较好?

射击。

(68)用什么拖地最干净?

用“力”拖地最干净。

(69)今天做事最省力的办法是什么?

推到明天。

(70)口吃的人做什么事最吃亏?

打电话。

(71)什么动物天天熬夜?

熊猫,因为它的眼圈总是黑的。

(72)哪个连的人员比一般连队的人员要多得多?

大连。

(73)一个爱书法的人为什么能用黑墨水写出红字?

他写了一个“红”字。

(74)豆腐为什么能打伤人?

冻豆腐。

(75)什么是倾国倾城之貌?

地震。

(76)一只蚂蚁居然从四川爬到了东京,可能吗?

蚂蚁在地图上爬。

(77)一辆客车发生了事故,所有的人都受伤了,为啥小明却没事?

小明不在车上。

(78)有个地方能进不能出,请问这是什么地方?

坟墓。

(79)鸡鹅百米赛跑,鸡比鹅跑得快,为什么却后到终点站?

鸡跑错了方向。

(80)狼拖走了羊妈妈,小羊为什么也不声不响地跟了去?

小羊在妈妈肚子里。

(81)一只皮球和一个铁球从高楼上掉下来,谁先落地?

铁球。

(82)上课铃声响了,教室里却没有一个同学,怎么回事?

上的是体育课。

(83)什么东西经常会来,但却从没真正来过?

明天。

(84)离婚的主要起因是什么?

结婚。

(85)夫妻生活中绝对的共同点是什么?

结婚日相同。

(86)不破时人们犯愁,破了才高兴,这是什么?

案子。

(87)什么愈气愈大?

脾气。

(88)什么东西,你只能用左手拿,右手却拿不到?

你的右手。

(89)发挥一下想象,大象的左耳朵最像什么呢?

它的右耳朵。

(90)小赵做事总是拖泥带水为什么还会受到表扬?

他是泥瓦匠。

(91)一间小屋有时漏雨有时不漏,为什么?

因为有时下雨有时不下雨。

(92)什么东西比细菌还要小?

细菌的儿子。

(93)你去菜场买生蛋,怎么样才能保证买来的蛋不会孵出小鸡?

不买鸡蛋。

(94)小明才4岁,却已当“爸爸”了,可能吗?

可能,玩“过家家”。

(95)什么东西人们都不喜欢吃?

“亏”。没有人愿意吃亏。

(96)为什么燕子冬天要飞向南方过冬?

因为走得太慢。

(97)两瓶花中,一瓶是鲜花,一瓶是纸花,请说出哪一瓶是鲜花?

有蝴蝶在上面飞的是鲜花。

(98)小偷最怕碰到哪个机关?

公安机关。

(99)犯人最乐意选择的死法是什么?

老死。

(100)上海南京路步行街上来往最多的是什么人?

行人。

(101)北极熊是食肉动物,它为什么不吃企鹅?

企鹅在南极,吃不到。

(102)男理发师最不喜欢的人是谁?

秃子。

(103)什么鸡不会有翅膀?

田鸡。

(104)在哪里人才会真正变得任人宰割?

在手术台上。

(105)时钟什么时候不会走?

任何时候。

(106)换心手术失败,病人唱了首歌给医生作为临终遗言，请猜歌名。

其实你不懂我的心。

(107)夜黑风高的晚上，小李遇见一个鬼，那鬼落荒而逃，为什么？

那是一个胆小鬼。

(108)什么样的山和海可以移动？

人山人海。

(109)正常人不看的书是什么书？

盲文的书。

(110)什么东西的嘴里没有舌头？

茶壶嘴里。

(111)什么样的官不能发号施令，还得老向别人赔笑？

新郎官。

(112)一名警察见了小偷拔腿就跑，为什么？

想要快点抓住小偷。

(113)小明天天吃口香糖，可别人还说他口臭，为什么？

他爱说脏话。

(114)青蛙为什么比树跳得高？

因为树不能跳。

(115)“先天”是父母所遗传的体质，那“后天”是什么？

后天是明天的明天。

(116)警察有个弟弟，但弟弟却否认那个警察是哥哥，为什么？

警察是女的。

(117)小明的眼睛近视度很深，但是戴了眼镜却仍然模糊,为什么?

眼镜上没有镜片。

(118)小呆骑在大牛身上,为什么大牛不吃草?

因为大牛是个人。

(119)大明的英语非常好,可是有些老外却听不懂,为什么?

老外不懂英语。

(120)不想晕车的最好办法是什么?

步行。

(121)谁最不听话?

失聪的人。

(122)哪种动物像猫一样大小,和老虎一个长相?

小老虎。

(123)为什么母鸡都是短腿的?

下蛋不会摔破。

(124)什么问题对方在回答时一定会告诉你“没有”?

睡着了没有?

(125)有一块黑色的天然大理石,在农历八月十五这天将其放入钱塘江,会发生什么现象?

沉入江底。

(126)古人曾将蓝色布衣浸在黄河水中,发生了什么现象?

衣服湿了。

(127)为什么15岁的小明能一只手让车子停下来?

他伸一只手叫出租车。

(128)玲玲没学过算术,老师却说她的数学是数一数二的,为什么?

她只能从一数到二。

(129)当哥伦布一只脚迈上新大陆后,紧接着做了什么?

迈上另一只脚。

(130)什么东西人们在不停地吃它,却永远吃不饱?

空气。

(131)怎样才能使眉毛长在眼睛下面?

倒立。

(132)每个人睡觉前,一定不会忘记的事是什么?

闭上眼睛。

(133)有人说吃鱼可避免患近视眼,为什么?

因为从来没有人看见过爱吃鱼的猫戴眼镜。

(134)有一位老大爷,住 12 楼,可为什么他从不乘电梯?

他住在 12 号楼的一楼。

(135)哪一种动物你打了它却流了自己的血?

蚊子。

(136)什么东西只能增加不能减少?

年龄。

(137)小洋的功课一直在班上是第一,为什么这次却降到第三?

因为有两个人分数超过了他。

(138)有一头牛头朝北,它向右原地转三圈,然后向后原地转三圈,接着再往右转,这时候它的尾巴朝哪?

朝地。

(139)为什么有家医院从不给人看病?

宠物医院。

(140)制造日期与有效日期是同一天的产品是什么?

报纸。

(141)用椰子和西瓜打头哪一个比较痛?

头比较痛。

(142)小王一边刷牙,一边悠闲地吹着口哨,他是怎么做到的?

他刷的是假牙。

(143)有一位老太太上了公交车,为什么没人让座?

车上有空座位。

(144)有一个人,他是你父母生的,但他却不是你的兄弟姐妹,他是谁?

你自己。

(145)书店买不到的书是什么书?

秘书。

(146)什么水取之不尽、用之不竭?

口水。

(147)在一次考试中,一对同桌交了一模一样的考卷,但老师认为他们肯定没有作弊,这是为什么?

他俩都交了白卷。

(148)小王是一名优秀士兵,一天他在站岗值勤时,明明看到有敌人悄悄向他摸过来,为什么他却睁一只眼闭一只眼?

他正在瞄准敌人。

(149)小明把闹钟调到早晨 6 点钟。清晨他 5 点多就醒了,可闹钟不知道放哪儿了,怎么办?

等到 6 点钟,闹钟一响就可以找到了。

(150)什么门永远关不上?

足球门。

(151)谁敢站在老虎头上?

虱子。

(152)什么东西使人哭笑不得?

口罩。

(153)有一种线只能看,怎么也摸不着,为什么?

光线。

(154)小赵买一张彩票,中了一等奖,没有过期,为何去领奖却不给?

因为没有到领奖的日期。

(155)打什么东西毫不费力?

打瞌睡。

(156)南来北往的两个人,一个挑担,一个背包,他们没争也没吵,也没有人让路,却顺利地通过了独木桥,为什么?

南来北往是同一个方向,当然可以顺利通过独木桥。

(157)月亮上有过外星人吗?

有,地球的宇航员去过。

(158)盖楼要从第几层开始盖?

从地基开始盖。

(159)老李牙齿非常好,可是他经常去口腔医院,为什么?

他是牙科医生。

(160)什么情况下开口说话要付钱?

打电话。

(161)小王走路从来脚不沾地,这是为什么?

他穿着鞋子。

(162)情人卡、生日卡、大大小小的卡,到底寄什么卡给女人,最能博得她欢心呢?

信用卡。

(163)小刘是个很普通的人,为什么竟然能一连十几个小时不眨眼？

他在睡觉。

(164)吃苹果时，吃出一条虫子，感觉很恶心，那么吃出几条虫子感觉最恶心？

半条虫子。

(165)冬天里，不通过加热，如何才能把冰立刻变成水？

去掉“冰”字的两点水就行。

(166)当今社会，个体户大都靠什么吃饭？

嘴巴。

(167)两个人同时来到了河边，都想过河，但只有一条小船，而且小船只能载一个人，请问，他们能否都过河？

能，他们分别在河的两边。

(168)只要叫它的名字就会把它破坏，它是什么？

沉默。

(169)别人对阿美说她的衣服怎么没扣，她却不在乎，为什么？

她穿的是套头T恤。

(170)想使梦成为现实，我们要干的第一件事是什么？

醒过来。

(171)如果你有一只下金蛋的母鸡，你该怎么办？

死劲掐醒自己，别再做梦了。

(172)美丽的公主结婚以后就不挂蚊帐了，为什么？

她嫁给了青蛙王子。

(173)亚当和夏娃结婚后最大的遗憾是什么？

没人来喝喜酒。

(174)什么时候子女相逢能并肩？

写“好”的时候。

(175)什么枪把人打跑却不伤人？

水枪。

(176)相同内容的书，为什么小高要同时买两本？

送人。

(177)什么东西有五个头，但人不觉得它怪呢？

人的手和脚。

(178)什么东西晚上才生出尾巴呢？

流星。

(179)什么英文字母最多人喜欢听呢？

CD。

(180)飞机在天上飞，突然没油了，什么东西先掉下来？

油量表的指针。

(181)什么时候有人敲门，你决不会说请进？

上厕所的时候。

(182)小林生病手术后换了一个人工心脏。病好了后，她的女友却马上提出分手，为什么会这样？

小林没有了真心来爱她。

(183)如果有人向你问路，你最怕听到哪一句话？

这里是地球吗？

(184)三更半夜回家才发现忘记带钥匙，家里又没有其他人在，这时你最大的愿望是什么？

门忘锁就好了。

(185)黑头发有什么好处？

不怕晒黑。

(186)为什么一瓶标明剧毒的药却没有害死人？

人没有碰它。

(187)有人说,女人像一本书,那么胖女人像什么书?

合订本。

(188)被鳄鱼咬和被鲨鱼咬后的感觉有什么不同?

没有人知道。

(189)9 个橙子分给 13 个小朋友,怎么分才公平?

榨成汁后平分在 13 个杯子里。

(190)放一支铅笔在地上,要使任何人都无法跨过,怎么做?

放在墙边。

(191)为什么自由女神像老站在纽约港?

她没法坐下。

(192)黑人为什么喜欢吃白色巧克力?

怕吃到自己的手指。

(193)牧师无论如何都不能主持的仪式是什么?

自己的葬礼。

(194)小红与妈妈都在同一个班里上课,这是为什么?

妈妈是小红的班主任。

(195)有一个专门教坏人的地方,但警察却从来不管,这是为什么?

那是劳改队。

(196)第一次世界战争发生在什么时候?

亚当和夏娃打架的时候。

(197)拥有很多牙齿,能咬住人的头发的东西是什么?

发夹。

(198)下雨天不怕雨淋的是什么?

雨衣或雨伞。

(199)时钟敲了13下,请问现在该做什么呢?

该把钟拿去修理了。

(200)有一只公狗在沙漠中突然死掉了,请问为什么?

找不到电线杆和大树,憋死了。

(201)有一种布很长很宽很好看,就是没有人用它来做衣服也不可能做成衣服,为什么?

瀑布。

(202)请你把9匹马平均放到10个马圈里,并让每个马圈里的马的数目都相同,怎么分?

把9匹马放在1个马圈里,再在这个马圈外面做9个马圈,这样每个马圈里都有9匹马。

(203)小王过13岁的生日,为什么桌子上有14根蜡烛?

正好停电了,有1根是用来照明的。

(204)借什么可以不还?

借光。

(205)为什么小丽与壮壮第一次见面就一口咬定壮壮是喝羊奶长大的?

壮壮是一只羊。

(206)孔子与孟子有何不同?

孔子把"子"背在身上,孟子把"子"顶在头上。

(207)迄今为止,你所见到的最大的影子是什么?

黑夜,这是地球的影子。

(208)司机小李看到电线杆子上蹲着1只猴子,为什么他规规矩矩地把车停下来?

他把猴子屁股看成红灯了。

(209)如果有机会让你移民,你一定不会去哪个国家?

天国。

(210)什么事你明明没有做却要受惩罚?

作业没做。

(211)为什么有1个人经常从10米高的地方跳下,却不带任何安全装置?

跳水运动员。

(212)小王因工作需要常交际应酬,虽然每天都很早回家,可妻子还是抱怨不断,为什么?

他凌晨回家。

(213)当什么官不仅不领工资,还要自掏腰包?

新郎官。

(214)家有家规,国有国规,那动物园里有啥规?

乌龟。

(215)阿宝在街上散步时见到一张百元大钞和一块骨头,它却捡了一块骨头,为什么?

阿宝是条狗。

(216)小明对小华说:“我可以坐到一个你永远也坐不到的地方!”他坐在哪里?

小华的身上。

(217)毛毛说:$10+4=2$,老师也说对,为什么?

他算的是时间。10点+4点=下午2点。

(218)什么东西比乌鸦更讨厌?

乌鸦嘴。

(219)什么贵重的东西最容易不翼而飞?

人造卫星。

(220)世上什么东西比天更高?

心比天高。

(221)小红口袋里原有10个铜钱,但它们都掉了,请问小红口袋里还剩下什么?

还剩下1个洞。

(222)猴子每分钟能掰一个玉米,在果园里,一只猴子5分钟能掰几个玉米?

一个也没有,果园里没有玉米。

(223)楚楚的生日在3月30日,请问是哪年的3月30日?

每年的这一天都是。

(224)两只狗赛跑,甲狗跑得快,乙狗跑得慢,跑到终点时,哪只狗出汗多?

狗不会出汗。

(225)用什么可以解开所有的谜?

谜底。

(226)你能做,我能做,大家都能做,一个人能做,两个人不能一起做。这是做什么?

做梦。

(227)牙医靠什么吃饭?

嘴巴。

(228)你的爸爸的妹妹的堂弟的表哥的爸爸与你叔叔的儿子的嫂子是什么关系?

亲戚关系。

(229)哪项比赛是往后跑的?

拔河。

(230)森林中有10只鸟,小明开枪打死了1只,其他9只却都没有飞走,为什么?

这是一群鸵鸟。

(231)一个人被老虎穷追不舍,突然前面有一条大河,他不会游泳,但他却过去了,为什么?

他昏过去了。

(232)梁山伯和祝英台变成了一对比翼双飞的蝴蝶之后怎样了?

生了一堆毛毛虫。

(233)男人在一起喝酒,为什么非划拳不可?

敬酒不吃吃罚酒。

(234)什么时候太阳会从西边出来?

发誓的时候。

(235)既没有生孩子、养孩子,也没有认领养子养女就先当上了娘,请问:这是什么人?

新娘。

(236)一个学生住在学校里,为什么上学还经常迟到?

家所在的学校不是他上学的学校。

(237)在船上见得最多的是什么?

水。

(238)看了不能买,买了不能用的是什么?

棺材。

(239)报纸上登的消息不一定百分之百是真的,但什么消息绝对假不了?

报纸上的年、月、日。

(240)什么时候看到的月亮最大?

登上月球的时候。

(241)有一根棍子,要使它变短,但不许锯断、折断或削短,该怎么办?

拿一根更长的棍子跟它比。

(242)读完北京大学需要多少时间?

读完这四个字有2秒足够了。

(243)铁放到外面要生锈,那金子放在外面会怎样呢?

会被偷走。

(244)什么样的轮子只转不走?

风车的轮子。

(245)世上先有男人,还是先有女人?

男人。男人叫"先生"。

(246)全世界死亡率最高的地方在哪里?

在床上。

(247)小华说他能在1秒钟之内把房间和房间里的玩具都变没了,这可能吗?

把眼睛闭上就行。

(248)一对健康的夫妇,很不注意计划生育,生了3个孩子,这3个孩子都只有1只右手,为什么?

人不可能有2只右手。

(249)1个长宽各1米,深2米的土坑,坑里没有水,为什么有人不慎跌落下去淹死了?

坑里装满了大粪。

(250)爷爷送给小明一份生日礼物,小明一脚把礼物踢好远,爷爷却说踢得好,为什么?

爷爷送的是足球。

(251)为什么现代人越来越言而无信?

打电话更方便。

(252)最坚固的锁怕什么?

钥匙。

(253)什么水要按计划发放?

薪水。

(254)什么人是不用电的?

缅甸人。

(255)什么情况一山可容二虎?

一公一母。

(256)纸上写着某一份命令。但是,看懂此文字的人,却绝对不能宣读命令。猜猜纸上写的是什么?

纸上写的是“不要念出此文”。

(257)一台空调器从楼上掉下来会变成啥器?

凶器。

(258)什么东西在倒立之后会增加一半?

阿拉伯数字“6”。

(259)有辆载满货物的货车,一人在前面推,一人在后面拉,货车还可能向前进吗?

能,货车在下坡。

(260)有两个棋友在一天中共下了9盘棋,在没有和局的情况下他俩赢的次数相同,这是怎么一回事?

这9盘棋不是在他俩之间下的。

(261)古时候,什么人没当爸爸就先当公公?

太监。

(262)什么帽不能戴?

螺丝帽。

(263)身份证掉了,怎么办?

捡起来。

(264)小金和小红裸体死在一间密室中,现场只留下一滩水和一些碎玻璃,请推测他们的死因?

小金和小红是两条金鱼,玻璃缸被打破了,金鱼缺水而死。

(265)为什么白鹭总是缩着一只脚睡觉?

缩两只脚会跌倒。

(266)动物园中,大象鼻子最长,鼻子第二长的是什么?

小象。

(267)拿着鸡蛋丢石头,但鸡蛋却没破,为什么?

左手拿鸡蛋,右手丢石头。

(268)在香港生活的人,是不是可以埋葬在广州呢?

活人是不能被埋葬的。

(269)《狼来了》这个故事给人什么启示?

同一个谎话只能说两次。

(270)有一个字,我们从小到大都念错,那是什么字?

错。

(271)小文在洗衣服,但洗了半天,她的衣服还是脏的,为什么?

她在洗别人的衣服。

(272)阿明被蚊子咬了一大一小的包,请问较大的包是公蚊子咬的,还是母蚊子咬的?

公蚊子是不咬人的。

(273)什么东西越洗越脏?

水。

(274)小明每天写信给他的女朋友,共寄了7封,但他的女朋友珍妮却只收到1封信,为什么?

小明有7个女朋友。

(275)小明知道试卷的答案,为什么还频频看同学的?

小明是老师。

(276)当你向别人夸耀你的长处的同时,别人还会知道你的什么？

知道你不是哑巴。

(277)13 个人捉迷藏，捉到了 10 个还剩几个？

两个。

(278)这是一个还未写完的等式：$123456789 = 100$，请插入两个减号和一个加号，使它们成为一个正确的等式。

$123 - 45 - 67 + 89 = 100$

(279)四个 4 可变成$(4 + 4 + 4/4) = 9$，那么 5 个 9 又怎样变成 10 呢？同理，3 个 9 怎样变成 10？

$9 + 99/99 = 10$　　　　$9/9 + 9 = 10$

(280)小丽和妈妈买了 8 个苹果，妈妈让小丽把这些苹果装进 5 个口袋中，每个口袋里都是双数，你能做到吗？

每个口袋装 2 个，最后将 4 个口袋一起放进第 5 个口袋。

(281)一条小船要渡 37 人，一次只能有 7 人，几次能渡完？

6 次，每次有一个人要划船回来。

(282)一个西瓜切 4 刀切成 9 块，怎样切法？

“井”字形切。

(283)24 个人排队，每列 5 人，怎么排成 6 行？

排成六边形。

(284)船边挂着软梯，离海面 2 米，海水每小时上涨半米，几个小时海水能淹没软梯？

水涨船高，水不会淹没软梯。

(285)有一种细菌，经过 1 分钟，分裂成 2 个，再过 1 分钟，又发生分裂，变成 4 个。这样，把一个细菌放在瓶子里到充满为止，用了1个小时。如果一开始时，将2个这种细菌放入瓶子里，那么，到充满瓶子需要多长时间？

59分钟。

(286)往一个篮子里放鸡蛋，假定篮子里的鸡蛋数目每分钟增加1倍，这样，12分钟后，篮子满了。那么，请问在什么时候是半篮子鸡蛋？

11分钟。

(287)什么时候四减一会等于五？

四个角的东西切掉一个角变成五个角。

(288)3个人3天用3桶水，9个人9天用几桶水？

9桶。

(289)8个数字“8”，如何使它等于1000？

8+8+8+88+888=1000

(290)老师用篮子拿来了5个苹果，准备分给5个小朋友，每个小朋友分1个，但是篮子里还要留1个，请问怎么分？

每人分1个，其中1个小朋友的苹果放在篮子里。

(291)草地上画了一个直径10米的圆圈，内有1头牛，圆圈中心插了1根木桩。牛被1根5米长的绳子拴着，如果不割断绳子，也不解开绳子，牛能否吃到圈外的草？

能，因为牛并没有拴在木桩上。

(292)有一次，老李买了一只狗，买了一篮子骨头，他休息时，用一根5米的绳子将狗拴在路边树上，将骨头放在离狗8米的地方，但过了一会儿，他发现骨头被狗叼走了，你知道为什么吗？

狗和骨头在树的两边。

(293)1、2、3所能组成的最大数是多少？

3 的 21 次方。

(294)IX 这个罗马数字代表 9,如何加上一笔,使其变成偶数?

在前面加一个 S,变成 SIX,即 6,是偶数。

(295)小白 + 小白 = 什么?

小白兔(two)。

(296)3 +1 怎么才能等于 5?

算错了就可以。

(297)小偷最怕哪三个字母?

I、C、U(I see you)。

(298)太平洋中间是什么?

"平"字。

(299)1 +1 不是 2、王、11 是什么?

丰。

(300)中国的国内盛产什么?

玉("国"字里面是个"玉"字)。

(301)一头公牛加一头母牛,猜三个字。

两头牛。

(302)"水蛇"、"蟒蛇"、"眼镜蛇"哪一个比较长?

眼镜蛇。(三个字,其他为两个字。)

(303)有一位警察领着一个小孩儿过马路,路人问那位警察:他是你的儿子吗?警察说:是。那路人又问那个小孩儿:他是你爸爸吗?小孩说:不是。为什么?

警察是他妈妈。

(304)一只饿猫从一只胖老鼠身旁走过,为什么那只饥饿的老猫竟然看都没看这只老鼠一眼,无动于衷继续走它的路?

瞎猫碰上死耗子。

(305)有半瓶酒,瓶口用软木塞塞住,在不敲碎瓶子,不准拔去木塞,不准在塞子上钻孔的情况下,怎样喝到瓶子里的酒?

把塞子推到瓶子里面。

(306)有两个人,一个面朝南,一个面朝北站立着,不准回头,不准走动,不准照镜子,请问他们能否看到对方的脸?

可以,面对面站着就行。

(307)有一种水果,没吃之前是绿色的,吃下去是红色的,吐出时却是黑色的,请问这是什么水果?

西瓜。

(308)有一个穿着泳装的女孩儿,她在松软的沙滩上漫步,这一切虽然都很正常,但是,你会发现她的身后竟然没有脚印!这是为什么?

她是倒着走的。

(309)小丽与小王是同桌同学,也住在同一条街,他们每天一起上学,可是每天他们一出门就一个向左走,一个向右走,这是怎么一回事?

她们住对门。

(310)王先生养了1只很漂亮的孔雀,有一天,王先生的孔雀在李先生的花园里生了1只蛋,请问这只蛋应属于谁的?

孔雀的。

(311)车祸发生不久,第一批警察就赶到了现场,他们发现司机完好无损,翻覆的车子内外血迹斑斑,却没有见到死者和伤者,而这里是荒郊野外,并无人烟,这是怎么回事?

这是一辆献血车。

(312)一群惧内的大丈夫们正聚集在一起商量怎样重振男子汉的雄风，突然听说他们的老婆来了，大家四处逃窜，唯独一人没有跑，为什么？

吓昏了。

(313)电影院内禁止吸烟，而在剧情达到高潮时，却有一男子开始抽烟，整个银幕笼罩着烟雾。但是，却没有任何一位观众站出来抗议，这是为什么？

这位男子是电影中的人物。

(314)公共汽车来了，一位穿长裙的小姐投了 4 元，司机让她上车；第二位穿迷你裙的小姐投了 2 元，司机也让她上车；第三位小姐没给钱，司机也照样让她上车，为什么？

她用的是月票。

(315)有个刚生下的婴儿，有两个小孩和他是同年同月同日生的，而且是同一对父母生的，但他们不是双胞胎，这可能吗？

可能的，他们是三胞胎。

(316)爸爸问小明，什么东西浑身都是漂亮的羽毛，每天早晨叫你起床，小明猜对了，但却不是鸡，那是什么？

鸡毛掸子，爸爸每天用鸡毛掸子赶小明起床。

(317)小明总是马马虎虎，他同时写了 10 封信，装完信封他检查了一下，发现有 1 封信装错了，爸爸说他又马虎了，为什么？

如果装错了的话，至少有 2 封错了，不可能只有 1 封信错了。

(318)有对一模一样的双胞胎兄弟，哥哥的屁股有黑痣，而弟弟没有。但即使这对双胞胎穿着相同的服饰，仍然有人可立刻知道谁是哥哥，谁是弟弟。究竟是谁呢？

双胞胎自己。

(319)一间牢房中关了两名犯人,其中一个因偷窃要关一年,另一个是强盗杀人犯,却只关两个星期,为什么?

两个星期后强盗杀人犯要被拉出去枪毙。

(320)一年里,有些月份像一月份有31日,也有些月份像六月份有30日。请问,一年中有28日的总共有几个月份呢?

每个月都有28日。

(321)有一个人头戴安全帽,上面绑着一把扇子,左手拿着电风扇,右手拿着水壶,脚穿溜冰鞋,请问他要去哪里?

去精神病医院。

(322)钟表店里有两只手表。其中一只表一天内有两次时间准确,另一只手表没有一次时间准确,前者没有人买,后者却被人买去,你知道为什么吗?

前者是不动的,所以一天有两次准,后者虽然不准,但还能走。

(323)"东方号"在波涛汹涌的大海上航行,离港40分钟后突然开始下沉。据后来的调查指出,"东方号"突然下沉并非因为"东方号"超载、有破洞,或发生爆炸、遭到破坏之类的事故,请问"东方号"为什么会突然下沉?

"东方号"是一艘潜水艇。

(324)有一个年轻人要过一条河去办事,但是,这条河没有船也没有桥。于是他便在上午游泳过河,只一个小时的时间他便游到了对岸。当天下午,河水的宽度以及流速都没有变,更重要的是他的游泳速度也没有变,可是他竟用了两个半小时才游到河对岸。为什么?

两个半小时加起来就是一个小时。

(325)某富翁的左右邻居都养狗,一到晚上,这两家的狗就吠叫不停。无法忍受这种折磨的富翁便出搬家费100万元,希望左右邻居搬走。两个邻居连狗一起搬家了,但是一到夜晚,富翁还是听到完全相同的狗吠声。这是为什么?

这两位邻居互相搬到对方家里去了。

(326)地球末日来临。地球上最后一位男人正坐在书桌前写遗书,突然听到敲门声,是幽灵?外星人?动物?全都不是,更不是因风或石子等无生命的东西发出的声音,那么是谁发出的敲门声呢?

女人。

(327)某地发生了大地震,伤亡惨重,收音机里不断传出受灾情况以及寻人启事,一位老大爷一直在注意收听收音机的报道。有人问他:“收音机里播放了你孙子的消息吗?”他回答说:“没有。”接着他又说:“但我知道我孙子肯定平安无事。”请问他是怎么知道的?

他孙子是收音机里的播音员。

(328)有一个猎人身怀绝技,随身只带3把飞刀,他坚信世间没有哪种猎物能受他3把飞刀还不死。有一天猎人到森林里去打猎,突遇一只会吃人的猩猩。猩猩捶着胸膛朝他逼近。他掷出了第一把飞刀,却被猩猩用左手接住;他又掷出了第二把飞刀,没想到又被猩猩用右手接住;情急之下他掷出了那最后一把飞刀,霎时间飞沙走石,疾风乱雨……完了!最后的飞刀居然被可恶的畜生用嘴含住,勇敢的猎人绝望了!可恶的猩猩得意地又叫又吼……结局是……猩猩死了。为什么?

猩猩吼叫时会用两手捶胸,自己把自己捅死了。

(329)古代有个王子,很喜欢一个公主,但王子被巫婆施了魔法，一年只能说一个字。聪明的王子为了表达自己的爱情，五年没说话，攒了五个字。到第六年，王子对公主说，公主，我爱你。公主就说了一个字，王子就气得吐血身亡！

啥？

(330)住在山腰上的小刚突然想吃泡面，便支起小锅来烧水。水快开了才发现家里的泡面已经吃完了，急急忙忙到山脚下的杂货店去买。30 分钟后回到家，小刚发现锅里的热水全都不见了。这究竟是为什么？

水烧开后蒸发光了。

（二）魔鬼词典

A

(1)爱情：①男女之间达到无法分离时的状态，通常是以金钱为计量单位的。②在你觉得生活无法再好时开始，又在你觉得生活无法再坏时结束的那一段心灵状态。

(2)哀悼：告诉别人，显示同情比丧失亲人更为不幸。

(3)癌症：终生的内疚，正是它蚕食着你的肉体和灵魂。

(4)安慰：一种受到赞扬的欺骗行为，常常围绕某个不幸者产生。

(5)澳大利亚：这个国家居民至今还没有明确的归属感，因为他们不知道自己是生活在地球上最小的大陆上，还是最大的岛屿上。

(6)傲慢：因自觉高贵而得意骄傲的一种状态，就像星级宾馆里的侍者一样。

B

(1)芭蕾：以高人一等的脚法表现的老叟百看不懂、

小伙百看不厌的东西。

(2)巴基斯坦:鸡蛋摔在地毯上导致的一句外语:“巴叽湿毯”。

(3)伴娘:在新郎眼里最漂亮的女人。

(4)保险:这是一种巧妙的、靠碰运气取胜的现代机遇游戏,它使玩游戏的人乐观地坚信他能打败庄家获取赢利。

(5)保证书:这是厂家的许诺,说它的产品在保修期内不会出毛病。

(6)卑鄙:当某人用不同寻常的方法获得成功时你给他的一种评价,它同时包含了一种懊悔的心情——要是我先能想到如此妙计该多好。

(7)背部:是你朋友的身体的一部分,专供你处在不幸之中时注视的。

(8)被告:一个被指控的人,在其清白无辜被证明之前,他是有罪的。

(9)笨蛋:所谓“笨蛋”是这样一种人,你所熟悉的东西他不知道,他知道的东西你也一无所知。

(10)辩论:①一种文明的争吵。②这是一种口头或书面的战争,参加战斗的人们轮流怀疑他们的信念,相信他们的怀疑。

(11)标准:广告界一种权威奖项的名称。谁的广告做得最多最诱人最无孔不入,谁的产品便可贴上“标准”的标签。

(12)不受欢迎的人:一般是指国与国之间你打我一个耳光我打你一个耳光之后,互相驱逐的外交人员。他们互相报销对方的返程机票。

C

(1)茶:五花八门的异口同声。

(2)财富:可以让罪犯不受惩罚的东西。

(3)残酷无情:你没有大学文凭却取得巨大成就,这时就有人骂你残酷无情了。

(4)仓促:笨拙者的敏捷。

(5)常驻内存:对大部分人来说,初恋情人、别人欠自己的钱以及自己帮别人做的好事是常驻内存的。

(6)嫦娥:第一个登上月球的女人。

(7)超级替补:对那些与主教练有隙的著名球员的雅称。

(8)抄袭:使一篇作品产生两份名利效果的最简捷行为。

(9)吵架:世界上吸引观众最多的体育比赛,由两人或多人参加,通常以参赛者的唾沫星数量及其飞行速度来决定胜负。

(10)扯皮:迫不及待地想知道"肉"的味道。

(11)沉默:谈话的中途,在哑口无言的时候所表现出的美德。

(12)程序:告诉你一个秘密,电脑其实很蠢,什么事都是我一步步教它的。

(13)成就:努力的终结和厌倦的开始。

(14)成人:一个有责任停止嬉笑玩乐的人。

(15)迟到:发挥编故事才能的关键时刻。

(16)初吻:女友闭上眼睛时的一次偷嘴儿。

(17)传闻:这是制造谣言的一种工艺流程。这种技艺与生俱来,无论男女老少都无师自通。它的主要特点是对所传之事添枝加叶,像滚雪球一样越滚越大。

(18)吹毛求疵者:就是那种爱批评我们的作品的评论家。

(19)锤子:一种用来砸破人手指的工具。

D

(1)大炮:一种用来校正国家边界的仪器。

(2)贷款消费:银行家放出来的一条长线,为的是把你的金钱的子子孙孙都收过去。

(3)代理人:一个为你办事,他自己赚钱的人。

(4)代价:为买某种东西付出的钱数,它和这种东西的真正价值是两码事。

(5)单身汉:一个女人仍在调查着的男人。

(6)道歉:①为将来再次冒犯打下伏笔。②精心装潢的借口。

(7)第一职业:主要用以恢复体力和消磨时光,是对第二职业有益的、必要的补充。

(8)电话:这是一种电子谈话装置,是供那些不能面对面撒谎的人用的。

(9)对手:一个犯有可怕错误的人——他竟敢和你一样渴望取胜。

E

(1)恶棍:正人君子的另一面。这种人的品德其实是很明显的,就像市场上叫卖的草莓一样,好的在上面,坏的在下面。可是恶棍却偏偏遇上不幸的意外——别人从下面把箱子给打开了。

(2)二头肌:人类男性的羽毛。

F

(1)发明家:一个精巧地组装轮子、杠杆和弹簧,并认为这就是文明的人。

(2)翻译员:这个人能让使用两种不同语言的人彼此沟通理解,方法是根据他自己的利益将其中一人说过的话向另一人复述一遍。

(3)烦恼:人类最可信赖的朋友,无论你富贵或贫贱,他总是形影不离地陪伴着你。

(4)返老还童:喝了第一杯酒,他觉得自己年轻了10岁,喝了第二杯酒,他仿佛又回到了青年时代,第三杯酒下肚,他便返老还童,成了婴儿……他最终是爬着回家去的。

(5)犯规:竞争不过别人时,就不择手段,遭到惩罚属罪有应得。

(6)飞机失事:一种飞行物和地球表面没有预约不合时宜的亲昵事件。由于地球引力对升上天空的人们表现出过分的思念所致。

(7)飞来横祸:天哪!周六还要去补课。

(8)诽谤:就是恶意地将自己想做却没有机会去做的各种恶行强加于他人身上。

(9)风度:乔装打扮出来的一种修养。

(10)夫妻:可翻过来掉过去不停地整顿的合奏曲。

G

(1)感动:一种由于血液大量涌向心脏而引起的脑力衰竭症,有时还伴有大量含氯化钠的溶液从双眼排泄出来。

(2)感激:一种横在利益的收获与期待之间的感情。

(3)个性:小心眼。看谁更自私的竞赛。

(4)公告板(BBS):一个允许用假名说真话的地方。

(5)公司:一种躲避税收的设置,它证明赚钱是人生唯一值得一做的事,正因为这一点,有人拥有十几个公司。

(6)孤单:家有絮絮叨叨的老婆而又插不上嘴的感觉。

(7)孤注一掷:最有把握的铤而走险。

(8)鼓励:就是给傻瓜打气,使他坚定不疑地把那种对他自己造成伤害的工作进行到底。

(9)古怪:这是一个人获得名声、出人头地所采用的一种代价最小、也最易学会的方法,傻瓜也能运用它来突出自己的低能。

(10)古典:爷爷的爷爷。

(11)寡不敌众:一个监考老师与一班考生。

(12)广告片:这是真正的电视节目主持者。当电视节目乏味无聊或洋洋得意时,它就跳出来打它们一记耳光,让它们退下去反省。遗憾的是,那些电视节目总是依然故我,因此广告片也就不得不频频出来维持秩序。

(13)鬼脸:攻击者的脸被催泪剂喷射后的表情。

H

(1)行规:没有文字记录的文字,是让圈内人一切"尽在不言中"的鬼符。

(2)好汉:他的主要事迹之一是,为了不让敌人得到情报,他把那只送信的鸽子烤着吃了。

(3)好奇:渴望窥视或干涉别人的私生活。

(4)黑客:和大多数别的"网虫"一样,他们喜欢光顾各种有意思的网站，不幸的是由于他们年轻并且没有经验，因而误从侧门或暗道进入。

(5)互联网：所谓高新技术的确也不过如此，一个两三岁的小孩就可以在顷刻间轻易地将一团绒线拨弄成一个互联网。

(6)花瓶：这是一种容器，通常是用来观看花朵凋谢的。

(7)恢复删除：当我们发现后一个男(女)朋友不如前一个好时通常想要做的事。

J

(1)激情：一种紧张情绪，它使你的身体发热，同时让你的心在寒风中打颤。

(2)加速度：你未来丈母娘打来电话说要跟你谈谈关于你和她漂亮女儿的几点仅供参考的意见之后，你一定会出现向着那所你常常搬煤气罐、扛面袋、闭着眼都能找到的住宅运动时的速度。

(3)嫁妆：丈母娘给女婿的回扣。

(4)见解：游离不定的思想，通常是没有可信的依据的。见解往往是从别人那儿借来的，而且是免费的。提见解是男人的特权，不过最近女人也取得了这种权利。见解是很平常的，但它不一定由常识组成。见解就像脑袋一样，每人都有一个。

(5)健忘：这是上帝赋予欠债人的一种才能，为的是弥补他们良心的贫困。

(6)讲演：这是一种正式的言论，通常是由一位想得到某种东西的人讲给有这种东西的人听的。

(7)接吻定律：当第一次接吻以后，女人会把这个吻当做一笔放出去的投资，男人却会把它当做一笔收回来的贷款。

(8)解密高手：游戏专家、整人专家。玩电子游戏，也玩正版软件作者和生产商。

(9)金靴奖：无论以头球见长，还是左右脚均有建树的最佳射手，都只发给一只靴子。

(10)金融业：把黄金消化理解的事业。

(11)禁止：在你显示出新颖别致、与众不同或具有太迷人的魅力时，这玩意儿就会光顾你。

(12)精神病人：就是那个总说别人是精神病的人。

(13)精品屋：人们能以坦然、自得的心情面对货币大幅度贬值的地方。

(14)经纪人：一种国内尚无人从事的使买卖人口披上合法外衣的职业，这使得钻了空子的外来者多采用与人贩子相同的手法大赚我们的钞票。

(15)纠正：给你的邻居一个稍好一点的错误，以取代他原来自鸣得意地坚持的错误。

(16)鞠躬：突发性的驼背。

K

(1)空调：专门和老天爷唱反调的一种机器。

(2)会计：除了老婆以外，可以合法地侦探经理钱袋的人。

(3)快乐：面对别人的痛苦表现出的异常兴奋之情。

(4)盔甲：铁匠铺设计制作的一种时装，该铁匠铺同时兼营长矛和大刀。

(5)馈赠：把那些再也无法否认的原本属于别人的东西慷慨地还给他。

(6)困难:这是一道铁门,只要你不朝前走就可以避免碰上它。

L

(1)老实:无能的另一种委婉说法。

(2)老师:知识的二道贩子,奇怪的是他们从来不交税。

(3)离婚:夫妻之间重新建立外交关系,并重新划定边界线。

(4)理发师:这是一位颇有心计的粗人,他用高超的谈话艺术使你觉察不到自己脖子上的刀伤。

(5)良言:听了会难受,不听会更难受的话。

(6)吝啬:与"节俭"很难加以区分的孪生兄弟。举例子说,尽可能少牺牲公民的生命就是节俭,而不肯拿出总统一个人的脑袋就是吝啬。

(7)流行病:一种具有良好社交能力,且不存在任何偏见的疾病。

(8)骆驼:一种永远驼着背的动物。

M

(1)马路:用来测试挖掘机性能和行人涵养的装置。

(2)帽子:这玩意只要不是绿色的就不值钱。是绿色的我们又都很谦让,谁都说还是你戴吧。

(3)蜜月:结婚典礼与真正的生活之间的那段时光。

(4)免费软件:为数不多的不用花钱买的小软件。病毒就是一种真正的实实在在的免费软件。

(5)命运:这是暴君作恶施虐的权力,傻瓜懦夫面临挫败的遁词。

N

(1)内行:你要是不耻下问现在几点钟,他就会告诉你怎么制造钟表。

(2)能力:能力就像一张支票,除非把它兑换成现金,否则毫无价值。

(3)女才子:就是为了报复男人们对她们个人魅力的蔑视而亲自讽刺科学、艺术或文字的女子。

P

(1)喷墨打印机:①既然有人用拖把、木棒、手指搞所谓的美术、书法创作,医生、护士们也展示了独特的创造力,发明了用注射器写字画画的喷墨打印机。②对在电线杆子或墙壁上写广告的老军医的戏称。

(2)朋友:这个人总监视着你,你是他的显微镜上的一个标本,你的生活,你的活动,你的一切存在,都在他的视野里。

(3)骗子定律:没有得手的骗子比得手的骗子更加彬彬有礼。

Q

(1)妻子:一个已婚的女人。妻子是一种附属物,她往往变成一种装饰品,发挥的却是工具的作用。

(2)欺骗:就是告诉你的选民:如果竞选成功,你就不再做贼了。

(3)欺诈:这是生意成功的秘诀。虽然大学的经济学教材里还没有给它专辟一章进行描述,但这只是一个时间问题,因为它在实践中屡试不爽。

(4)谦让:当确信自己放弃后别人不可能接受时的一

种举动。

(5)清零:这是让某个值为零的命令。我们也可留心在现实生活中发现这样的例子。比如,每带女朋友逛一次精品店就可以使我们的钱包清零一次。

(6)情妇:这是一种女人,在晚上她独占一个已婚的男人,在白天她却独守空房。

(7)求婚:这是某个男子献给某个女人的东西,这个女人索要的东西很多,给予的却很少,等这个男人意识到这一点,已经晚了。"谋事在男,成事在女,上帝为证!"

(8)球迷:自愿向足协和各俱乐部捐款的爱心奉献者。但可惜受益者不是灾民,而是腰缠万贯的富翁。这是一群无私无畏、蓄意制造贫富差距的人。

(9)区别:就是找出来某人或某物的独特之处,尤其是他或它比别的人或物更令人讨厌的特点。

(10)驱动程序:驱动你四处寻找的不起眼的小程序,虽不起眼,却能让用户领教牙疼的感觉。驱动程序不算程序,没有了却要命。

(11)驱逐:这是治疗饶舌者的灵丹妙药,也是对付穷鬼的好方法。

(12)裙子:一种花,以前一般在炎热气候下开放,现在则一年四季都能看到,且花冠越变越小。

R

(1)热情:虚伪的特殊表现形式。

(2)热胀冷缩:自然界的天然规律之一。夏天天气热,白天就变长;冬天天气冷,白天就变短。

(3)人:上帝眼中的蚂蚁,蚂蚁眼中的上帝。

(4)人工智能:试图让电脑自己思考的一种尖端技

术，就像试图让潜水艇自己游泳一样。

（5）人寿保险：它关心的不是你的死亡，而是你的死亡方式。这完全是金钱抓住人性的弱点的又一个明证。

（6）任务：你所做的事，并不是由于你想做它，而是因为你同意做它，另外，你需要因做它而得到钱。

（7）仁慈：一个达官或一个富豪捐五块钱给那个住在破茅草屋里的老祖父，然后把这一义举在报纸上大肆宣扬一番。

（8）忍让：是在强于自己的人面前表现出的一种风度。

（9）日记：一种按日写成的生活记录。不过，它一般只记录写日记者自己不会感到脸红的那一部分生活。

（10）入门书：这是为那些自我奋斗的人精心设计的陷阱，分布在通往功名利禄的各条道路上，专等追求名利的人陷入其中。

S

（1）杀鸡骇猴：这种教育方式的最终目的是要使猴子学会杀鸡。

（2）伞：①使本来落在头上的雨点落在裤子上的一种用具。②一种可以用来给爱情增添浪漫色彩的工具，一般是越小越好。

（3）上帝死了：上帝一死，这一悲壮事件本身就明确无误地告诉人类：该自己照料自己了。

（4）上司：就是你心里诅咒嘴上颂扬、既盼他早死，又祝他长寿的那个人。

（5）射门：机会并不多，人生之 goal（射门）也要抓住稍纵即逝的时机。

(6)神经病：对于不符合自己意志的人给予的一句评语，这种评价往往是相互的。

(7)审慎：就是仔细端详自己的面包，以决定在哪一面涂黄油的行动。

(8)肾：一个蚕豆状的游泳池，其中灌满了尿液。

(9)生意：这是一种通过出售产品，提供服务或做假广告(这是最常见的手段)赚钱的事业。

(10)圣诞节：(上帝要求)我们过的一种节日，是用来庆祝大量砍树和花钱的。

(11)失望：不现实的期望带来的现实的结果。

(12)时髦：曾经是贫穷象征的补丁如今变成青年服饰特色的体现之一。

(13)时尚杂志：女人最喜欢看的书，也可以分为两类，教女人怎么穿衣打扮的，和教女人怎么对付男人的。

(14)事实：这是一些可靠的东西，我们常常以它们为基础建立我们的假设。

(15)世界地图：即地球表面皮肤示意图，上面标有地球各部皮肤名称、溃烂状态以及寄生虫的分布情况。

(16)世态炎凉：一个房地产商人蒙受巨大损失后，他的亲朋好友中至少有一半人已经不认识他了；值得庆幸的是，那另一半人还不知道他已经破产。

(17)视窗97：百衲衣，就是袈裟。为了方便用户缝制，微软在其总部以及世界各地许多地方建立了供用户免费领取补丁(Patch)的站点。

(18)视窗98：也叫“Windows 黛安娜”，美丽、诱人、耗资巨大、追逐者无数、午夜疯狂、不幸崩溃……

(19)手绢：一小块方形的绸布或亚麻布，人们在各种尴尬或不体面的场合用于遮脸，特别是在葬礼上，为了掩饰两眼无泪的真面目,这玩意儿最能派上用场。

(20)受贿者:一个外国工人在议会大厦外面举着一块牌子,上面写着:“掮客、造假者和受贿者不得进入国会。”这时,正巧一位参议员走了过来,对工人说:“你最好把牌子上的‘受贿者’划掉,要不然我们永远凑不齐开会的人数。”

T

(1)贪婪:由于对金钱的单相思而产生的一种排他心理。

(2)坦白:在被别人发现之前承认自己的罪行。

(3)探险家:从不毛之地爬向不毛之地最后又死于不毛之地的一个虱子。

(4)陶醉:这是一种可能一直持续到明天早晨的精神状态。

(5)讨厌鬼:一个对每一件事都说个没完没了,或对任何事情都无话可说的人;或者是一个会计。

(6)天使:一个在吻你之前咽一下口水,接着喉咙咕噜作响的女孩。

(7)调制解调器:喜欢在电脑网络上蹦来蹿去的家伙,奇怪的是它尽管经常掉线却总也摔不死,因此人们戏称它为“猫”,猫有九条命嘛。

(8)跳舞:按着窃窃私语似的音乐之声而跳跃,用胳膊搂着的最好是你心目中的美女。舞蹈有多种,但那种需要男性和女性同时参加的舞蹈都具有两个明显的特征,一是它们显然都是天真纯洁的;二是它们都受到邪恶之人的热烈拥抱。

(9)同桌:学生时代常跟你闹矛盾、在桌上画“三八线”与你争地盘、但毕业后最令你怀念的那个人。

(10)偷听:获取别人对你的公允评价的唯一途径。

(11)头饰:使自己的脑袋有一点多余的废话。

(12)头:被认为要替身体的其他部分负责的那一部分。

(13)投机商:当你失足落水时向你推销救生圈的人。

(14)投资:一种类似于在赌场下注的活动,区别在于,投资者最后至少可以获得一个破产的荣誉称号,而赌输了的则被人称作赌棍。

(15)骰子:一种用玉或象牙做成的小立方体,六面都刻着数目不等的小圆点。骰子的转动就像律师的辩护一样,随便偏向哪边都可以。

(16)推销员:一个在法律许可的范围内大肆掠夺的人。

W

(1)网吧:用手聊天的地方。

(2)网民:当今全世界出生率最高的人种。和普通人不同的是其年龄长短并非根据活在世上的时间,而是根据已经交纳给 ISP(因特网服务提供商)的费用多少而计算。

(3)网主:一种现代的仁慈的蜘蛛,他们从不吃掉撞上网来的那些被叫做“网虫”的虫子,通常只爱想办法慢慢地把网虫们口袋里的钞票掏干。

(4)忘恩负义者:从别人那儿得到好处的人,或者被施以仁爱者。

(5)伟大:这是你区别于你的朋友们的优点之所在。

(6)未来:在这一时期,我们的事业兴旺发达,我们的朋友忠诚可靠,我们的幸福有绝对保障,将万无一失。

(7)无聊:千方百计想怎样才能有事做。

(8)无条件转移:当你的意见同未来的岳父母相左时,你须立即对你的立场所采取的措施即为无条件转移。

(9)无纸办公:和无纸卫生间一样,卫生洁具的电视广告中竭力宣传但大部分人目前还消受不起的一种东西。原因有二,一是因为经济条件难以承受,二是因为不习惯。

(10)无罪:一个罪犯的辩护律师把陪审团搞定之后,这个罪犯被宣判的结果。

(11)妩媚:柔若无骨的眼镜蛇。常常在缠住一个男人的手臂的同时向更多的男人进攻。

X

(1)习惯:这是自由人的镣铐。

(2)下载:把人家那里的好东西,比如精彩的图片、实用的程序,拖到自己的电脑里来,其过程类似于等待油漆风干。

(3)显示器:一个大垃圾桶,某些人总是不厌其烦地在里面反复挑选,寻找一件他们喜欢的东西。

(4)现金:真正的钱。

(5)相思:一种最有效的减肥方法。

(6)小报告:一种饮料,由恶意和谎言加上微量事实配制而成的,能有效地削弱领导的洞察力。

(7)写保护:这是一个有点令人费解的词,它真正的意思是保护起来,不让写入。比如,当别人向我们提批评意见时,我们的脑袋往往处于这种写保护状态。

(8)心心相印:让最有名的外科医生也束手无策的内

脏黏连。

(9)心脏:热恋中的男女彼此都想用丘比特之箭射穿的地方。

(10)新娘:把美好景色抛于身后的人。

(11)信息中心:那是一个通常只有专家或权威才能去上班的地方,他们的主要任务是不耐烦地告诉用户为什么他没资格得到他想要的东西。

Y

(1)烟鬼:这个人在阅读中得到许多抽烟会导致癌症的知识,为此他深感不安。为了消除这种不安,最后他不得不强迫自己放弃了阅读。

(2)眼镜:可与笔、墨、纸、砚并称的文房第五宝。

(3)赝品:一种新产品,制造者意图用它来取代毛病百出的合格产品。

(4)痒:一种内部矛盾,属于必须立即解决的思想问题。

(5)吆喝:这是一种愤愤不平的诅咒声,因为你的兜里还有些钱。

(6)遗传的:不管你有什么缺点,你都可以说是"遗传的",这种托词太妙了。

(7)以眼还眼:眉目传情。

(8)异化:播下满山的龙种却收获遍野的跳蚤。

(9)艺术:充分表现得让人无法知道它是怎么表现的人或物。

(10)勇敢:一种不害怕自己的能力。

(11)优先权:指至爱亲朋、同学好友或年轻貌美的女士拥有的权利。

(12)优先中断:专供下级享用的优先权。比如下级正在打电话而上司也想用电话时,下级即可享受这种优先权。另外,丈夫正在看电视,而老婆恰巧想看另一频道时,也可以享用这种优先权。

(13)幼稚:我们,特别是我们的父母官在做了蠢事犯了错误之后,最先,也最愿意承认的弱点。如今的流行语是“交学费”。

(14)约会:男方做好花钱准备的一次见面。

Z

(1)杂技:用乱七八糟的身体技能满足人们好奇心的一种技能。

(2)灾难:本想搬起石头去砸别人,却重重地砸在自己脚上。

(3)赞赏:我们对别人与自己相似之处的委婉承认。

(4)造越位:10 个人同时开溜,留下守门员和对方前锋“单挑”。

(5)掌声:用来提醒瞌睡者一段表演已经结束的信号。

(6)遮掩:为了让人们特别关注某个部位而有意做的提示。例如,英国人为了使自己的首都与众不同引人注目,便始终把伦敦安排在浓雾之中。

(7)知音:是这样一种人,你在千里之外打个喷嚏他都能听到。

(8)支票:橡皮通货,想象中的钱,一直在邮递途中,很少有能寄到的。

(9)职业:一个男人一旦有了这种东西,别人就不能骂他叫花子了,当然,他的老婆除外。

(10)智者:知道何时沉默和如何沉默的人。

(11)自己做(DIY):原本只是贴在考场里的一条标语,或由监考老师的口中说出,考生最不愿听到的一句话。没想到现在成了电脑和音响发烧友中颇受欢迎的流行语。

(12)指南、教程:通常指收录在光盘上程序以外的类似于游戏的节目。主要让用户了解许多隐藏在程序深处的隐秘,让用户确信他们花了这么多钱是值得的。

九、歇后语

歇后语是中国民间俗语的一种特殊形式。所谓“歇后语”,就是由两部分组成的一句话,前一部分像谜面,后一部分像谜底,通常只说前一部分,而本意在后一部分。歇后语最大的优点就是幽默,有人也叫它俏皮话,意思是风趣机巧的语言。

歇后语可以运用在导游讲解当中,比如参观故宫,导游可以先说一个歇后语:“故宫里插杨柳——树(竖)不起来”,然后问游客为什么三大殿前的广场上没有一棵树,接下来再解释原因。导游员在讲解旅游景点或讲故事、笑话时适当地穿插几个歇后语,能够使语言更加机巧生动有趣。

歇后语可以运用在规劝、警示及化解尴尬的场合当中,比如,在登黄山前提醒游客要带好水、换好鞋,准备雨披、手套,可以说“山上的天气说变就变,我们要做到饱带干粮晴带伞——有备无患”。再比如,游客不听劝阻,非要到危险区域照相,可以说:“这位大哥,您可是蚱蜢斗公鸡——玩命呀,不值得的,快回来!”让游客听后为之一笑,轻松愉快地接受劝阻。

歇后语还可以运用于旅行途中的小游戏当中,导游员可以说前面一部分,让游客猜后面部分,相当于猜谜,当然最好是选择那些风趣幽默、耐人寻味的歇后语让游客来猜。

(一)成语类

阿二吹笙——滥竽充数

按别人的脚码买鞋——生搬硬套

八只脚的螃蟹——横行霸道

八股文的格式——千篇一律

白开水画画——轻(清)描淡写

白了尾巴尖的狐狸——老奸巨猾

百年的瓜子千年的树——根深蒂固

百万雄师过大江——势不可挡

百川归海——大势所趋

百灵戏牡丹——鸟语花香

败将收残兵——重整旗鼓

班门弄斧——不自量力

斑马的脑袋——头头是道

半天云里聊天——高谈阔论

半夜敲钟——一鸣惊人

磅秤上放粒芝麻——无足轻重

包脚布上飞机——一步(布)登天

包办的婚姻——身不由己;不由自主

饱带干粮晴带伞——有备无患

抱着蜡烛取暖——无济于事

被面补袜子——大材小用

壁虎捕食——出其不意

病好打郎中——恩将仇报

玻璃铺的家当——不堪一击

擦亮眼睛更敢干——明目张胆

拆房逮耗子——得不偿失

吃了鱼钩的牛打架——钩心斗角
大街上的红绿灯——有目共睹
打伞披雨衣——多此一举
带着秤杆买小菜——斤斤计较
单身汉分到房——自成一家
当了皇帝想成仙——贪得无厌
道士念经——照本宣科
斗败的公鸡——垂头丧气
豆腐佬摔担子——倾家荡产
二万五千里长征——任重道远
擀面杖做吹火筒——一窍不通
画虎不成反类犬——弄巧成拙
瞌睡碰着枕头——求之不得
老虎洞里菩萨堂——莫名其妙(庙)
平地里起坟堆——无中生有
筛子装水——漏洞百出
上了弦的箭——一触即发
陶工手里的黏土——得心应手
脱裤子放屁——多此一举
王八肚上插鸡毛——归(龟)心似箭
杂耍班子走江湖——逢场作戏
猪八戒听天书——一窍不通
珠峰上站岗——高瞻远瞩
自行车走田埂——得过且过

(二)典故类

阿斗的江山——白送
阿庆嫂倒茶——滴水不漏

八仙过海不用船——自有法度(渡)
靶场上的老黄忠——百发百中
白骨精骗唐僧——一计不成,又生一计
白骨精说人话——妖言惑众
白骨精遇上了孙悟空——原形毕露
白娘子喝了雄黄酒——现了原形
白娘子压在雷峰塔下——总有人搭救
白娘子斗法海——精打光
白娘子哭断桥——想起旧情来
白娘子遇许仙——千里姻缘一线牵
百里奚认妻——位高不忘旧情
百里奚饲牛拜相——人不可貌相
半路上杀出个杨排风——好厉害的丫头
半路上杀出个程咬金——措手不及
包公的尚方宝剑——先斩后奏
包公审案子——铁面无私;六亲不认
包公的衙门——好进难出
包公斩包勉——正人先正己
宝玉出家——一去不回
宝玉和湘云哭贾母——各有各的眼泪
鲍叔识管仲——知心
逼楚霸王寻死——心理战术
扁鹊开处方——手到病除;妙手回春
伯乐挥鞭——骑马找马
曹操背时遇蒋干,胡豆背时遇稀饭——倒霉透了
曹操杀蔡瑁——操之过急
曹操杀吕伯奢——将错就错
曹操遇马超——割须弃袍

曹操诸葛亮——脾气不一样
曹操败走华容道——走对了路子
曹操下江南——来得凶,败得惨
曹操吃鸡肋——食之无味,弃之可惜
曹操败走华容道——不出所料
曹操杀华佗——讳疾忌医
慈禧太后听政——专出鬼点子
嫦娥跳舞——两袖清风
长坂坡上的赵子龙——单枪匹马
陈世美不认秦香莲——喜新厌旧
陈世美打轿夫——不识抬举
陈世美娶皇姑——喜新厌旧
成吉思汗的兵马——所向无敌
程咬金做皇帝——当不得真
程咬金的斧子——头三下狠
程咬金上阵——就那三板斧
程咬金的三斧头——虎头蛇尾
吃霸王的饭,给刘邦干事——不是真心
崇祯上吊——走投无路
楚霸王种蒜——栽到家了
楚霸王举鼎——力大无穷
楚霸王自刎乌江——没脸回江东
楚霸王困垓下——四面楚歌
楚庄王理政——一鸣惊人
楚汉相争——在谋不在勇
楚王拿晏子开心——辱人反被辱
崔莺莺送张生——一片伤心说不清
催命鬼对阎王——一个比一个凶

妲己的子孙赴宴——露了尾巴;现了原形
貂蝉唱歌——有声有色
貂蝉嫁吕布——英雄难过美人关
东郭先生救狼——好心不得好报
东吴招亲——弄假成真
董卓进京——来者不善
董卓戏貂蝉——死在花下
窦娥喊冤——怨天怨地
杜十娘的百宝箱——全部家当在里头
对着张飞骂刘备——找气惹
对着赵云摔阿斗——收买人心
二郎神的法术——变化多端
二郎神的印堂——独具慧眼
二郎神的天犬——恶狗一条
二郎神斗孙悟空——你变我也变,以变应变
二郎神的慧眼——有远见
甘露寺里的刘备——安然无恙
高俅当太尉——一步登天
跟诸葛亮学本事——能掐会算
狗咬吕洞宾——不识好人心
关公开凤眼——要杀人
关云长刮骨下棋——若无其事
关公射黄忠——手下留情
关公赴会——单刀直入
关公脖子挂葫芦——脸红脖子粗
关公打喷嚏——自我吹嘘(须)
关公舞大刀——拿手好戏
关公战秦琼——乱了朝代

关帝庙里找美髯公——保你不扑空
关公在曹营——心不在焉
关云长说《三国》——光说过五关斩六将,不说走麦城
关公走麦城——死到临头；吃亏全在大意;末日来临
关老爷看《春秋》——一目了然
关羽降曹操——身在曹营心在汉
关公面前耍大刀——不自量力
关羽失荆州——骄兵必败
关胜战李逵——大刀阔斧
鬼迷张天师——无法可使
贵妃醉酒——仪态万千
哼哈二将——样子凶
哼哈二将斗法——喷云吐雾
韩湘子吹笛——不同凡响
韩湘子拉着铁拐李——一个会吹,一个会捧
韩湘子的花篮——要啥有啥
韩湘子出家——一去不复返
韩信伐楚——明修栈道,暗渡陈仓
韩信点兵——多多益善
好汉上梁山——逼出来的
何仙姑要下凡——六神无主
黑旋风的本名——理亏(李逵)
黑李逵碰见猛张飞——见面就崩
猴王闹天宫——大打出手
呼延庆打擂——奉命来的
华佗摇头——没救了
花果山的猴子——无法无天
华佗行医——名不虚传

黄盖找打——心甘情愿
济公当和尚——吃荤不吃素
济公治病——主动上门
济公走路——疯疯癫癫
济公的扇子——神通广大
贾府门前的狮子——死(石)心眼儿
贾宝玉看《西厢记》——戏中有戏
贾宝玉的通灵玉——命根子
贾宝玉结婚——不是心上人
贾宝玉出家——看破红尘
贾宝玉爱林妹妹——好梦难圆
贾宝玉的父亲——假正(贾政)
假李逵碰到真李逵——冤家路窄
贾家姑娘嫁贾家——假(贾)门假事(贾氏)
姜太公钓鱼——愿者上钩
姜太公算卦——好准啊
姜子牙开算命馆——买卖兴隆
姜太公封神——自己没有份
姜子牙的坐骑——四不像
姜子牙火烧琵琶精——现了原形
焦赞与杨排风比武——处处挨打
荆轲刺秦王——图穷匕见
荆轲献地图——暗藏杀机
敬德鞭打尉迟恭——自己打自己
九斤老太的眼光——光看过去的好
开封府的包青天——铁面无私
康熙替父还债——晚(碗)了
孔夫子拜师——不耻下问

孔夫子出门——三思而行

孔夫子门前卖《论语》——自不量力;不自量

孔夫子的褡裢——书呆(袋)子

孔夫子挂腰刀——文不文,武不武

孔夫子周游列国——尽是理(礼)

孔夫子背书箱——里面大有文章

孔明夸诸葛——自夸

夸父追日——自不量力;不自量

来俊臣审酷吏——请君入瓮

老包断案——脸黑心不黑

老海瑞上金殿——为民请命

狸猫换太子——以假充真

李逵升堂判案——乱打一通

李林甫当宰相——口蜜腹剑

李自成进北京——好景不长

廉颇拜蔺相如——负荆请罪

梁山上的王伦——妒贤忌能

梁山上的晁盖——一把手

梁山好汉喝酒——大腕(碗)

林冲到了野猪林——绝处逢生

林冲误入白虎堂——有口难辩

林冲买宝刀——哪知是计

林黛玉进贾府——谨小慎微

刘邦当皇帝——胜者为王

刘邦乌江追项羽——赶尽杀绝

刘备的兄弟——红的红,黑的黑

刘备摔孩子——收买人心

刘备对孔明——言听计从

刘备遇诸葛——无话不说
刘备借荆州——有借无还
刘备三上卧龙岗——就请你这个诸葛亮
刘备的江山——哭出来的
刘姥姥进大观园——看得出神了
刘三姐对歌——脱口而出
娄阿鼠的十五贯——偷来的
吕洞宾戏牡丹——两厢情愿
吕布戏貂蝉——上了别人的当
吕蒙正盖房子——造谣(窑)
鲁肃服孔明——五体投地
鲁肃讨荆州——空手而去,空手而回
鲁肃宴请关云长——暗藏杀机
鲁智深出家——无牵无挂
梅兰芳唱《霸王别姬》——拿手好戏
孟姜女寻夫——不远千里
齐桓公的老马——迷途知返
如来掌上翻跟头——跳不出去
如来佛治孙悟空——强中还有强中手
骚狐狸见不得关二爷——邪不压正
佘太君百岁挂帅——朝中无人了
申公豹的脑袋——人前一面,人后一面
十二寡妇征西——全家都上
时迁偷鸡——不打自招
水泊梁山的兄弟——越打越亲热
司马夸诸葛——甘拜下风
司马懿破八卦阵——不懂装懂
司马昭之心——路人皆知

四海龙王动刀兵——里里外外都是水

四大金刚弹琵琶——不谈(弹)也得谈(弹)

宋江的军师——无(吴)用

宋江的绰号——及时雨

宋太祖陈桥兵变——取而代之

宋朝的秦桧,明朝的严嵩——奸对奸

苏三上堂——句句是实话

孙膑吃狗屎——装疯卖傻

孙二娘开店——谋财害命

孙猴子钻进牛魔王肚里——心腹大患

孙猴子封了弼马温——自个儿不知道是多大的一个官儿

孙权定下招亲计——赔了夫人又折兵

孙权招妹夫——弄假成真

孙武用兵——以一当十

太上老君开处方——灵丹妙药

唐僧取经——一心一意

唐伯虎追秋香——千方百计

铁拐李葫芦里的药——医不好自己的病

武大郎卖棉花——人熊货也囊

西门庆请武大郎——没安好心

宣统坐江山——只有三年

薛仁贵征东——劳而无功

杨继业数儿子——越数越少

杨宗保成亲——不打不招

袁世凯称帝——不得人心

赵匡胤押江山——大赌

赵子龙上阵——百战百胜;单枪匹马

张天师画符——玩的骗人术
张天师叫门——内中有鬼
张天师下海——莫(摸)怪
张天师捉妖——拿手好戏
张生的病——吃药没用
张生碰着崔莺莺——一见钟情
张果老骑毛驴——倒行逆驶(施)
张飞卖秤砣——人强货硬
张勋复辟——痴心妄想
周扒皮学鸡叫——讨打
周幽王戏诸侯——言而无信
周瑜打黄盖——一个愿打,一个愿挨
周瑜请蒋干——别有用心
猪八戒耍把式——倒打一耙
猪八戒发脾气——又丑又恶
猪八戒三十六变——没有一副好嘴脸
猪八戒的脊梁——无(悟)能之辈(背)
诸葛亮草船借箭——有借无还
诸葛亮焚香操琴——故弄玄虚
诸葛亮皱眉头——计上心来
诸葛亮吊孝——不是真心
诸葛亮挥泪斩马谡——顾全大局

(三)动物类

叭拉狗蹲墙头——硬装坐地虎
叭拉狗掀门帘——全仗一张嘴
叭拉狗咬月亮——不知天多高
白眼狼戴草帽——假充善人

白猫钻灶坑——自己给自己抹黑
百灵子碰到鹦鹉——会唱的遇上会说的
百年乌龟下臭卵——老坏蛋
棒打鸳鸯——难分开;两分离
蚌里藏珍珠——好的在里面
笨狗撵兔子——沾不上边
崩了群的马——四处逃散
鼻眼里钻跳蚤——好进难出
壁虎子掀门帘——露一小手
瘪肚臭虫——要叮人
剥了皮的蛤蟆——临死还要跳三跳
玻璃缸里的金鱼——翻不了大浪
簸箕里的蚂蚁——路子多
不倒翁骑兔子——没有稳当劲
蚕宝宝吃桑叶——胃口越来越大
苍蝇飞进花园里——装疯(蜂)
苍蝇飞到牛胯上——抱粗腿
长虫当拐杖——靠不住
炒了一盆麻雀脑袋——多嘴多舌
炒了的虾仁——红透了
车道沟里的泥鳅——掀不起大浪
扯着老虎尾巴喊救命——找死
穿山甲的本事——会钻
春天的蜜蜂——闲不住
打蛇不死——后患无穷
打谷场上的麻雀——胆子早练大了
大车后面拴小牛——歹毒(带犊)
大白公鸡下花花蛋——离奇;太离奇

大象的鼻子——能屈能伸
大雾天放鸭子——有去无回
带崽的母老虎——分外凶
鹅吃草,鸭吃谷——各人享各人福
古董店里的老鼠——碰不得
狐狸做梦——想着投机(偷鸡)
花狸猫卧房顶——活受(兽)
鸡拿耗子猫打鸣——乱套了
九斤重的公鸡——官(冠)高势大
蝌蚪跟着乌龟跑——硬充王八孙子
蝌蚪害头疼——浑身是病
口水沾跳蚤——一物降一物
老虎上磅秤——自称威风
老公鸡着火——官僚(冠燎)
老母鸡上树——冒充英雄(鹰凶)
老鼠钻进人堆里——找死
笼里的鹦哥——成天耍嘴
蚂蚁进牢房——自有出路
蚂蚁尿书本——识(湿)字不多
猫儿教老虎——留一手
米仓里的老鼠——不愁没吃的
母鸡上树——不是正经鸟儿
母鸡下蛋呱呱叫——生怕别人不知道
年画上的春牛——离(犁)不得
牛犊拉车——乱套
牛犊子上套——挨鞭子的日子到了
牵着骆驼数着鸡——高的高来低的低
青蛙跳门槛——又蹲屁股又伤脸

犬守夜，鸡司晨——各尽其能
入市乌龟——得缩头时且缩头
山中的野猪——嘴巴厉害
山鸡娶凤凰——不般配
山后的蝈蝈——老油子了
上套的猴子——任人耍
蛇吞老鼠鹰叼蛇——一物降一物
深山里的饿虎——穷凶极恶
虱子躲在皮袄里——有住的，没吃的
十只鸭头做一盆——多嘴多舌
屎壳郎腾空——硬充战斗机
守着老虎睡觉——不知死活
属大公鸡的——光叫唤不下蛋
属狗的——老爱咬人
属鸭子的——再打扮也是扁嘴子
属蛇的——张嘴就放毒
属兔子的——一蹦三尺高
树桩上的鸟儿——迟早要飞
树上的乌鸦，圈里的猪——一色货
水里的鸳鸯——难分难舍
水獭找泥鳅——一个刁，一个滑
水牛吃活蟹——有劲使不上；有力无处使
水牛身上拔根毛——毫不在乎
松鼠的尾巴——翘得高
坛子里捉乌龟——手到擒来
螳螂落锅——全身都酥了
套马杆子逮兔子——瞎胡闹
跳蚤性子——见肉就叮

兔子逗老鹰——没事找事
脱钩的鲤鱼——不再上当
脱裤子打老虎——既不要脸,又不要命
脱了鳞的黄花鱼——不知死活
驼子背火球——烧包
王八吃西瓜——连滚带爬
蚊子找蜘蛛——自投罗网
蚊子挨人打——全怪那张嘴
乌龟找甲鱼——一路货色
虾公掉进烫锅里——落个大红脸
向老虎告狼的状——没有好结果
蝎子跑到刺猬上——怎么着(蜇)
鸭子上房晾翅——算个什么鸟
烟囱里的麻雀——黑道上来的
腰里别着个死耗子——冒充打猎人
一群老鸦朝南飞——一模一样
有骆驼不说羊——尽拣大的讲
蚱蜢碰上鸡——在劫难逃
蚱蜢斗公鸡——玩命
芝麻地里的老鼠——吃香
蜘蛛结网——独霸一方
啄木鸟找食——全凭嘴

(四)植物类

挨了霜的狗尾巴草——蔫了
芭蕉结果——一条心
八月十五种花生——瞎指挥
拔了萝卜栽上葱——一茬比一茬辣

拔节的竹笋——天天向上
白菜叶子炒大葱——亲(青)上加亲(青)
百年松树,五月芭蕉——粗枝大叶
抱在怀里的西瓜——十拿九稳
被虫子咬过的果实——未老先衰
鼻子上抹黄连——苦在眼前
菠菜煮豆腐——一清(青)二白
薄刀切葱——两头空
不栽果树吃桃子——坐享其成
踩着西瓜打球——能推就推,能滑就滑
菜园里的苦瓜——越老心越红
蚕豆开花——黑心
朝天辣椒——够呛
炒韭菜放葱——白搭
吃了黄连吃甘草——先苦后甜
吃着菠萝问酸甜——明知故问
池塘里的荷叶——随风摆
池中捞藕——拖泥带水
出了芽的蒜头——多心
出水的芙蓉——一尘不染
倒长的山藤——根子在上头
高山上的雪莲——一尘不染
沟边大树——见识(湿)多
瓜地里选瓜——越看眼越花
凤凰树开花——红极一时
花落结个大倭瓜——看也看了,吃也吃了
江边插杨柳——落地生根
绝壁上的爬山虎——敢于攀高峰

枯树枝上结黄瓜——没有的事;没人见过
苦菜开花——密密麻麻
老坟地里种西瓜——隔门隔代有瓜葛
毛豆烧豆腐——碰上自家人
嫩竹拱土——冒尖
千年大树百年松——根深蒂固
牵牛花上树——顺竿爬
三亩棉花三亩稻——晴也好,雨也好
山里红包粽子——没找(枣)
盛开的木棉花——红火
熟透了的柿子——弄了个大红脸
熟透的苹果——红得发紫
属核桃的——非得用棒槌
霜打的黄瓜——皱皱巴巴的
霜后的大葱——软不拉耷;不死心
水仙不开花——装蒜
蒜瓣子顶门——头头多
蒜地捣葱——离不了辣味
仙人掌开花——黄了
新上市的黄瓜——带刺
盐堆里的花生——闲人(咸仁)
药罐子里的枣——虚胖

(五)节令类

八月十五捉兔子——有你过节,无你也过节
八月十五看龙灯——迟了大半年
八月十五吃月饼——正是时候
八月十五吃年饭——还早哩

八月十五吃元宵——与众不同
八月十五吃粽子——不是时候
八月十五过端阳——晚了;迟了
八月十五生孩子——赶巧了
八月十五送月饼——赶在节上
八月十五云遮月——扫兴
八月十五蒸年糕——趁早(枣)
八月里的黄瓜棚——空架子
八月的柿子——越老越红
八月的天气——一会儿晴,一会儿雨
初八当重阳——不久(九)
初二三的月亮——不明不白
初一晚上走路——漆黑一片
大年三十看皇历——没日子了
大年三十的案板——家家忙
大年初一打拼伙——穷鬼们聚到一块儿了
大年初一打灯笼——年年如此
大年初一看历书——日子长哩
大年初一的袍子——借不得
大年初一没月亮——年年都一样
冬天的青蛙——躲起来啦
端午节拜年——不是时候
端午节划龙舟——载歌载舞
端午节后布谷叫——过时啦
端午节卖历书——过时货
二八月的天气——忽冷忽热
二八月的衣服——形形色色
二八月的庄稼——青黄不接

二月的闷雷——想(响)得早
二月的青蛙——呱呱叫
过冬的田螺遇春水——扬眉吐气
过了春的大白菜——不吃香了
寒冬腊月的马蜂窝——空空洞洞
黄昏时的燕子——不想高飞
惊蛰后的蜈蚣——越来越凶
九月初八问重阳——不久(九)
开春的冰雪堆——靠不住
开春的柳絮——满天飞
腊月里打雷——罕见
腊月三十贴对子——一年一回
腊月的井水——热乎乎
立春响雷——一鸣惊人
立冬的蛇——僵了
六月里的冬瓜——越大越不值钱
六月里的梨疙瘩——有点酸
六月的债——还得快
七月的生柿子——难啃;啃不动
清明节上坟——哄鬼
秋天的菊花——经得起风霜
秋后的苍蝇——没多大活头
入伏的高粱——天天向上
入秋的高粱——老来红
入秋的石榴——点子多;点子不少
三伏天的电扇——忙得团团转
三九天的叫花子——又冷又饿
三十晚上盼月亮——没指望

三十晚上失了牛——明年的事
三十晚上的案板——没得空
三月里扇扇子——满面春风
十月间的桑叶——无人睬(采)
十月里的鸡冠花——老来红
十二月的蛤蟆——开不得口
十二月的蛇——打一下,动一下
十二月种麦子——外行
四月的花园——有理(李)有性(杏)
早春的桃花——红不久
正月里盼着桃花开——不到时辰
中秋过了闰八月——团圆过了又团圆
中秋节赏桂花——花好月圆
中秋的天气——不冷不热

(六)景点类

北京的萝卜——心里美
背着手爬泰山——步步高升;步步登高
背着石头上泰山——受累不讨好
背起棺材过黄河——连后路都准备好了
长城上的砖——不知经过多少风雨
长城上跑步——大有奔头
长白山的大雪——满天飞
长江流水——滔滔不绝
吃稀糊糊游西湖——穷开心
出土的陶俑——总算有了出头之日
从河南到湖南——难(南)上加难(南)
大观园里的闺秀——四体不勤,五谷不分

到了黄山想泰山——这山望着那山高
登上泰山想升天——好高骛远
洞庭湖里捞针——想得到,办不到;白日做梦
洞庭湖里漂根草——渺小
洞庭湖里的麻雀——见过几回大风浪
峨眉山的猴子——机灵得很
峨眉山上的泉水——细水长流
风雨中的泰山——毫不动摇
戈壁滩上的黄沙——无穷无尽
戈壁滩上的石头——明摆着
故宫里插杨柳——竖(树)不起来
广东人唱京剧——南腔北调
哈尔滨的冰雕——冷冰冰,硬邦邦
黄河的水——不清不白
黄果树瀑布——冲劲大
黄鹤楼上看翻船——幸灾乐祸
黄鹤楼上看行人——把人看矮了
昆仑山上的灵芝草——无价之宝
乐山的大佛——老实(石)
金山寺的潮水——涌上来了
锦州的小菜——有点儿名气
景德镇的瓷器——词(瓷)好;又细又好
景德镇停业——没词(瓷)了
卢沟桥上石狮子——数不清
马来西亚的咖啡——耐人寻味
南泥湾开荒——自给自足
南天门上种南瓜——难(南)上加难(南)
少林寺的高僧——身手不凡

陕西驴子不拽车——不由人愿;由不得人

十三陵的石人——站惯了的

太湖的虾子——白忙(芒)

太行山上看运河——远水不解近渴

泰山顶上搭架子——越搭越高

天津卫的包子——狗不理

挑石头登泰山——谈何容易

吐鲁番的葡萄——甜透了

宜兴的壶——好嘴

珠峰上的猎户——高人

做梦游西湖——好景不长

(七)生活类

案板顶门——管得宽

八百年前立的旗杆——老光棍

八百铜钱穿一串——不成调(吊)

八仙桌上放盏灯——明摆着

八仙桌上摆夜壶——不是个成就(盛酒)的家伙

八个钱算命——哪能包你一世

八个歪脖坐一桌——谁也不正眼看谁

巴掌上摊煎饼——巧手;好手

靶场上练瞄准——睁只眼闭只眼

《百家姓》不念第一个——开口就是钱

《百家姓》少了第二姓——没钱

白灰店里买眼药——找错了门

《百家姓》里的老四——说的是理(李)

百里长的公路不用拐弯——太直了

百货大楼卖西装——一套一套的

百斤重担能上肩，一两笔杆提不动——大老粗

拜罢天地去讨饭——没过一天好日子

半夜里梦见做皇帝——快活一时是一时

半夜里的被窝——正热乎

门板上贴门神——一个向东，一个向西

包脚布做鞭子——文(闻)不能文(闻)，武(舞)不能武(舞)

宝塔顶上的宝葫芦——尖上拔尖

抱黄连敲门——苦到家了

抱菩萨洗澡——淘神

抱元宝跳井——舍命不舍财

背心穿在衬衫外——乱套了

背着娃娃推磨——添人不添劲儿

被窝里挤眉弄眼——自己糊弄自己

被窝里放屁——能文(闻)能武(捂)

鼻子上挂秤砣——抬不起头来

鼻梁骨上摆摊子——眼界要放宽

鞭杆做大梁——不是正经东西

变戏法的亮手帕——不藏不掖

裱糊店里的纸人——一点就透

宾馆里的地毯——老被人踩

病人遭雷打——天灾人祸

裁缝不带尺——存心不良(量)

财神爷摸脑壳——好事临头

财神爷要饭——装穷

踩着鼻子上脸——欺人太甚

茶里放盐——惹人嫌(咸)

长竹竿进巷道——直来直去

唱戏的挨刀——不怕
唱京戏拉单弦——变了调儿
臣民进皇宫——层层深入
拆屋放风筝——只图风流不顾家
车把式扔鞭子——没人敢(赶);谁敢(赶)
城隍与玉皇——有天地之别
城隍庙里的小鬼——老瞪眼睛不开腔
城隍庙里摆菩萨——站就站一生,坐就坐一世
吃烧饼掉芝麻——免不了
吃了三天斋就想上西天——功底还浅
吃了三碗红豆饭——满肚子相思
吃猪肉念佛经——假善人
吃剩饭长大的——尽出馊主意
丑媳妇见公婆——迟早有一次
穿西装戴斗笠——土洋结合
穿冰鞋上沙滩——别想溜
床头上捡钱——自己哄自己
床底下的夜壶——离不得又见不得
从楼上摔下一筐子鸡蛋——没有一个好货
醋坛子里泡胡椒——尝尽辛酸
搭起戏台卖豆腐——买卖不大架子大
打架揪胡子——谦虚(牵须)
打油钱不买醋——专款专用
大路上卖竹竿——这个说短那个说长
大白天见阎王——活见鬼
大流子的弟弟——二流子
大姑娘瞧嫁妆——有日子的人了
大风地里吃炒面——有口难开

大姑娘讨饭——拉不开脸面
大卡车开进小巷子——转不过弯来
大口啃住包子馅——抓重点
呆女嫁痴汉——谁也不嫌谁
豆腐掉进灰堆里——吹也吹不得,打也打不得
电灯泡上点香烟——其实不然(燃)
电话局的话务员——耳听八方
吊扇下面拉家常——讲风凉话
东山跑过驴,西山打过虎——见过点儿阵势
东西耳朵南北听——横竖听不进
耳朵里塞棉花——装样(羊)
二十八岁大姑娘——享(想)福(夫)了
肝脏的兄弟——窝囊废(肺)
刚出山的太阳——红光满面
刚学理发就碰上大胡子——难题(剃)
棺材上画美女——逗死人
关帝庙求子——踏错了门
观音庙里没观音——走了神
光屁股打老虎——又不要命又不要脸
光屁股拉磨——转圈丢人
花架下养鸡鸭——煞风景
皇帝老爷发酒疯——咋说咋有理
皇帝他妈——太厚(后)
皇上的旨,将军的令——一口说了算
鸡毛掸沾水——时髦(湿毛)
见了王母娘娘喊岳母——想娶个天仙女
见了王母娘娘叫大姑——攀高亲
见了皇帝喊万岁——老规矩

毽子上的鸡毛——钻进钱眼里了
奖状绑在笤帚上——名誉扫地
交警的棍子——指东指西
饺子烂边——露馅了
进了地府才后悔——来不及了
进溜冰场穿冰鞋——马上就溜
进坟地吹口哨——自己给自己壮胆
警察打老子——公事公办
井底里划船——没有出路
井底雕花——深刻
开会请了假——没出息(席)
开局摆开拦河车——严阵以待
开水锅里露头——熟人
开着电扇聊天——尽讲风凉话
看病先生开棺材铺——死活都要钱
看着天摸着地——眼高手低
孔方兄进庙门——钱能通神
口含棉花——说得轻巧
口渴喝盐汤——徒劳无益
筷子的一生——吃了饭就睡觉
筷子夹骨头——三条光棍
老和尚打儿子——没有的事
雷婆找龙王谈心——天涯海角觅知音
两股道上跑的车——走的不是一条路
麻袋片上绣花——一代(袋)不如一代(袋)
麻子跳伞——天花乱坠
媒婆提亲——净拣好听的说
拿着和尚当秃子打——冤枉好人

闹市里盖公厕——方便大家

七尺布拦腰剪——不三不四

钱在手边,食在嘴边——难留

巧他爹遇到巧他娘——巧上加巧

穷大奶奶逛庙会——要人没人,要钱没钱

热水瓶脾气——外面冷,里面热

人家骑马我骑驴,后面还有推车的——比上不足,比下有余

肉汤里煮元宵——浑(荤)蛋

仨鼻子眼儿——多出一口气儿

三分钱买个鸭头——嘴贱

三分钱买个小黑瞎子——熊玩意儿

三毛加一毛——时髦(四毛)

三流子哥大流子弟——二流子

三下子少了一下子——还有两下子

三锥子扎不出一滴血——老牛筋

三张纸画个鼻子——面子大

伞铺的伙计——轮(淋)不着你

傻子捡柴火——就认准这条道儿

傻小子不识"兔"字——免了

傻小子活了九十八——虚度年华

生成的眉毛长成的痣——改不了

湿手抓面粉——占(沾)小便宜

湿身滚进石灰堆——脱不了身

十个铜板少一文——久闻(九文)

十五个婆娘吵架——七嘴八舌

石头缝里寻草子——闲得没事干

石头砌墙——好的一面在外头

手里的泥丸——要圆就圆,要扁就扁
寿星娶小——人老心不老
寿星卖了张果老——倚老卖老
耍皮影的遇路劫——丢人
耍大刀的唱小生——改行
双胞胎比长相——没什么两样
水上的油花——轻浮
水桶缺了把——不成体统(提桶)
四两棉花一张弓——从何谈(弹)起
四面脑勺子——没脸
四十里地不换肩——抬杠的好手
送灶王爷归天——多说好话
锁子看门——家中无人
太岁头上的土——动不得
太极拳的功夫——软中有硬
瘫子掉进烂泥塘——不能自拔
弹棉花的戴乌纱帽——硬装有功(弓)之臣
烫手的粥盆——扔了心痛,不扔手痛
陶器店里买钵头——一套一套的
剃头的头发长——越是自己的活,越顾不上
天上霹雳打雷公——互相惊扰
挑担子卖豆腐——本钱小,架子大
笤帚疙瘩上打茧——结不出好果来
铁匠的儿子——就知道打打打
铁锤当炒勺——砸锅
头上刷糨糊——糊涂到顶
秃妮子戴花——前也不是后也不是
兔儿爷过河——软作一团

腿瘸头歪屁股肿——不是好人

五更天下海——赶潮流

洗脸盆里游泳——水平太低

戏台下掉泪——替古人担忧

戏台上的喽啰兵——只能靠边站

掀翻了抱鸡窝——弄出许多谎(黄)来

咸菜煮豆腐——不必多言(盐);有言(盐)在先

小壶里煮饺子——肚里有货倒不出

斜坡上放西瓜——不愿滚也要滚

新春的横批——万事如意

新上门的姑爷——不敢坐上席

新开的染房——不给点颜色看不行

新郎官戴孝——悲喜交加

新栽的杨柳——光杆一条

胸前吊门板——好大的牌子

秀才哭哥——凶(兄)啊

丫鬟抱孩子——人家的

牙缝里剔肉——解不了馋

颜料店的抹布——分不清青红皂白

阎王老爷嫁女儿——抬轿的是鬼,坐轿的也是鬼

腰带拿来围脖子——记(系)错了

咬着铁棍还说牙齿硬——强装有本事

一连三座菩萨堂——妙(庙)妙(庙)妙(庙)

一根香敬两尊佛——左也不是、右也不是

一口吞下布鞋面——心里有底

一丈二的扁担——摸不着头尾

一天三刮络腮胡——他(它)不叫我露脸,我也不叫他(它)出头

阴阳先生睡在坟头上——舍不得那块宝地
雨后送伞——空头人情
雨点滴在香头上——正巧打中了
玉皇大帝拜财神——有钱大三辈
玉皇大帝发雷霆——慌了神
阅览室里看报纸——大有文章
宰相的千金皇帝的女——不怕没人要
站在河边撒尿——随大流
丈母娘看女婿——越看越欢喜
丈母娘遇亲家母——婆婆妈妈
织布机上的梭子——两头窜
状元打更——屈才了
针尖上削铁——有也没多少
走了和尚捉道士——有辫子抓了
卒子过河——难以回头
做梦娶媳妇——光想美事

十、绕口令

绕口令本来是宴会中的一种酒令游戏,又叫急口令、拗口令或吃口令,就是将声母、韵母或声调极易混同的字,反复重叠,组成拗口的句子,要求一口气快速念出,借以测验念的人反应灵敏和口齿伶俐程度。绕口令不仅要求语言安排得巧妙有趣,而且最好有一定的内容和情趣。

导游员平时应该多练一些绕口令。因为"祖国山水美不美,全靠导游一张嘴",导游讲解也是一门口头表达艺术,多练绕口令有助于提高口头语言表达的清晰和口齿伶俐的程度,是导游员进行自我修炼的一种方式。另外,在旅游途中,导游员可以把念绕口令作为一种才艺向游客展示,特别是当导游员不擅长唱歌的时候,可以用说绕口令来弥补。导游员快速念完之后,游客很佩服,然后导游就可以一句一句地教游客说,再请几位有表现欲的游客一同来表演绕口令,也是一种很好的互动游乐活动。

1. **小三登山**

三月三,小三去登山;
上山又下山,下山又上山;
登了三次山,跑了三里三;
出了一身汗,湿了三件衫;
小三山上大声喊:"离天只有三尺三。"

2. **四和十**

四是四,十是十,十四是十四,四十是四十,

谁能说准四十、十四、四十四，谁来试一试，

谁说十四是四十，就打谁十四，

谁说四十是细席，就打谁四十。

3. 数青蛙

一只青蛙一张嘴，两只眼睛四条腿，扑通一声跳下水。

两只青蛙两张嘴，四只眼睛八条腿，扑通扑通跳下水。

三只青蛙三张嘴，六只眼睛十二条腿，扑通扑通扑通跳下水。

四只青蛙四张嘴，八只眼睛十六条腿，扑通扑通扑通扑通跳下水。

……

4. 多少罐

一个半罐是半罐，两个半罐是一罐；

三个半罐是一罐半，四个半罐是两罐；

五个半罐是两罐半，六个半罐是三满罐；

七个、八个、九个半罐，请你算算是多少罐。

5. 酸枣子

山上住着三老子，山下住着三小子，山腰住着三哥三嫂子。

山下三小子，找山腰三哥三嫂子，借三斗三升酸枣子。

山腰三哥三嫂子，借给山下三小子三斗三升酸枣子。

山下三小子，又找山上三老子，借三斗三升酸枣子。

山上三老子，还没有三斗三升酸枣子，只好到山腰找三哥三嫂子，给山下三小子借了三斗三升酸枣子。

过年山下三小子打下酸枣子，还了山腰三哥三嫂子

两个三斗三升酸枣子。

6. **司小四和史小世**

司小四和史小世，四月十四日十四时四十上集市，

司小四买了四十四斤四两西红柿，史小世买了十四斤四两细蚕丝。

司小四要拿四十四斤四两西红柿换史小世十四斤四两细蚕丝。

史小世十四斤四两细蚕丝不换司小四四十四斤四两西红柿。

司小四说我四十四斤四两西红柿可以增加营养防近视，

史小世说我十四斤四两细蚕丝可以织绸织缎又抽丝。

7. **六十六头牛**

六十六岁的刘老六，盖了六十六间楼，买了六十六篓油，

养了六十六头牛，栽了六十六棵垂杨柳。

六十六篓油，堆在六十六间楼；

六十六头牛，拴在六十六棵垂杨柳。

忽然一阵狂风起，吹倒了六十六间楼，

翻倒了六十六篓油，折断了六十六棵垂杨柳，

砸死了六十六头牛，急煞了六十六岁的刘老六。

8. **老六放牛**

柳林镇有个六号楼，陆老六住在六号楼。

有一天，来了牛老六，牵了六只猴；

来了侯老六，拉了六头牛；

来了仇老六，提了六篓油；

来了尤老六，背了六匹绸。

牛老六、侯老六、仇老六、尤老六，住上刘老六的六号楼，

半夜里，牛抵猴，猴斗牛，撞倒了仇老六的油，油坏了尤老六的绸。

牛老六帮仇老六收起油，侯老六帮尤老六洗掉绸上油，

拴好牛，看好猴，一同上楼去喝酒。

9. 天上七颗星

天上七颗星，地上七块冰，台上七盏灯，树上七只莺，墙上七枚钉。

哼唷哼唷拔脱七枚钉。

喔嘘喔嘘赶走七只莺。

乒乒乓乓踏坏七块冰。

一阵风来吹灭七盏灯。

一片乌云遮掉七颗星。

10. 白老八

白老八门前栽了八棵白果树，

从北边飞来了八个白八哥儿不知在哪住。

白老八拿了八个巴达棍儿要打八个白八哥儿，

八个白八哥儿飞上了八棵白果树，

不知道白老八拿这八个巴达棍儿打着了八个白八哥儿，

还是打着了八棵白果树。

11. 拔萝卜

八十八二十八，八个小孩儿把萝卜拔，

你也拔，我也拔，看谁拔得多，看谁拔得大。

你拔得不多个儿不小，我拔得不少个儿不大。

一个萝卜一个坑儿，算算多少用车拉，

一个加俩，俩加仨，七十二个加十八，
拿个算盘打一打，一百差俩九十八。

12. 九个酒迷喝醉酒

九月九，九个酒迷喝醉酒。
九个酒杯九杯酒，九个酒迷喝九口。
喝罢九口酒，又倒九杯酒。
九个酒迷端起酒，“咕咚、咕咚”又九口。
九杯酒，酒九口，喝罢九个酒迷醉了酒。

13. 酒换油

一葫芦酒九两六，一葫芦油六两九。
六两九的油，要换九两六的酒，
九两六的酒，不换六两九的油。

14. 牛驮油

九十九头牛，驮着九十九个篓。
每篓装着九十九斤油。
牛背油篓扭着走，油篓磨坏篓漏油，
九十九斤一个篓，还剩六十六斤油。
你说漏了几十几斤油？

15. 数狮子

公园有四排石狮子，
每排是十四只大石狮子，
每只大石狮子背上是一只小石狮子，
每只大石狮子脚边是四只小石狮子。
史老师领四十四个学生去数石狮子，
你说共数出多少只大石狮子和多少只小石狮子？

16. 石狮子，涩柿子

山前有四十四棵死涩柿子树，
山后有四十四只石狮子，

山前的四十四棵死涩柿子树，
涩死了山后的四十四只石狮子，
山后的四十四只石狮子，
咬死了山前的四十四棵死涩柿子树，

不知是山前的四十四棵死涩柿子树涩死了山后的四十四只石狮子，

还是山后的四十四只石狮子咬死了山前的四十四棵死涩柿子树。

17. **扁担和板凳**

板凳宽，扁担长，
板凳比扁担宽，
扁担比板凳长，
扁担要绑在板凳上，
板凳不让扁担绑在板凳上，
扁担偏要让扁担绑在板凳上。

18. **教练和主力**

蓝教练是女教练，
吕教练是男教练，
蓝教练不是男教练，
吕教练不是女教练。
蓝南是男篮主力，
吕楠是女篮主力，
吕教练在男篮训练蓝南，
蓝教练在女篮训练吕楠。

19. **喇嘛和哑巴**

打南边来个喇嘛，手里提着五斤鳎目。
打北边来个哑巴，腰里别着个喇叭。
南边提着鳎目的喇嘛要拿鳎目换北边别喇叭的哑巴

的喇叭，

哑巴不乐意拿喇叭换喇嘛的鳎目，

喇嘛非要换别喇叭的哑巴的喇叭。

喇嘛抡起鳎目抽了别喇叭哑巴一鳎目，

哑巴摘下喇叭打了提鳎目喇嘛一喇叭。

也不知提鳎目的喇嘛抽了别喇叭哑巴一鳎目，

还是别喇叭哑巴打了提鳎目的喇嘛一喇叭。

喇嘛回家炖鳎目，哑巴滴滴答答吹喇叭。

20. 有个面铺门朝南

出南门，望正门，

有个面铺门朝南，

面铺挂个蓝布棉门帘，

掀开了蓝布棉门帘，

还是面铺门朝南。

21. 耷拉尾巴耳朵狗

南边来了他大大伯子家的大耷拉尾巴耳朵狗，

北边来了他二大伯子家的二耷拉尾巴耳朵狗。

他大大伯家的大耷拉尾巴耳朵狗咬了他二大伯家的二耷拉尾巴耳朵狗一口，

他二大伯家的二耷拉尾巴耳朵狗也咬了他大大伯家的大耷拉尾巴耳朵狗一口。

不知是他大大伯家的大耷拉尾巴耳朵狗先咬了他二大伯家的二耷拉尾巴耳朵狗，

还是他二大伯家的二耷拉尾巴耳朵狗先咬了他大大伯家的大耷拉尾巴耳朵狗。

22. 吃葡萄不吐葡萄皮

吃葡萄不吐葡萄皮，

不吃葡萄倒吐葡萄皮。

23. 费和会

手艺学不会，
材料用得费。
正是会的不费，
费的不会。

24. 洗席

一领细席，
席上有泥。
溪边去洗，
溪洗细席。

25. 妈妈骂马

妈妈种麻，
我去放马。
马吃了麻，
妈妈骂马。

26. 晃幌子

方幌子，黄幌子，
方幌子是黄幌子，
黄幌子是方幌子。
晃动方幌子，
是晃动黄幌子，
晃动黄幌子，
是晃动方幌子。

27. 鞭杆把

长鞭杆把，
短鞭杆把，
长鞭杆把比短鞭杆把长半杆把，
短鞭杆把比长鞭杆把短半杆把。

28. 晒人肉

日头热，晒人肉，
晒得心里好难受。
晒人肉，好难受，
晒得头上直冒油。

29. 倒吊鸟和鸟倒吊

梁上两对倒吊鸟，
泥里两对鸟倒吊。
可怜梁上的两对倒吊鸟，
惦记泥里的两对鸟倒吊；
可怜泥里的两对鸟倒吊，
也惦记梁上的两对倒吊鸟。

30. 六斗六升好绿豆

一出南门走六步，
遇见六叔和六舅，
好六叔，好六舅，
借给我六斗六升好绿豆，
到了秋，收了豆，
再还六叔六舅六斗六升好绿豆。

31. 石小四和史肖石

石小四，史肖石，一同来到阅览室。
石小四年十四，史肖石年四十。
年十四的石小四爱看诗词，年四十的史肖石爱看报纸。
年四十的史肖石发现了好诗词，忙递给年十四的石小四，
年十四的石小四见了好报纸，忙递给年四十的史肖石。

32. **两个排**

营房里出来两个排，直奔正北菜园来，

一排浇菠菜，二排砍白菜。

剩下八百八十八棵大白菜没有掰。

一排浇完了菠菜，又把八百八十八棵大白菜掰下来；

二排砍完白菜，把一排掰下来的八百八十八棵大白菜背回来。

33. **比锤**

炉东有个锤快锤，

炉西有个锤锤快，

两人炉前来比赛，

不知是锤快锤比锤锤快锤得快？

还是锤锤快比锤快锤锤得快？

34. **小牛赔油**

小牛放学去打球，

踢倒老刘一瓶油，

小牛回家取来油，

向老刘道歉又赔油，

老刘不要小牛还油，

小牛硬要把油还给老刘，

老刘夸小牛，

小牛直摇头，

你猜老刘让小牛还油，

还是不让小牛还油。

35. **粉红凤凰**

粉红墙上画凤凰，

凤凰画在粉红墙，

红凤凰、黄凤凰，

粉红凤凰花凤凰。

36. **八棱八角树**

出城门,走八步,
有棵八棱八角树。
八个八哥飞上树,
八棱八角树上住。
树下孩子直发怒,
手拿弹弓射大树。
打得八哥离开树,
八棱八角掉下树。

37. **白石和白塔**

白石造白塔,
白塔白石搭。
层层白石搭白塔,
白塔层层高又大。
高高白塔入白云,
白云上面有白塔。

38. **植树**

老顾大顾和小顾,扛锄植树走出屋。
漫天大雾罩峡谷,雾像灰布满路铺。
大顾关注喊小顾,小顾想着扶老顾。
老顾扛锄又提树,雾里植树尽义务。

39. **洞庭山上一根藤**

东洞庭,西洞庭,
洞庭山上一根藤,
藤条头上挂铜铃。
风吹藤动铜铃动,
风停藤停铜铃停。

40. **捆葱**

东边来个小朋友叫小松，手里拿着一捆葱。
西边来个小朋友叫小丛，手里拿着小闹钟。
小松手里葱捆得松，掉在地上一些葱。
小丛忙放闹钟去拾葱，帮助小松捆紧葱。
小松夸小丛像雷锋，小丛说小松爱劳动。

41. **兜装豆**

兜里装豆，豆装满兜，兜破漏豆。
倒出豆，补破兜，补好兜，
又装豆，装满兜，不漏豆。

42. **种冬瓜**

东门童家门东董家，
童、董两家，同种冬瓜，
童家知道董家冬瓜大，来到董家学种冬瓜。
门东董家懂种冬瓜，来教东门童家种冬瓜。
童家、董家都懂得种冬瓜，
童、董两家的冬瓜比桶大。

43. **收葵花**

胖娃小筐手中拿，来到园中收葵花；
小华小篮身上挎，一同进园收蓖麻。
胖娃种的葵花花盘大，小华种的蓖麻密麻麻。
小华去帮胖娃摘葵花，胖娃去帮小华收蓖麻。
小华和胖娃，收了葵花、蓖麻献国家。

44. **荷花和蛤蟆**

一朵粉红大荷花，
趴着一只活蛤蟆，
八朵粉红大荷花，
趴着八只活蛤蟆。

45. 护树

北风吹摇路边树，小陆上前把树护。
一个木杆路旁竖，一根绳子拴捆住。
树有木杆做支柱，木杆支树树稳固。

46. 石榴树上结辣椒

颠倒话，话颠倒，石榴树上结辣椒。
东西大路南北走，碰见兔子去咬狗。
拿住狗，打砖头，砖头咬住我的手。

47. 黑豆放黑斗

黑豆放在黑斗里，
黑斗里边放黑豆，
黑豆放黑斗，
黑斗放黑豆，
不知黑豆放黑斗，
还是黑斗放黑豆。

48. 算卦的和挂蒜的

街上有个算卦的，
还有一个挂蒜的，
算卦的算卦，
挂蒜的卖蒜。
算卦的叫挂蒜的算卦，
挂蒜的叫算卦的买蒜，
算卦的不买挂蒜的蒜，
挂蒜的也不算算卦的卦。

49. 驼子的骡子和婆子的茄子

一个驼子骑匹骡子，
碰到婆子挑担茄子，
驼子的骡子践到婆子的茄子，

婆子拖驼子下骡子，
要驼子赔婆子的茄子。

50. 子词丝

四十四个字和词，
组成了一首子词丝的绕口词。
桃子李子梨子栗子橘子柿子槟子榛子，
栽满院子村子和寨子。

刀子斧子锯子凿子锤子刨子尺子做出桌子椅子和箱子。

名词动词数词量词代词副词助词连词造成语词诗词和唱词。

蚕丝生丝熟丝缫丝染丝晒丝纺丝织丝自制粗细丝人造丝。

51. 历史上最强的绕口令——黑灰化肥

(1)幼儿园:化肥会挥发。

(2)小学生:黑化肥发灰,灰化肥发黑。

(3)中学生:黑化肥发灰会挥发;灰化肥挥发会发黑。

(4)大学生:黑化肥挥发发灰会花飞;灰化肥挥发发黑会飞花。

(5)硕　士:黑灰化肥会挥发发灰黑讳为花飞;灰黑化肥会挥发发黑灰为讳飞花。

(6)博　士:黑灰化肥灰会挥发发灰黑讳为黑灰花会飞;灰黑化肥灰会挥发发黑灰为讳飞花化为灰。

(7)博士后:黑化黑灰化肥灰会挥发发灰黑讳为黑灰花会回飞;灰化灰黑化肥灰会挥发发黑灰为讳飞花回化为灰。

十一、趣味对联

对联，又叫对子、楹联、楹帖、联语，是我国特有的一种体制短小、文字精练、历史悠久、雅俗共赏的传统文学形式。对联在日常生活中被广泛地应用，一些名胜古迹联和趣味对联更在民间有深远的影响。导游需要具备一定的对联知识，不仅能在参观中引导游客欣赏名胜古迹联的奥妙之处，提高游览兴致，而且可以对联为题材，在长途行车过程中与游客开展互动游乐活动，活跃旅途气氛。

例如，河北山海关孟姜女庙联："海水朝朝朝朝朝朝朝落；浮云长长长长长长长消。"导游员可以出一个考题，问游客这副对联应该怎样读？这是一副非常著名的同字异音对联，稍有文学知识的游客都能够回答有下列读法："海水潮，朝朝潮，朝潮朝落；浮云涨，长长涨，长涨长消。"导游员则可以告诉游客，据考证，这副对联至少有六种解读方法（在"名胜古迹联选读"中具体介绍），然后一一列举，在活跃气氛的同时，又让游客增长了知识。接下来，还应该讲一些对联趣事，并讲解对联的基本规则，然后再与游客玩对对子的游戏，就顺理成章了。在玩对对子游戏时要充分考虑游客的文学基础，不宜出过于深奥的对子，以二或三、四、五个字的长度较为合适。

（一）对联趣话

我国第一副对联

我国有史书记载的第一副对联出现在唐五代。后蜀主孟昶自题的“新年纳余庆,嘉节号长春”,是我国第一副对联。

春联的名称在何时出现

我国最早的一副对联产生于唐五代时期,由后蜀主孟昶所题,这副最早的对联即是一副春联。但春联的名称直到明代才开始出现。明代,由于朱元璋的提倡,对联得到了一次大的推动。“春联”这个名称,就是朱元璋首创的。后来解缙、祝允明、文徵明、唐伯虎等江南才子又把对联推向了一个新的高潮,一些种类的对联是明代才开始有的,如应制联和庙祀联等。

宝塔联

在联苑中,有一种奇特的宝塔联,这种对联首句为一字,以后每句递增一句,因形状像一座宝塔,所以得“宝塔联”的雅称。据说最早的宝塔联为苏轼所撰:

坐
请坐
请上坐
茶
敬茶
敬香茶

字迹最小的对联

有一副对联,上联“黑发若知勤学好”刻在一根黑色头发上;下联“白头更觉读书甜”刻在一根白色头发上。这副对联要在200倍的显微镜下才能看清楚。在白发下联末端还刻有“安徽孙皖僬撰，江苏沈为刻”的并排落款，开创了两根头发上并排刻两行字的先例。

字迹最大的对联

安徽省黄山立马峰绝壁上有一副摩崖石刻联：“立马空东海，登高望太平。”该联每字约 9.3 米见方，其中“平”字的一竖有 9.4 米长，每一笔画宽达 0.6 米。

最短的名胜楹联

著名楹联家方克逸于 1990 年为安徽省巢湖四顶山撰了一副对联，上联为“月”，下联为“霞”。方先生的解释是：“四顶朝霞与巢湖秋月，自古并列为庐阳八景，四顶山是观赏霞月最佳处，谨以霞对月也。”经学术权威鉴定，此联匠心独运，书法别开生面，为世界上最早、唯一、最短的名胜楹联。该联于 1995 年荣获“吉尼斯大世界之最”证书，创吉尼斯世界纪录。

最短的对联

1931 年“九一八”惨案后，有人为死难同胞作一副挽联，上联一个“死”，下联倒写一个“生”字。意为“宁可站着死，不愿跪着生”，体现了我国人民不屈不挠的斗争精神。

国外最大的对联

日本东京“天广餐厅”联：“厨下烹鲜，门庭成市开华客；天宫摆酒，仙女饮樽醉广寒。”据考证，这是外国最大的中国对联。联文为仿汉白玉浮雕篆书，每字 1.1 平方米，加上字距、行距和适度的边框，总共 35 平方米，若连同下部表现楹联含意的浮雕，则达 66 平方米。

最早撰写的姓名对联

宋代庄绰《鸡肋篇》中所记的两副全以姓名组成的对联，是目前发现的最早的姓名联，第一联为：“崔度崔公度，王韶王子韶。”第二联为：“马子山骑山子马，钱水衡盗水衡钱。”

最早亲手书联言志的帝王

在山西晋祠有一题联，联文为“文章千古事，社稷一戎衣”，经考古工作者证实此联为一代雄主唐太宗所撰，表达了他重文章、安社稷的远大抱负。这是我国历史上亲手书撰言志对联的第一个帝王。

弥勒佛诙谐联

天津蓟县盘山天成寺弥勒佛像联：

终日解其颐，笑世事纷纭，曾无了局；
经年袒乃腹，看胸怀洒落，却是上乘。

四川乐山凌云寺弥勒佛像联：

笑古笑今，笑东笑西，笑南笑北，笑来笑去，笑自己原本无知无识；

观事观物，观天观地，观日观月，观上观下，观他人总是有高有低。

北京潭柘寺弥勒佛像联：

大肚能容容天下难容之事；
开口便笑笑世间可笑之人。

（二）名胜古迹联选读

河北山海关孟姜女庙

佚名

海水朝朝朝朝朝朝朝落
浮云长长长长长长长消

读法（1）海水潮，朝朝潮，朝潮朝落；
浮云涨，长长涨，长涨长消。
（2）海水潮，朝朝潮，朝朝潮落；

浮云涨，长长涨，长长涨消。

(3)海水朝朝潮，朝潮朝朝落；

浮云长长涨，长涨长长消。

(4)海水朝潮，朝朝潮，朝朝落；

浮云长涨，长长涨，长长消。

(5)海水潮，朝潮，朝潮，朝朝落；

浮云涨，长涨，长涨，长长消。

(6)海水潮！潮！潮！潮！朝潮朝落；

浮云涨！涨！涨！涨！长涨长消。

北京长城居庸关联

佚名

万壑烟岚春雨后；

千峰苍翠夕阳中。

[说明]居庸关位于北京昌平区，是长城的一处重要关口。两旁高山屹立，翠嶂重叠。这副对联描绘居庸关的"万壑"、"千峰"以及雨后烟岚、夕阳苍翠的美景，如一幅浓墨重彩的山色图，营造出一种阔大雄奇、苍茫幽远的境界。

河北承德避暑山庄万壑松风联

[清]纪昀

八十君王①，处处十八公②，道旁介寿③；

九重天子，年年重九节，塞上称觞④。

[说明]纪昀，字晓岚，河北献县人，清代著名学者和文学家。一说上联为彭元瑞所出，下联为纪昀所对。①八十君王：指清乾隆皇帝，他活了 89 岁。②十八公："松"的拆字，指松。③介寿：祝寿。④称觞：举杯祝酒。

该联对仗工整,构思严谨,上联将“八十”与“十八”字序颠倒,是为了突出“松”字,契合“万壑松风”的主题,下联对应“九重”与“重九”,突出皇帝的避暑生活。

湖南岳阳楼联

[清]何绍基

一楼何奇:杜少陵五言绝唱,范希文两字关情[1],滕子京百废俱兴,吕纯阳三过必醉。诗耶?儒耶?史耶?仙耶?前不见古人,使我怆然涕下。

诸君试看:洞庭湖南极潇湘,扬子江北通巫峡,巴陵山西来爽气,岳州城东道岩疆[2]。潴者,流者,峙者,镇者[3]。此中有真意,问谁领会得来。

[说明]何绍基,字子贞,号东洲,道州(今湖南道县)人,道光进士,官至翰林院编修,任国史馆总纂。博学多识,能诗善文,又是著名的书法家。①杜少陵:即杜甫。范希文:即范仲淹。②东道岩疆:岳阳东南方向有高山,以为疆界。③潴者,流者,峙者,镇者:分别指前面提到的洞庭湖、扬子江、巴陵山、岳阳城。潴:水聚集的地方。

湖北武汉黄鹤楼联

[清]萨迎阿

一楼萃三楚精神[1],云鹤俱空横笛在;

二水汇百川支派[2],古今无尽大江流。

[说明]萨迎阿,字湘林,满族人,清乾隆时为官。①一楼:即黄鹤楼。②二水:指长江和汉水。百川支派:指各个小支流都汇入长江和汉水。

江西南昌滕王阁联

[清]刘坤一

兴废总关情，看落霞孤鹜，秋水长天，幸此地湖山无恙；

古今才一瞬，问江上才人，阁中帝子，比当年风景如何？

[说明]刘坤一，湖南新宁人。清末洋务派代表之一，官至两江总督。上联表达对古迹兴废的关切之情，一个“幸”字尤见感情的炽烈。下联是对“湖山无恙”喜悦之情的自然流露。

江西九江东林寺三笑亭联

[清]唐蜗寄

桥跨虎溪，三教三源流，三人三笑语；

莲开僧舍①，一花②一世界③，一叶一如来。

[说明]唐蜗寄，名英，字隽公，号蜗寄老人。清代奉天(今辽宁沈阳)人。东林寺，我国佛教净土宗发源地，由东晋名僧慧远始建。①莲开僧舍：指慧远在东林寺创设白莲社。②一花：指莲花。③一世界：佛经合四大洲诸天为一世界。

江西九江白鹿洞书院联

[南宋]朱熹

日月两轮天地眼；

诗书万卷圣贤心。

[说明]朱熹，江西婺源人。南宋哲学家、教育家。上联要求做人要襟怀坦荡，光明磊落。下联劝勉人们只有读万卷诗书，方能领会圣贤之心。

江西庐山山阴石屋联

[明]于谦

花雨欲随岩翠落；

松风遥傍洞云寒。

[说明]于谦，浙江杭州人，明代政治家、民族英雄。此联写雨后奇景。“随”、“傍”二字，赋予“花雨”和“松风”生命，活灵活现，言传物意，余味无穷。

江西九江甘棠湖烟水亭联

[宋]黄庭坚

烟水亭，吸水烟，烟从水起；

风浪井，博浪风，风自浪兴。

[说明]黄庭坚，江西修水人。北宋文学家、“苏门四学士”之一。烟水亭原为三国吴将周瑜点将台旧址，后建亭取“山头水色薄笼烟”诗意命名。联语巧妙地用顶针、重复的艺术手法，形象地表现了“烟”与“水”、“风”与“浪”之间的相互关系，前承后接，环环相扣，酣畅明快。

南京秦淮河风月亭联

[宋]朱元璋

佳山、佳水、佳风、佳月，千秋佳地；

痴声、痴色、痴梦、痴情，几辈痴人。

[说明]联中以“佳”反复强调秦淮河自然环境的优美，以“痴”反复刻画游客的心态。“五色令人目盲，五音令人耳聋”，一味纵情声色，必将玩物丧志，作者联末“几辈痴人”的感叹发人深思。

江苏南京瞻园联

［明］徐达

大江东去，浪淘尽千古英雄，问楼外青山，山外白云，何处是唐宫汉阙；

小苑西回，莺唤起一庭佳丽，看池边绿树，树边红雨，此间有舜日尧天。

［说明］徐达，安徽凤阳人。明初名将，封为“魏国公”。“佳丽”指美景。“舜日尧天”，尧、舜为传说中贤明帝王，用以喻理想的太平盛世。上联述古以感叹历史的洪流淘尽无数风流人物，连旧日的宫阙也不复存在。下联写景以誉眼前“佳丽”，盛赞国强民富的太平景象。全联文辞秀美，生动形象，情景交融，气势恢弘。

江苏南京明远楼联

［清］李渔

矩令若霜严，看多士俯伏低回，群嚣尽息；

襟期同月朗，喜此地江山人物，一览无余。

［说明］李渔，浙江兰溪县人，清代著名戏剧理论家。明远楼是古代文人参加科举考试的地方。上联写考场法度严谨，威势逼人，下联写文人胸襟豪迈，气度不凡。

江苏苏州寒山寺联

［清］邹福保

尘劫历一千余年，重复旧观，幸有名贤来作主；

诗人题二十八字，长留胜迹，可知佳句不须多。

［说明］邹福保，清代江苏文人。上联写寒山寺的兴衰，值今日重建之盛。下联暗指张继的《枫桥夜泊》诗与寒山寺交相辉映，道出了千年古寺深厚的文化底蕴。

江苏无锡东林书院联

［明］顾宪成

风声、雨声、读书声，声声入耳；

家事、国事、天下事，事事关心。

［说明］顾宪成，江苏无锡人。明万历进士，官至吏部文选司郎中，因得罪权奸被革职还乡，创办东林书院。上联形象地描绘出自然界的风雨声与琅琅的读书声交织在一起的情景；下联表现了明代东林党人反对“读死书”、“死读书”，而提倡“事事关心”的政治抱负。上联的“风声”、“雨声”为双关语，即兼指自然界的风雨和政治上的风雨而言，这就使得此联的含意更加深刻。

浙江杭州孤山亭联

［清］黄文中

水水山山处处明明秀秀；

晴晴雨雨时时好好奇奇。

［说明］黄文中，甘肃临洮人，清末学者。联文脱胎于苏轼《饮湖上初晴后雨》诗：“水光潋滟晴方好，山色空蒙雨亦奇。欲把西湖比西子，淡妆浓抹总相宜。”联语赞西湖山明水秀，无处不美；晴好雨奇，无时不佳。通常游人多断句为“四六”、“七三”，也有作回文联读的。按体分读则为：水处明，山处秀，水明山秀；晴时好，雨时奇，晴好雨奇。可见联作深得苏轼原诗精髓，匠心独运，诗意盎然，诱人玩味，耐人咀嚼，有着妙不可言的美感和享受。

浙江杭州西湖灵隐寺联

［元］赵孟頫

龙涧风回，万壑松涛连海气；

鹫峰云敛，千年桂月印湖光。

［说明］赵孟頫，浙江湖州人。宋末元初著名书画家、诗人。上联写万壑松涛，下联写湖光山色，层次分明，对仗严整，气势不凡，音韵响亮。

浙江杭州西湖湖心亭联

［清］郑烨

台榭漫芳塘，柳浪莲房，曲曲层层皆入画；

烟霞笼别墅，莺歌蛙鼓，晴晴雨雨总宜人。

［说明］柳丝如浪，莲蓬似房，青蛙鼓鸣，黄莺欢唱，既喧闹又清静，既活泼又宁谧，这种以静衬动，动静结合的手法，加之景物布局上的错落有致，疏密相间，生动地再现了湖心亭景观的特色，末句“晴晴雨雨总宜人”仍借用苏轼名诗《饮湖上初晴后雨》诗意。

浙江杭州西湖平湖秋月亭联

［清］彭玉麟

凭栏看云影波光，最好是红蓼花疏，白蘋秋老；

把酒对琼楼玉宇，莫辜负天心月到，水面风来。

［说明］彭玉麟，清代湖南衡阳人，喜画梅、吟诗、题联。上联写深秋湖上的云影波光、红蓼白蘋；下联写对酒赏月，四面生风，对应“平湖秋月”之景。

山东济南大明湖小沧浪亭联

［清］刘凤诰

四面荷花三面柳；

一城山色半城湖。

［说明］刘凤诰，江西萍乡人，清代文学家。联语巧用

数字，准确鲜明地描绘了大明湖的风光和济南城的景色，“荷”、“柳”、“山”、“湖”简约概括，景色诱人，读之给人以湖光为名城增色，名城给湖光添情之感。难怪晚清文人刘鹗在其小说《老残游记》中，借老残之口，称赞此联“尽画了大明湖的绝景”。

山东济南趵突泉泺源堂联

［元］赵孟頫

云雾润蒸华不注①；
波涛声震大明湖。

［说明］“华不注”，山名。上联写泉水奔涌之云烟雾气，把高高的华不注山都润湿和笼罩了。下联写泉水喷溅之声若雷鸣，震动了碧波荡漾的大明湖。联语自然明快，有声有色，十分传神。

山东泰山孔子岩联

［清］徐宗干

仰之弥高，钻之弥坚，可以语上也；
出乎其类，拔乎其萃，宜若登天然。

［说明］徐宗干，字树人，江苏人，清嘉庆进士。“仰之弥高，钻之弥坚”出自《论语·子罕》，“出乎其类，拔乎其萃”出自《孟子·公孙丑上》。这副对联集《论语》与《孟子》书中的语句而成，但又不显雕琢，既赞扬了孔子的品德与学问，也描绘了孔子岩的高耸挺拔，具有一语双关的作用。

四川成都杜甫草堂联

[清]顾复初

异代不同时，问如此江山，龙蜷虎卧几诗客？

先生亦流寓，有长留天地，月白风清一草堂。

[说明]顾复初，字子远，清代江苏元和人，诗画书法大家。全联采用上问下答的形式，语意连贯，对诗圣的赞许与感叹，渗透在字里行间。同时也暗喻自己与诗圣境遇相同，成就却各异，抒发了个人的感慨。

四川成都武侯祠联

[清]赵藩

能攻心，则反侧自消，从古知兵非好战；

不审势，即宽严皆误，后来治蜀要深思。

[说明]赵藩，云南剑川人，清末文人。该联上下联是反对关系，上联称颂了诸葛亮的文治武功，下联则总结诸葛亮治蜀的经验，提出了自己的政治主张。

以下是其他景点联，摘录部分以供选读：

A

安徽安庆大观亭：

秋色满东南 自赤壁以来 与客泛舟无此乐；

大江流日夜 问青莲而后 举杯邀月竟何人。

安徽滁县琅玡山醉翁亭：

翁去八百年醉乡犹在；

山行六七里亭影不孤。

安徽凤阳谯楼：

王孙不归，芳草何曾歇；

城郭犹是，白云无尽时。

相阴阳，度原隰，想前朝创业艰难，只赢得灵寝盘空，江淮带郭，黍离离满目旧山河；伊何人斯，顿伤心于青袍白马。

省刑罚，薄税敛，沐当代深仁浩泽，试看那闾阎扑地，舸舰迷津，瑞霭霭一天新雨露；登斯楼也，岂独观乎绿树红云。

安徽凤阳龙兴寺：

庙内无僧风扫地；
寺中少灯月照明。

安徽合肥包公祠：

理冤狱关节不通自是阎罗气象；
赈灾黎慈悲无量依然菩萨心肠。

一水绕荒祠此地真无关节到；
停车肃遗像几人得立姓名尊。

安徽合肥民教寺：

飞骑桥头论胜负；
教弩台上评忠奸。

曹公教弩台尚在；
吴主飞骑桥难寻。

安徽黄山文殊院：

万山拜其下；
孤云卧此中。

安徽黄山玉屏楼：

高阁逼云霄举头红日近；
远山收入画回首白云低。

安徽黄山九龙瀑：

九匹白练出奇观，连续奔腾，远观如狼骏骅骝添赤兔；
三岭松涛鸣爽籁，抑扬起伏，乍听似千军健卒赴疆场。

安徽九华山：

妙手生白玉；
沃土出黄金。

安徽九华山钓鱼台：

来到半山坐一坐；
再行五里天上天。

安徽马鞍山采石矶太白楼：

千古诗才蓬莱文章建安骨；
一身傲骨青莲居士谪仙人。

把酒问青天放眼已无高力士；
登舟望秋月旷怀犹忆谢将军。

谢宣城何许人，只凭江山五言诗，要先生低首；
韩荆州差解事，肯让阶前盈尺地，容国士扬眉。

吾辈此中惟饮酒；
先生在上莫题诗。

安徽马鞍山采石矶大风亭：

去帆疑峡走；
卷浪骇江飞。

B

北京碧云寺：

恐坏云根嫌地窄；
喜看山色放墙低。

北京韩愈祠：

金石文章空八代；
江山姓氏著千秋。

北京陶然亭：

烟笼古寺无人到；
树倚深堂有月来。

北京颐和园涵虚堂：

碧通一径晴烟润；
翠涌千峰宿雨收。

北京颐和园谐趣园：

西岭烟霞生袖底；
东洲云海落樽前。

F

福建惠安崇武古城：

嘘吸沧溟涵地脉；
吐吞日月镇天池。

福建福州鼓山：

地出灵泉润海表；
天生石鼓镇闽中。

日日携空布袋，少米无钱，却剩得大肚宽肠。不知众檀越信心时，用何物供养？

年年坐冷山门，接张待李，总见他欢天喜地。请问这头陀得意处，是甚私来由？

福建福州西湖开化寺：

桑柘几家湖上社；
芙蓉十里水边城。

福建福州西湖李钢祠：

进退一身关社稷；
英灵千古镇湖山。

福建福州乌山琵琶亭：

一弹流水一弹月；
半入江风半入云。

福州洪塘金山寺：

日夜长浮，不用千篙争上水；
乾坤屹立，独能一柱砥中流。

福建晋江草庵：

万石峰中月色泉声千古趣；
八方池里天光云影四时春。

福建晋江五里桥：

世间有佛宗斯佛；
天下无桥长此桥。

福建连江百洞山：

莲岫耸奇观，喜百洞垒垒，从此振衣绝顶；
虎门留战绩，叹大江滚滚，更谁击楫中流。

福建邵武熙春山：

放开眼孔，看晓日才上、夜月正圆、山雨欲来、溪云初起；

洗净耳根，听林鸟争啼、寺钟答响、渔歌唱晚、牧笛催归。

福建武夷山小桃源：

喜无樵子复观奕；
怕有渔郎来问津。

福建武夷山石湖涧：

松声、竹声、钟磬声，声声自应；
山色、水色、烟霞色，色色皆空。

福建厦门鼓浪屿日光岩：

浪击龙宫鼓；
风敲梵刹钟。

福建厦门太平岩：

石为迎宾开口笑；
山能作主乐天成。

福建厦门中岩：

中隐春深飞野鹤；
岩泉石瘦响寒林。

福建厦门集美鳌园：

花草春常在；
虫鱼万象观。

乔木认前痕，劫后能酬经始志；
菁莪期远荫，老来犹报济时心。

福建永泰方广岩：

石室云开，见大地山河三千世界；
水帘风卷，露半天楼阁十二栏杆。

福建漳浦县海月岩石佛：

海气凝云，云气结成罗汉泪；
月光映水，水光返照菩提心。

福建漳州白云岩书院：

地位清高，日月每从肩上过；
门庭开豁，江山常在掌中看。

福建漳州南山寺：

石骨金身何处来，无始无终自在；
慈云法雨从空下，亘天亘地悠然。

福建郑成功祠：

由秀才封王，主持半壁旧江山，为天下读书人顿增颜色；

驱外夷出境，自壁千秋新事业，语中国有志者再鼓雄风。

G

广东罗浮山酥醪观：

小楼容我静；
大地任人忙。

万壑烟云留槛外；
半天风竹拂窗来。

广东广州白云山：

海上生明月；
山中有白云。

广东广州云泉山馆：

见山乐山水乐水；
似隐非隐仙非仙。

广东肇庆鼎湖山庆云寺钟楼：

山气半归湖泪雨；
涛声遥答渡头钟。

广东肇庆鼎湖山半山亭：

客游图画里；
僧语水去间。

到此处才进一步；
愿诸君勿废半途。

广西桂林桂山书院：

桂林无杂木；
山水有清音。

广西桂林独秀峰：

一支铁笔千钧重；
四字丹书万丈长。

贵州贵阳城北关头桥：

说一声去也，送别河头，叹万里长驱，过桥便入天涯路；
盼今日归哉，迎来道左，喜故人见面，握手还疑梦里人。

H

河北山海关孟姜女庙：

秦皇安在哉？万里长城筑怨；
姜女未亡也，千秋片石铭贞。

河南汤阴岳王家庙：

凛凛正气；
悠悠苍天。

湖北武汉黄鹤楼：

对江楼阁参天立；
全楚山河缩地来。

湖北黄鹤楼一览亭：

大江东去千峰翠；
爽气西来两袖青。

湖北黄鹤楼太白亭：

揽胜我长吟，碧落此时吹玉笛；
学仙人渐老，白头何处觅金丹。

湖北黄州赤壁：

月色如故；
江流有声。

铜琶铁板，大江东去；
月明星稀，乌鹊南飞。

湖南宝庆双清亭：

云带钟声穿树出；
风摇塔影过江来。

湖南长沙岳麓三闾大夫祠：

何处招魂，香草还生三户地；
当年呵壁，湘流应识九歌心。

湖南长沙城心阁：

四面云山都到眼；
万家灯火最关心。

湖南长沙屈原祠：

痛饮读离骚，放开今古才子胆；
狂歌吊湘水，照见江潭渔父心。

湖南长沙屈原贾谊二公祠：

亲不负楚，疏不负梁，爱国忠君真气节；
骚可为经，策可为史，以天行地大文章。

湖南桃源县陶渊明祠：

六前学种先生柳；
岭上长留处士坟。

湖南桃源县桃花源山：

绝境此何来，版图原非刘氏土；
避秦意休问，世家本属晋时人。

湖南岳阳岳阳楼：

四面湖山归眼底；
万家忧乐到心头。

水天一色；
风月无边。

洞庭西下八百里；
淮海南来第一楼。

后乐先忧，范希文庶几知道；
昔闻今上，杜少陵始可言诗。

湖南岳阳小乔墓：

铜雀锁春风，可怜歌舞楼台，千古不传奸相冢；
杜鹃啼落月，也为英雄夫婿，三更犹吊美人魂。

J

江苏南京莫愁湖胜棋楼：

烟雨湖山六朝梦；
英雄儿女一枰棋。

人言为信，我始欲愁，仔细思量，风吹皱一池春水；
胜固欣然，败亦可喜，如何结局，浪淘尽千古英雄。

江苏南京鸡鸣寺：

鸡鸣山下，玄武湖边，振起景阳楼故址；
帝子台城，胭脂古井，依然同泰寺旧观。

江苏南京清凉山：

六朝金粉微风后；
一味清凉上月时。

江苏清江禹王台：

洪水想当年，幸怪锁洪湖，十万户饭美鱼香，如依夏屋；
清时思俭德，祝神来清浦，千百载永勤沐泽，共乐春台。

江苏苏州范仲淹祠：

甲兵富于胸中，一代功名高宋室；
忧乐观乎天下，千秋俎豆重苏台。

江苏苏州张旭祠：

书道入神明，落纸云烟，今古兑传八法；
酒狂称草圣，满常风雨，岁时宜奠三杯。

江苏苏州网狮园：

风风雨雨暖暖寒寒处处寻寻觅觅；
莺莺燕燕花花叶叶卿卿暮暮朝朝。

江苏苏州沧浪亭：

短艇得鱼撑月去；
小轩临水为花开。

江苏苏州闲吟亭：

千朵红莲三尺水；
一弯明月半亭风。

江苏无锡蠡园景宜楼：

烟水老渔情，任凭人事沧桑，且消受物外田园，眼前风景；
湖山故乡好，占得天然图画，更近傍旧卢门巷，黉舍弦歌。

江苏无锡梅园：

客为坝上寓公，到此好吟千树雪；
我是江南驿使，折来聊寄一枝春。

江苏徐州留侯祠：

五世报韩终有恨；
一时兴汉本无心。

江苏扬州平山堂：

衔远山，吞长江，其西南诸峰林壑尤美；
送夕阳，迎素月，当春夏之交草木际天。

江苏扬州史可法祠：

数点梅花亡国泪；
二分明月老臣心。

江苏扬州史可法墓：

殉社稷在江北孤城，剩水残山尚留得风中劲草；
葬衣冠有淮南抔土，冰心铁骨好伴取岭上梅花。

江苏镇江金山江天一览亭：

天镜照晴空，谪仙去后来坡老；
石钟留胜迹，小姑依旧对彭郎。

江苏镇江挹江亭：

来时觉幽奥；
到此豁心胸。

江西南昌滕王阁：

落霞与孤鹜齐飞；
秋水共长天一色。

我辈复登临，目极湖山千里而外；
奇文共欣赏，人在水天一色之中。

江西南昌百花洲：

枫叶荻花秋瑟瑟；
闲云潭影日悠悠。

江西龙虎山大上清宫：

福地哪容凡客到；
仙源未许俗人窥。

江西龙虎山天师府：

麒麟殿上神仙客；
龙虎山中宰相家。

江西庐山仙人洞：

人事忆白莲；
仙踪渺黄鹤。

江西庐山秀峰龙潭：

千岩竞秀；
万壑争流。

江西吴城望湖亭：

地以人传，溯自周郎习战，苏子题词，仙吏将才，千古各成奇迹；

天留我住，放教彭蠡风帆，匡庐瀑布，水光山色，一时都入壮观。

江西大庾挂角寺：

挂角何进，偶为岭上主人，犹想象千秋风度；

举杯欲问，可许山中置我，试管领万树梅花？

江西九江庚楼：

半壁江山，六朝雄镇；

一楼风月，几辈传人。

江西九江浔阳楼：

世间无此酒；

天下有名楼。

江西九江烟水亭：

那堪吟白傅诗，琵琶人老，枫荻秋声，叹几个迁谪飘零，相逢处且休说故宫繁华、他乡沦落；

此便是邯郸道，虽梦初醒，黄粱久熟，觉毕生功名富贵，霎时间都付与微茫烟水、缥缈江波。

江西铅山鹅湖书院：

章岩月朗中天镜；

石进波分太极泉。

江西樟树阁皂山大万寿崇真宫：

皂岭访灵踪，宝相庄严丹灶冷；

清江流惠泽，渊源久远药都扬。

S

山东济南趵突泉：

画阁镜中，看幻作神仙福地；

飞泉云外，听写成山水清音。

山东曲阜孔府：

与国咸休，安富尊荣公府第；

同天并老，文章道德圣人家。

山东泰山南天门：

门辟九霄，仰步三天胜迹；

阶崇万级，俯临千嶂奇观。

山西阳城皇城相府御书楼：

春归乔木浓荫茂；

秋到黄花晚节香。

陕西苏武庙：

三千里持节孤臣，雪窖冰天，半世妆来羸属国；

十九年托身异域，韦鞴毳幕，几人到此悔封侯。

陕西潼关：

华岳三峰凭槛立；

黄河九曲抱关来。

陕西汉中天汉楼：

到此最高，看芳树春流，一览兼收秦蜀景；

何须更上，诵好山云影，五言已尽宋元诗。

陕西西安古寒窑：

十八年古井无波，为从来烈妇贞媛，别开生面；

千余载寒窑向日，看此处曲江流沙，想见冰心。

上海老城隍庙：

做个好人心正身安魂梦稳；

行些善事天知地鉴鬼神钦。

上海豫园湖心亭：

野烟千叠石在水；

渔唱一声人过桥。

上海豫园得月楼：

楼高但任云飞过；

池小能将月送来。

上海陈公祠：

昔时未读五车书，雅量清心，温如玉，冷如冰，是大将实是大儒，使天下讲道论文人愧死；

此日竟成千载业，忠肝义胆，重于山，坚于石，忘我身不忘我主，任世间寡廉鲜耻辈偷生。

四川峨眉山圣积寺：

半天开佛阁；
平地见人家。

四川峨眉山洪椿寺：

意静不随流水转；
心闲还笑白云飞。

四川成都杜甫草堂：

十年幕府悲秦泪；
一卷唐诗补蜀风。

诗史数千言，秋天一鹄先生骨；
草堂三五里，春水群鸥野老心。

世上疮痍，诗中圣哲；
民间疾苦，笔底波澜。

四川成都武侯祠：

成大事以小心，一生谨慎；
仰宗臣之遗像，万古清高。

心悬八阵图，初对策，再出师，共仰神明传将略；
目击三分鼎，东连吴，北拒魏，常怀谨慎励臣躬。

四川乐山凌云寺：

秋云留远寺；
明月照深林。

四川眉山三苏祠：

一门父子三词客；
千古文章八大家。

四川新都桂湖：

秋色横眉，桂树丛中招隐士；
湖光照面，荷花香里坐诗人。

四川新都宝光寺正殿对联

世外人，法无定法，然后知非法法也；
天下事，了犹未了，何妨以不了了之。

Y

云南昆明西山飞云阁：

半壁起危楼，岭如屏，海如镜，舟如叶，城郭村落如画，况四时风月，朝暮晴阴。试问古今游人，谁领略万千气象？

九天临绝顶，洞有云，崖有泉，松有涛，花鸟林壑有情，忆八载星霜，关河奔走。难得栖迟故里，来啸傲金碧湖。

云南昆明华亭寺：

听鸟说甚；
问花笑谁。

云南昆明华亭寺钟楼：

绕寺千嶂，松苍竹翠；
出门一笑，海阔天空。

云南昆明黑龙潭：

两树梅花一潭水；
四时烟雨半山云。

云南昆明翠湖公园海心亭：

有亭翼然，占绿水十分之一；
何时闲了，与明月对影而三。

云南昆明太华寺：

一幅湖山来眼底；
万家忧乐注心头。

云南昆明西山：

高山仰止疑无路；
曲径通幽别有天。

Z

浙江杭州吴山城隍庙：

八百里源山，知是何年图画？
十万家烟火，尽归此处楼台。

浙江杭州龙井：

诗写梅花月；
茶煎谷雨春。

浙江杭州云栖：

水向石边流出冷；
风从花里过来香。

浙江杭州净慈寺：

云间树色千花满；
竹里泉声百道飞。

浙江杭州西湖楼外楼：

客中客入画中画；
楼外楼看山外山。

浙江杭州苏公祠：

欲共水仙荐秋菊；
长留学士住西湖。

浙江杭州西湖孤山寺：

不雨山常润；
无云水自阴。

浙江杭州西湖岳飞庙：

爱国尽忠，武穆英灵长在；

旧容新貌，西湖美景增辉。

奇祸陷风波，南宋山河才半壁；

精忠贯日月，西湖俎豆足千秋。

浙江杭州西湖岳坟：

青山有幸埋忠骨；

白铁无辜铸佞臣。

正邪自古同冰炭；

毁誉于今判伪真。

浙江杭州西湖灵隐天王殿：

峰峦或再有飞秋，坐山门老等；

泉水已渐生暖意，放笑脸相迎。

浙江杭州西湖烟霞洞：

倘他日蜡屐重来，须记取山中松径；

携一片红云归去，莫错认世外桃源。

浙江杭州西湖冷泉亭：

泉自几时冷起；

峰从何处飞来。

浙江杭州西湖三潭印月：

明月自来去；

空潭无古今。

绕廊荷花三十里；

拂城杨柳一千株。

浙江杭州西湖湖心亭：

台榭漫芳塘，柳浪莲房，曲曲层层皆入画；

烟霞笼别墅，莺歌蛙鼓，晴晴雨雨总宜人。

浙江杭州放鹤亭：

水青石出鱼可数；
人去山空鹤不归。

浙江杭州四照阁：

面面有情，环水抱山山抱水；
心心相印，因人传地地传人。

浙江乌镇立志书院：

分水旧规模，但愿闻风皆立志；
殳山钟秀杰，定知异日有成材。

浙江宁波普陀山：

兰若即清，竹林亦静；
诸天不老，大地皆春。

浙江永嘉东山张园池楼：

面壁拓幽居，一角永嘉好山水；
筑楼存古意，千秋康乐旧池塘。

浙江温州江心寺：

长与流芳，一片当年干净土；
宛宛浮玉，千秋此地妙高台。

（三）趣味巧联

端阳扒龙舟联

[清]何淡如

扒扒扒扒扒扒扒扒扒，扒到龙门三级浪；
唱唱唱唱唱唱唱唱唱，唱出仙姬七姐词。

[说明]何淡如，广东南海人。清同治举人，以擅长诙谐联作闻名。有年端阳节，何淡如去江边看扒龙船。正巧那里要搭棚唱戏，有人请他为戏棚写一副对联。何淡如毫不客套，点头应允，当下索来大纸，研好浓墨，挥笔便

写下了九个“扒”和“唱”字，正当人们认为何淡如是在捉弄大伙时，他又在上下联九个“扒”和“唱”字后面，各添了七个大字。这下子再念，便一气呵成，妙趣横生，神韵大增，气势非凡了。这副对联，用通俗易懂的语言，将这边越扒越有劲的龙舟赛和那边越唱越动听的连台戏，绘声绘色地描绘了出来。

船载石头石重船轻轻载重；
尺量地面地长尺短短量长。

身轻担重轻挑重；
脚短路长短走长。

船漏漏满锅漏干；
灯吹吹灭火吹燃。

鸡蛋无盐真淡蛋；
猪肠未切好长肠。

青山原不老，为雪白头；
绿水本无忧，因风皱面。

蚕作茧茧抽丝，织就绫罗绸缎暖人间；
狼生毫毫扎笔，写出锦绣文章传天下。

红面关，黑面张，白面子龙，面面护着刘先生；
奸心曹，雄心瑜，阴心董卓，心心夺取汉江山。

东庙阙西厢房，东西两厢，门户相对，方敢并坐；
南京河北京城，南北双京，水土并分，可成霸业。

1. 同字异音

调琴调新调调调调来调调妙；
种花种好种种种种成种种香。

［说明］上联：一、三、八字读第二声，调整的（调），其余读第四声，音调的（调）。

下联：一、三、八字读第四声，种植的（种），其余读第三声，种类的（种）。

行行行行行行行；
长长长长长长长。

［说明］上联读音：航行航行航航行；下联读音：长涨长涨长长涨。

北京故宫太和殿：

乐乐乐乐乐乐乐；
朝朝朝朝朝朝朝。

［说明］上联读音：叻曰，叻曰，叻叻曰；下联读音：招潮，招潮，招招潮。

四川朝云庙：

朝云朝朝朝朝朝朝朝退；
长水长长长长长长长流。

［说明］上联读音：朝云潮，朝朝潮，朝潮朝退；下联读音：长水涨，长长涨，长涨长流。

2. 谐音双关

塔内点灯，层层孔明诸角（葛）亮；
池中栽藕，节节太白理长根（庚）。

［说明］诸葛亮字孔明；李白字太白，太白星又名长庚星。

两船并行橹速不如帆快；
八音齐奏笛清难比箫和。

[说明]“橹速”谐“鲁肃”,“帆快”谐“樊哙”。“笛清”谐“狄青”,“箫和”谐“萧何”。

眼前一簇园林谁家庄子;

壁上几行文字哪个汉书。

因荷而得藕;

有杏不须梅。

[说明]“荷”谐“何”,“藕”谐“偶”;“杏”谐“幸”,“梅”谐“媒”。

昨夜敲棋寻子路;

今朝对镜见颜回。

[说明]子路,即孔子的弟子,又可解为“棋子的路数”;颜回,亦孔子的弟子,又指“面颜的真容”。

清风满地难容我;

明月何时再照人。

[说明]“清”寓清朝;“明”寓明代。

虚心竹有低头叶;

傲骨梅无仰面花。

独览梅花扫腊雪;

细睨山势舞流溪。

[说明]上联为 Dou, Rui, Mi, Fa, Sou, La, Xi 谐音;下联为一至七数字方言读音。

山童采栗用箱盛,劈栗扑簏;

野老卖菱将担倒,倾菱空笼。

[说明]此联之妙,在于末四字既关含义,又是象声。

师姑田里挑禾上(祝枝山);

美女堂前抱绣裁(沈石田)。

[说明]“禾上”谐音“和尚”,“绣裁”谐音“秀才”。

贾岛醉来非假倒；

刘伶饮尽不留零。

[说明]明代唐伯虎与张灵，饮酒整日，俱醉，遂对此联。酒喝得一干二净，人也真个倒也，倒也。贾岛、刘伶，俱为善饮者。此联好做酒店招牌。

江苏镇江焦山

焦山洞里住椒山；

扬子江头渡杨子。

[说明]“焦椒”同音，“扬杨”同音。杨子即杨继盛，“椒山”系字号。

面上荷花和尚面(李调元)；

书临汉帖翰林书(唐伯虎)。

[说明]“荷、和”，“上、尚”同音，“临、林”，“汉、翰”。(此联亦是回文倒顺联)

盗者莫来道者来；

闲人免进贤人进。

风吹蜂，蜂扑地，风息蜂飞；

李打鲤，鲤沉底，李沉鲤浮。

童子打桐子，桐子落，童子乐；

和尚立河上，河上崩，和尚奔。

[说明]此为古对，在有些方言中“落”、“乐”同音，“崩”、“奔”同音。若干年前，某报纸编辑不知道古已有对，又在报上征求下联，遂有读者对了下面这副：

童子打桐子，桐子落，童子乐；

丫头啃鸭头，鸭头咸，丫头嫌。

鹦鹉洲，洲上舟，水推舟流洲不流；

洛阳桥，桥下荞，风吹荞动桥不动。

蒲叶桃叶葡萄叶，草本木本；
梅花桂花玫瑰花，春香秋香。

［说明］第一字跟第五字同音，第二字跟第七字同音。此外，蒲树是草本植物，桃树是木本植物；梅花在春天开放，桂花则在秋天开放。此乃明人解缙撰春联，谐音巧妙而不露雕琢痕迹，大家手笔。

碧野田间牛得草；
白杨林里马识途。

3. 回文倒顺

人过大佛寺；
寺佛大过人。

客上天然居；
居然天上客。

香山碧云寺云碧山香；
黄山落叶松叶落山黄。

贤出多福地；
地福多出贤。

僧游云隐寺；
寺隐云游僧。

处处飞花飞处处；
潺潺碧水碧潺潺。

雾锁山头山锁雾；
天连水尾水连天。

静泉山上山泉静；
清水塘里塘水清。

凤落梧桐梧落凤；
珠联璧合璧联珠。

4. 拆字合字

水有虫则浊，水有鱼则渔，水水水，江河湖淼淼；（无花和尚）

木之下为本，木之上为末，木木木，松柏樟森森。（唐僧）

冻雨洒人东两点西三点；
切瓜分客横七刀竖八刀。

墙上挂珠帘，你说是王家帘，朱家帘；
半夜生孩儿，我管他子时乎，亥时乎。

蚕为天下虫；
鸿是江边鸟。

日在东，月在西，天上生成明字；
子居右，女居左，世间配定好字。

寸土为寺，寺旁言诗，诗曰："明月送僧归古寺"；
双木为林，林下示禁，禁云："斧斤以时入山林"。

山石岩前古木枯，此木为柴；
长巾帐内女子好，少女更妙。

口十心思，思乡，思友，思父母；（乾隆）
言身寸谢，谢天，谢地，谢君王。（纪晓岚）

人曾是僧人弗能成佛；（苏小妹）
女卑为婢女又可称奴。（佛印）

日在东，月在西，天上生成“明”字；
子居右，女居左，世间配定“好”人。

天下口，天上口，志在吞吴；（朱元璋）
人中王，人边王，意图全任。（刘基）

三个土头考老者；
五家王子弄琵琶。

此木为柴山山出；
因火成烟夕夕多。

5. 叠字复字

天近山头行到山腰天更远；
月浮水面捞到水底月还沉。

重重叠叠山，曲曲环环路；
叮叮咚咚泉，高高下下树。

佛脚清泉飘，飘飘飘，飘下两条玉带；
源头活水冒，冒冒冒，冒出一串珍珠。

读书好，耕田好，学好便好；
创业难，守业难，知难不难。

不生事不怕事自然无事；
能爱人能恶人方是正人。

月圆月缺，月缺月圆，年年岁岁，暮暮朝朝，黑夜尽头方见日；

花开花落，花落花开，夏夏秋秋，暑暑凉凉，严冬过后始逢春。

一盏清茶，解解解解元之渴；
五言绝诗，施施施施主之才。

风扇扇风风出扇扇动风生；
水车车水水随车车停水止。

月月月明八月月明明分外；
山山山秀巫山山秀秀非常。

天上月圆，人间月半，月月月圆逢月半；
今年年底，明年年初，年年年底接年初。

6. 顶真联

千里为重，重山重水重庆府；
一人成大，大邦大国大明君。

无锡锡山山无锡；
平湖湖水水平湖。

金水河边金线柳，金线柳穿金鱼口；
玉栏杆外玉簪花，玉簪花插玉人头。

保俶塔，塔顶尖，尖如笔，笔写五湖四海；
锦带桥，桥洞圆，圆似镜，镜照万国九州。

弓长张张弓，张弓手张弓射箭，箭箭皆中；
木子李李木，李木匠李木雕弓，弓弓难开。

大鱼吃小鱼，小鱼吃虾，虾吃水，水落石出；
溪水归河水，河水归江，江归海，海阔天空。

黄花岗，岗花黄，黄照碧血，血染黄花留芳阁；
绿水河，河水绿，绿映白塔，塔印绿水存真容。

7. 戏答联

上黄昏，下黄昏，黄昏时候度黄昏；
东文章，西文章，文章桥上晒文章。

天当棋盘星作子，谁人敢下？
地作琵琶路当丝，哪人能弹？

松下围棋松子每随棋子落；
柳边垂钓柳丝常伴钓丝悬。

鲈鱼四鳃独占松江一府；
螃蟹八足横行天下九州。

晚浴池塘涌动一天星斗；
早登台阁挽回三代乾坤。

读《红楼》看宝黛钗调情大观园；
看《西厢》有张孙杜斗法普济寺。

四面灯，单层纸，辉辉煌煌，照遍东南西北；
一年学，八吊钱，辛辛苦苦，历尽春夏秋冬。

洞庭湖，八百里，波滚滚浪涛涛，大宗师从何而来？
巫山峡，十二峰，云霭霭雾腾腾，本主考从天而降。

四水江第一，四时夏第二，老夫居江夏，谁是第一？

谁是第二？

三教儒在前，三才人在后，小子本儒人，岂敢在前，岂敢在后。

8. 数字联

万瓦千砖，百日造成十字庙；
一舟二橹，三人遥过四通桥。

一掌擎天，五指三长两短；
六合插地，七层四面八方。

花甲重开，外加三七岁月；
古稀双庆，内多一个春秋。

童子看像，一二三四五六七八九十；
先生讲命，甲乙丙丁戊己庚辛壬癸。

课演六爻：内卦三爻，外卦三爻；
棒长八尺：随身四尺，离身四尺。

尺蛇入谷，量量九寸零十分；
七鸭浮江，数数三双多一只。

五百罗汉渡江，岸边波心千佛子；
一个美女对月，人间天上两婵娟。

有三分水，二分竹，添一分明月；
从五步楼，十步阁，望百步大江。

9. 隐字联

一、二、三、四、五、六、七；（隐“八”，意“忘八”）
孝、弟、忠、信、礼、义、廉。（隐“耻”，意“无耻”）

二、三、四、五；（隐“一”，意“缺衣”）
六、七、八、九。（隐“十”，意“少食”）
横批：南北（无“东西”）

字写三秋离北塞；（隐“雁”）
路通一线到鹏图。（隐“指南针”）

数声吹起湘江月；（隐“笛”）
一枕招来巫峡云。（隐“梦”）

一肩风雪三千里；（隐“轿夫”）
两眼乾坤十二时。（隐“猫”）

10. 改联

君恩深似海；（矣）
臣节重如山。（乎）

爱民如子；（金子银子皆吾子也）
执法如山。（钱山靠山其为山乎）

明日逢春好不晦气；（明日逢春，好不晦气）
终年倒运少有余财。（终年倒运，少有余财）（祝枝山）

便宜不便宜便宜；（便宜不，便宜，便宜）
实惠不实惠实惠。（实惠不，实惠，实惠）
横批：价廉物美

此地安能常住；（此地安，能常住）
其人好不伤悲。（其人好，不伤悲）

父进士，子进士，父子同进士；（父进土，子进土，父子同进土）

妻夫人，媳夫人，妻媳皆夫人。（妻失夫，媳失夫，妻媳皆失夫）

行节俭事；（早行节俭事）
过淡泊年。（不过淡泊年）

11. **搞笑对联**

大开方便之门；
解决后股之忧。
横批：众屎之地

有小便，宜；
得大解，脱。
横批：鞠躬尽瘁

畅通上下；
雅集东西。
横批：新陈代谢

来前百步紧；
出后一身松。
横批：愉悦身心

静坐觅诗句；
放松听清泉。
横批：清静世界

最适低吟浅唱；
不宜滥炸狂轰。
横批：讲究卫生

小坐片刻,便会放松意念;
清闲一会,即成造化神仙。
横批:此即桃源

(四)《红楼梦》对联集赏

太虚幻境联:

假作真时真亦假;
无为有处有还无。

贾雨村吟联:

玉在匮中求善价;
钗于奁内待时飞。

“智通寺”门联:

身后有余忘缩手;
眼前无路想回头。

宁府上房联:

世事洞明皆学问;
人情练达即文章。

秦氏卧房宋学士秦太虚书联:

嫩寒锁梦因春冷;
芳气袭人是酒香。

大观园藕香榭联:

芙蓉影破归兰桨;
菱藕香深写竹桥。

贾宝玉题潇湘馆联:

宝鼎茶闲烟尚绿;
幽窗棋罢指犹凉。

贾宝玉题沁芳亭联:

绕堤柳借三篙翠;
隔岸花分一脉香。

荣禧堂联：

座上珠玑昭日月；
堂前黼黻焕烟霞。

探春房内联：

烟霞闲骨格；
泉石野生涯。

（五）行业联

药店：

药圃无凡草；
松窗有秘方。

架上丹丸长生妙药；
壶中日月不老仙龄。

酒店餐馆：

画栋前临杨柳岸；
青帘高挂杏花村。

一川风月留酣饮；
万里山河尽浩歌。

胜友常临可修食谱；
高朋雅会任选山珍。

美味招来云外客；
清香引出洞中仙。

宾馆饭店：

春夏秋冬一岁川流不息；
东西南北四方宾至如归。

饭香菜美喜供嘉宾醉饱；
褥净被暖笑迎远客安居。

茶馆：

香分花上露；
水汲石中泉。

瓦壶水沸邀清客；
茗碗香腾遣睡魔。

水果店：

尝来皆适口；
咽去自清心。

绿橘红柑奇香可挹；
交梨大枣仙口同珍。

理发店：

虽云毫末技艺；
却是顶上功夫。

入门尽是弹冠客；
去后应无搔首人。

粮店：

谷乃国之宝；
民以食为天。

腊味店：

嘉名称火腿；
美味出金华。

海味店：

陈列奇珍来海国；
搜罗异味备天厨。

澡堂浴室：

金鸡未唱汤先热；
旭日初临客早来。

石池春暖人宜浴；
水阁冬温客更多。

炭火店：

雪中送炭家家暖；
锦上添花户户春。

糖果店：

舌上逢甘能消苦辣；
口中津满快意提神。

色香味俱全食之不厌；
桃梅李并蓄买了再来。

丝绸棉布店：

掌握千丝织就中天美锦；
胸罗万象绣成上苑奇葩。

万国山川藏彩线；
四时花鸟贮金针。

欲知世上丝纶美；
且看庭前锦绣鲜。

香料店：

香送春风令神爽；
粉添花气袭人来。

雨具店：

霖雨春色哪怕乌云盖顶；
长途夏热何愁白日当头。

扇子店：

影动半轮月；
香生一握风。

印染店：

淡浓均可如人意；
深浅皆能称客心。

玩具店：

吹吹打打敲敲般般好玩；
白白红红绿绿色色精工。

裁缝店：

匠心独运花样翻新人人温暖；
妙手不停裁剪入时件件称心。

眼镜店：

悬将小日月；
照澈大乾坤。

钟表店：

万千星斗心胸里；
十二时辰手腕间。

鞋店：

前程远大脚跟须站稳；
工作浩繁步骤要分清。

金银首饰店：

知君家吉星高照；
来我室喜气将临。

帽店：

嘉名称博士；
大礼重高冠。

油漆店：

润及轻舟水波不入；
光生朽木风雪难侵。

古董店：

夏鼎商彝传流千古；
秦砖汉瓦罗列一堂。

藤器店：

古涧凹中引长蔓；
良工手内无弃材。

竹器店：

虚心成大器；
劲节见奇才。

刀店：

佳制金刀赛银超镍；
好将玉手缕月裁云。

木器店：

有材皆中选；
适用乃为宜。

佳木由来堪作器；
良工自古不遗材。

文具店：

挥毫列锦绣；
落纸如云烟。

贮水养来清玉案；
和烟磨出紫溪云。

古纸硬黄临晋帖；
新笺匀碧录唐诗。

颜料店：

淡妆浓抹调新色；
顽绿痴红发古香。

乐器店：

韵出高山流水；
调追白雪阳春。

不遇知音众声俱寂；
偶然雅集百乐齐鸣。

书店：

藏古今学术；
聚天地精华。

东壁图书府；
西园翰墨林。

报社：

纵谈中外事；
洞彻古今情。

数千年治乱兴衰都归大手笔；
几万里见闻考核颇费小才华。

画店：

意飘云物外；
诗入画图中。

大地山川生笔底；
九州人物出毫端。

印刷厂：

鳌金映出千行锦；
点石刊成五彩文。

照相馆：

绘色绘香绘声绘影；
有水有山有物有人。

婚姻介绍所：

喜作月老牵红线；
乐做红娘搭鹊桥。

保险公司：

小费君莫惜；
后顾自无忧。

十二、耐人寻味的成语典故

成语是长期以来人们在相沿习用的过程中形成的形式简洁而意义精辟的固定短语。它多出自古代典籍、寓言、诗词歌赋中,有着丰富的内涵。导游在讲解过程中,恰当地点缀一些成语,可以使语言更为丰富,更有说服力。而且,很多成语本身就是一个个充满哲理的故事,导游在合适的时候给游客介绍成语典故,既能起到使其增长知识的作用,也能活跃旅途气氛。

为便于大家阅读,我们在浩如烟海的成语故事中选取了很小的一部分,它们都具有较强的哲理性、历史性、故事性或趣味性,同时也都为大家所喜闻乐见。相信这些成语典故对提高导游服务水平能起到一定的作用。

班门弄斧

释义:班,鲁班,我国古代著名的巧匠。在鲁班门前舞弄斧头,比喻在行家面前卖弄本领,不知自量。多用于自谦,表示自己不敢在有作为的人面前炫耀自己的本事。也用于讽刺。

有一次,明朝诗人梅之涣来到采石矶(今安徽当涂县境内,北临长江)凭吊李白。李白是唐代伟大的诗人,好饮酒。关于他的死,有种种传说。例如,有的说李白晚年游览江南各地,某日泊舟采石江边,见月明如昼,于是在舟中对月畅饮,喝得大醉,见水中之月,清澈透明,竟探身去捉,便坠江而没。由于有此传说,采石矶出现了不少与李白有关的名胜,如李白墓、谪仙楼、捉月亭等,采石矶也因此成为旅游胜地。这一天,梅之涣来到李白墓,见有些文章不通,却想冒充风雅的游人在李白墓上胡诌乱题,觉得十分可笑。感慨之余,题诗一首:

采石江边一堆土,李白之名高千古。
来来往往一首诗,鲁班门前弄大斧。

梅之涣以这首诗讥讽那些乱题歪诗的游人,称他们的行为是"鲁班门前弄大斧"。这句话被后人简称为"班门弄斧",和俗语所说的"关公面前耍大刀"的意思差不多。

唇亡齿寒

释义:亡,同"无",意思是嘴唇没了,牙齿就会感到寒冷。比喻彼此关系密切,利害相关。

春秋时候,晋献公想要扩充自己的实力和地盘,就找借口说邻近的虢(guó)国经常侵犯晋国的边境,要派兵灭了虢国。可是在晋国和虢国之间隔着一个虞国,讨伐虢国必须经过虞地。晋献公于是用美玉和宝马做礼物,送给虞国国君虞公,请求借道让晋军攻打虢国。虞国国君见到这些珍贵的礼物,顿时心花怒放,很快同意让晋军借道。虞国大夫宫之奇听说后,赶忙劝谏虞公道:"不行,不行,虞国和虢国是唇齿相依的近邻,相互依存。万一虢国被灭了,我们虞国也就难保了。这'唇亡齿寒'的道理,您怎么就不明白?借道给晋国万万使不得呀!"但虞公听不进去。宫之奇见无法说服虞公,知道虞国离灭亡的日子不远了,于是就带着一家老小离开了虞国。

果然,晋军在虞公的"帮助"下,很快消灭了虢国。随后又把亲自迎接晋军的虞公抓住，灭了虞国。

按图索骥

释义：按，依照。索，寻找。骥，好马。按照图像寻找好马。原比喻拘泥教条办事，不知灵活变通，现多比喻按照一定线索去寻找人或事物。

相传，春秋时候，秦国有个叫孙阳的人，擅长相马，无论什么样的马，他一眼就能分出优劣。他常常被人请去识马、选马，人们都称他为“伯乐”（“伯乐”本是天上的星名，据说负责管理天马）。

为了让更多的人学会相马，使千里马不被埋没，也为了自己一身绝技不至于失传，孙阳把自己多年积累的相马经验和知识写成了一本书——《相马经》，书中还配上各式好马的形态图。

孙阳有个儿子，看了父亲写的《相马经》，认为相马很容易，就拿着这本书到处找好马。他按照书上所绘的图形去找，一无所获。又按书中所写的特征去找，最后发现有一只癞蛤蟆非常符合书中写的千里马的特征，以为这就是千里马，便高兴地把癞蛤蟆带回家，对父亲说：“我找到一匹千里马，长相与你书上写的差不多，只是蹄子不像。”父亲一看是癞蛤蟆，哭笑不得，便幽默地说：“这马太喜欢跳了，不好驾驭。”接着感叹道：“所谓按图索骥也。”

草木皆兵

释义：把草和树木都当成敌兵。形容人在极度惊慌时疑神疑鬼，神经过敏。

东晋时代，前秦王苻坚控制了北部中国。公元 383 年，苻坚率领步兵、骑兵 90 万，南下攻打东晋。东晋王朝派谢石、谢玄等领兵 8 万前去抵抗。苻坚得知晋军兵力不足,就想以多胜少,抓住机会,迅速出击。谁料,东晋军队在洛涧袭击秦军成功,歼灭秦军 1.5 万,秦军的锐气大挫,军心动摇,士兵惊恐万状,纷纷逃跑。晋军推进到淝水东岸与秦军隔河对峙。此时,苻坚在寿春城上望见晋军队伍严整,士气高昂,再望八公山(寿春北 4 里)上的草木,以为都是晋军士兵。苻坚回过头对部下说:“这是多么强大的敌人啊!怎么能说晋军兵力不足呢?”他后悔自己过于轻敌了。

秦军逼淝水立阵,使晋军不得渡河。这时晋军将领谢玄提出要求,要秦军稍往后退,让出一点地方,以便渡河作战。苻坚暗笑晋军将领不懂作战常识,想利用晋军忙于渡河之机来个突然袭击,于是欣然接受了晋军的请求。谁知,后退的军令一下,秦军如潮水一般溃不成军,而晋军则趁势渡河追击,把秦军杀得丢盔弃甲,尸横遍地。苻坚为流矢所中,单骑逃回淮北,及到洛阳,检点余众,不过 10 余万人。

刮目相看

释义:刮,擦拭。擦亮眼睛看。比喻改变旧看法,用新眼光去看待。

本成语出自《三国志·吴志·吕蒙传》。吕蒙是三国时期吴国将领,武艺高强,战功卓著,可是不爱读书。吴主孙权对吕蒙说:“你现在身居要职,要多读些书。”吕蒙说军务繁忙没有时间,孙权反问道:“你说军务繁忙,难道比我还忙吗?我常常抽时间读书,收获很大。”吕蒙于是开始利用空余时间读书,而且进步很快。后来鲁肃见到他,觉得他的谈吐和学识今非昔比,感到非常惊奇,说:

"你如今的才干谋略,已不再是过去的吴下阿蒙了!"吕蒙笑道:"士别三日,即当刮目相看。"

狐假虎威

释义:假,凭借。狐狸凭借老虎的威风。比喻倚仗别人的威势欺压人。

本成语出自《战国策·楚策》。一只老虎在四处觅食,它捉到一只狐狸,正要吃掉这只狐狸时,狐狸说话了:"您敢吃我?我是上天派来的群兽之王,如果您吃了我,就违背了上天的命令。"老虎听了不太相信,狐狸又说:"您如果不相信我的话,请让我在前面走,您跟在我的后面,看看群兽见了我,有哪一个不害怕的?"于是老虎和狐狸同行,野兽们见了它们,都纷纷逃走了。老虎还以为野兽们真的害怕狐狸,其实野兽们害怕的是老虎自己。

三人成虎

释义:城市里本没有老虎,但只要有三个人说有虎,听者就信以为真了。比喻谣言或讹传一再重复,足以混淆视听。

本成语出自《战国策·魏策》。战国时代,各国互相攻伐,战争不断。为使大家真正能信守约定,国与国之间通常都将太子交给对方作为人质。魏国的太子将到赵国都城邯郸去当人质,魏王决定让大臣庞葱陪同。庞葱一直受魏王重用,怕去赵国后有人背后说他的坏话,使魏王不再信任他,于是在临行前对魏王说:"大王,现在有一个人走过来说街市上有老虎,您信吗?"

魏王道:"我当然不相信。"

庞葱又说:"如果有第二个人过来说街市上出现了老

虎,大王相信吗?”

魏王迟疑道:“我有些将信将疑。”

庞葱紧接着说:“现在如果有第三个人过来说街市上出现了老虎,大王相信吗?”

魏王道:“我当然会相信。”

庞葱分析说:“街市上肯定不会有老虎,可是经过三个人一说,好像真的有了老虎了。如今我陪太子去赵国邯郸,那里离魏国国都大梁比王宫离这里的街市要远了许多,议论我的人恐怕也不止三个。希望大王明察才好。”

魏王勉强说道:“我明白你的意思了。”

庞葱去赵国不久,果然有人在魏王面前说他的坏话。魏王起先不信,但后来说的人多了,魏王就信了。庞葱陪太子回国后,魏王果然没有再召见他了。

含沙射影

释义:口含沙子,喷射水中的人影。比喻暗中进行造谣诬蔑,陷害别人。

本成语出自晋·干宝《搜神记》。相传古时候水里有一种长得像鳖的怪物,名叫蜮,又叫短狐,有时也称作射工或射影。它的头上长有角,背上长有硬壳,长有三只脚,有翅膀,能够在水面上飞翔,嘴里长着像弩一样的东西。没有眼睛,但耳朵非常灵敏,听到人的声音,就可知道人到底离它有多远。可用口中所含的沙粒作子弹,向人射击。被射中的人会染上病毒而生疮;就算你有本事躲过了沙的攻击,若影子被射中也会生病。后来,人们把蜮的这一行为总结为“含沙射影”,用来比喻用心险恶、手段卑劣的人暗中进行造谣诬蔑,打击或者陷害别人的行为。

一诺千金

释义：诺，诺言，许诺。一句诺言有千金的分量，形容说话极有信用。

本成语出自《史记·季布栾布列传》。秦朝末年，楚地有一个叫季布的人，他为人正直，乐于助人，特别是非常讲信义，只要是他答应过的事，无论有多么困难，他一定要想方设法办到，因此受到大家赞扬。楚汉相争时，季布是项羽的部将，他很会打仗，几次把刘邦打败。刘邦夺取天下当上了皇帝后，下令缉拿季布。这时敬慕季布为人的人都在暗地里帮他。鲁地一户姓朱的人家很欣赏季布的侠义行为，尽力将季布保护起来。不仅如此，还专程到洛阳去找刘邦的老朋友汝阴侯夏侯婴，请他解救季布。夏侯婴很同情季布的不幸处境，在刘邦面前为季布说情，终于使刘邦赦免了季布，还封他为郎中。不久又任命他为河东太守。

当时，有一个季布的同乡叫曹丘生，此人能言善辩，专爱结交权贵，季布很瞧不起他。曹丘生听说季布又做了大官，一心想巴结他，特地请人写推荐信，介绍自己给季布认识，并登门拜访。季布一见曹丘生，多次表露出厌恶之情。曹丘生对此毫不在乎，先恭恭敬敬地向季布施礼，然后慢条斯理地说："我们楚地有句俗语，叫做'得黄金百斤，不如得季布一诺'。您怎么能够有这么高的声誉呢？您和我都是楚人，如今我在各处宣扬您的好名声，这难道不好吗？您为什么不愿见到我呢？"

季布听了曹丘生的这番话，顿时不再讨厌他，并热情款待他，留他在府里住了几个月。临走，还送给他一笔厚礼。后来,曹丘生确实如自己所说,每到一地,就宣扬季布如何礼贤下士,如何仗义疏财。季布的名声就越来越大了。

邯郸学步

释义:到邯郸去学走路。比喻生硬地模仿别人的长处,结果学不到家,反倒把自己原来的长处也丢掉了。

本成语出自《庄子·秋水》。相传在 2 000 年前,燕国寿陵地方有一位少年,听说赵国都城邯郸的人走路姿势很美,便不顾路途遥远,跑到邯郸学走路去了。

少年到了邯郸,的确发现那里的人走路很优美,就跟着学起来,但总觉得学得不像。这是为什么呢?他想来想去,可能是因为自己太习惯原来的步法。于是重起炉灶,完全放弃自己的步法,完全按邯郸人的步法走路。

不料,这一来更糟糕了,少年不仅没有学会邯郸人走路,连自己原来的步法也不会了,只好爬着回去了。

入木三分

释义:原形容书法笔力遒劲雄健,现在多形容分析问题或刻画人物十分深刻。

王羲之是东晋时期一位很有名气的大书法家。相传他 7 岁就酷爱书法。他的书法为什么能写得这么好?那是因为他每天都非常努力地练习,就连走路的时候,都会用手指在衣服上不停地写,日子一久,把衣服都写破了!他常在水池边练字,由于不断在水池里蘸笔,连池水都染黑了。

有一次,工匠们要把一块木板上王羲之所写的字擦掉,擦了很久都擦不掉,只好用刀子来刮。让他们没想到的是,居然刮了三分厚的木头才把字迹刮干净。原来王羲之写的字笔力强健,落笔有劲,字迹已经渗入木头三分厚了呢！由此可知,王羲之写字的功夫有多深了！

洛阳纸贵

释义:比喻著作深受欢迎,风行一时。

西晋有一位大文学家叫左思,他小的时候学习很平常。他父亲对他很失望,常常对外人说后悔生了这个儿子。及至左思成年,他父亲还对朋友们说:“左思虽然成年了,可是他掌握的知识和道理,还不如我小时呢。”左思不甘心受到这种鄙视,开始发愤读书。当他读过东汉班固写的《两都赋》和张衡写的《两京赋》后,决心依据事实,写一篇《三都赋》。经过10年的反复修改,精心推敲,他终于写成了《三都赋》。

可是,当左思把自己的文章交给别人看时,他却受到了讥讽。一些文人一见作者是位无名小卒,就根本不予细看,摇头摆手,把这篇《三都赋》说得一无是处。左思不甘心自己的作品遭到埋没,找到了著名文学家张华。张华非常喜欢这篇《三都赋》,他越读越爱读,到后来竟不忍释手了。他把这篇文章推荐给皇甫谧,皇甫谧看过《三都赋》以后也是感慨万千,他对文章予以高度评价,并且欣然提笔为这篇文章写了序言。他还请张载为《三都赋》中《魏都赋》作注,请刘逵为《蜀都赋》和《吴都赋》作注。

在名人推荐下《三都赋》很快风靡洛阳,人们啧啧称赞,竞相传抄,一下子使纸昂贵了几倍,后来竟销售一空;不少人只好到外地买纸,抄写这篇千古名赋。

杞人忧天

释义:杞国人担心天会塌下来。比喻不必要的担忧。

相传，春秋时期杞国有一个胆子很小，而且有点神经质的人。有一天，他吃过晚饭以后坐在门前乘凉，自言自语道："假如有一天，天塌了下来，那该怎么办呢？我们岂不是都将被活活压死，这不就太冤枉了吗？"从此以后，他每天为这个问题发愁、烦恼，使得自己终日精神恍惚，脸色憔悴。朋友们都跑来劝他："何必为这样的事自寻烦恼呢？天怎么可能会塌下来呢？再说即使真的塌下来，那也不是你一个人忧虑发愁就可以解决的啊，想开点吧！"可是，无论朋友怎么劝，对他都起不了作用，他仍然时常为这个问题担忧。

后来的人根据上面这个故事，引申成"杞人忧天"这句成语。

名落孙山

释义：孙山，人名。名次排在孙山的后面。表示投考没有被录取。

宋代有一个名叫孙山的读书人，他能说会道，很善于说笑话，所以人称"滑稽才子"。有一年，他和一个同乡的儿子一起参加乡试。乡试是科举考试中地方上最高一级的考试，合格者称为举人。考试结束，孙山焦急地等着发榜。

发榜的时候，孙山很紧张，他一连看了几遍，才在最后一行发现了自己的名字。原来自己是以最后一名中举，顿时转忧为喜。而他同乡的儿子的名字，怎么也找不到，肯定是落榜了。

不久，孙山回到家里，同乡便来问他自己的儿子有没有考取。孙山既不好意思直说，又不便隐瞒，于是随口念了两句诗："解元尽处是孙山，贤郎更在孙山外。"解元，就是我国科举制度所规定的乡试的第一名。而孙山在诗里所谓的“解元”，乃是泛指一般考取的举人。他的意思是说，举人榜上的最后一名是我孙山，而令郎的名字却还在我孙山的后面，言下之意是他落选了。

从此，人们便根据这个故事，把投考学校或参加各种考试没有被录取的叫做“名落孙山”。

门庭若市

释义：市，集市。门前和院子里像集市一样热闹。形容来客很多。

战国时代，齐国有一位大夫名叫邹忌，长得很英俊。有一天早晨，他穿好衣服，戴好帽子，对着镜子端详一番，然后他问妻子：“我与城北徐公相比，谁长得更英俊？”妻子毫不犹豫地说：“当然你更英俊！徐公怎么比得上你呢！”

徐公是齐国出了名的美男子。邹忌听了妻子的话，并不太敢相信他真的比徐公英俊。于是他又去问妾：“我与城北徐公相比，谁英俊？”妾回答说：“徐公怎有你英俊呢！”

一位朋友有事来求邹忌。邹忌又提出这个问题。朋友笑笑说：“徐公哪有你英俊呀！”

过了几天，徐公来拜访邹忌。邹忌便乘机仔细打量徐公，发现自己确实不如徐公英俊。由此他悟出一个道理：“妻子说我英俊，是因为偏爱我；妾说我英俊，是因为敬畏我；朋友说我英俊，是因为有求于我。其实我并没有徐公英俊。”

第二天早朝，邹忌就把发生在自己身上的这件事说给齐威王听，劝谏齐威王多听听批评的意见。齐威王听了，觉得很有道理，立即下令："无论是谁，能当面指出我过失的，给上赏；上奏章规劝我的，给中赏；在朝廷或街市中议论我的过失，并传到我耳中的，给下赏！"

命令一公布，很快出现了"群臣进谏，门庭若市"的盛况。

东施效颦

释义：效，仿效。颦，皱眉。比喻不顾具体条件，生硬模仿，效果很坏。

春秋时期，越国有一位女子叫西施，长得非常漂亮。同村有一位丑女非常羡慕西施的美丽，时时模仿西施的服饰、姿态和动作。有一天，西施犯了心口疼的病，走在大街上，用手捂住胸口，双眉紧皱。这位丑女一见，以为捂住胸口、双眉紧皱就是美，于是也学着西施的样子在大街上走来走去。可是街上行人见了她的这个样子，觉得她更丑了，吓得东躲西藏，不敢看她。后来人们就称她为"东施"。

东窗事发

释义：比喻阴谋败露，罪行被揭发出来。

南宋宰相秦桧竭力主张投降，而岳飞是其最大障碍。他指使他人诬告岳飞谋反，把他逮捕入狱，但却迟迟无法将岳飞定罪。

据传说，秦桧和他的老婆王氏曾在卧室东窗之下密谋对策。王氏认为不把岳飞置于死地，必将后患无穷。秦桧觉得很对，便授意他人伪造证据，以"莫须有"的罪名将岳飞父子杀死。秦桧死后，在阴间受刑，让一个道士带信给王氏，告诉她"东窗事发矣"。

才高八斗

释义:才,才华。八斗,指数量多。形容人极有才华。

南朝宋国的谢灵运,是一位写了大量山水诗的文学家。他聪明好学,读过许多书,从小受到祖父谢玄的厚爱。

谢灵运出身于东晋大士族,因他袭封康乐公的爵位,世人称他“谢康乐”。他身为公侯,却并无实权,被派往永嘉任太守。谢灵运自叹怀才不遇,常常丢下公务不管,去游山玩水。后来,他辞官移居会稽,常常与友人饮酒作乐。当地太守看不下去,派人劝他节制一些,却被他怒斥了一顿。谢灵运写的诗深受文人雅士的喜爱。他的诗,大都描写会稽、永嘉、庐山等地的山水名胜,开创了文学史上的山水诗一派。他的诗篇一传出来,人们就竞相抄录,很快流传开去。

宋文帝继位后,很欣赏谢灵运的文学才能,将他召回京城做官,并把他的诗作和书法赞为“二宝”,常常要他边侍宴,边写诗作文。谢灵运更加骄傲了,有一次,他一边喝酒一边自夸道,天下才华如果按一石(十斗)计算,曹子建(曹植)独占八斗,我占一斗,天下人共占剩下的一斗。

成语“才高八斗”由此而来。

杯弓蛇影

释义:误把酒杯中的弓影当做蛇。比喻疑神疑鬼,造成精神负担。

有个叫杜宣的人有一天到朋友家喝酒,酒席设在厅堂里。杜宣在喝酒的时候,突然看见自己的酒杯里有一条小蛇在蠕动,他心里很厌恶,可还是硬着头皮把酒喝了下去。回到家中,杜宣越来越感到不自在,甚至感到一条蛇在肚中蠕动，觉得胸腹部疼痛异常，吃饭、喝水都非常困难。家人请大夫来诊治，但他服了许多药，病情仍不见好转。

隔了几天，朋友听到杜宣生病的消息，了解到他得病的原因，心想："酒杯里是绝对不会有蛇的！但杜宣为何会看见蛇呢？"他坐在厅堂里反复回忆和思考，突然，北墙上悬挂着的一张红色的弓引起了他的注意。他立即坐在杜宣曾坐过的位置上，倒上一杯酒，放在杜宣放酒杯的位置，结果看见了酒杯中有弓的影子，不仔细看的话，确实像一条蛇。朋友于是命人把杜宣接来，让他坐在原位仔细观察酒杯里的弓的影子并说："你看，你说的酒杯中的蛇，不过是墙上弓的倒影罢了！"

杜宣明白了原因以后，病很快就好了。

囫囵吞枣

释义：囫囵，完整、整个。不经咀嚼把枣子整个吞下。比喻学习时不作分析和选择，笼统地接受。

从前，有个人在介绍梨子和枣子时，这样说："生梨对牙齿有好处，但吃多了会伤脾脏；而枣子对牙齿不利，但对脾脏有好处。"另一个人听后颇为得意地说："我以后吃梨时只嚼不咽，这样就不会伤害我的脾；吃枣时只咽不嚼，这样就不会伤害我的牙齿了。这不就两全其美了吗？"

成语"囫囵吞枣"由此而来。

井底之蛙

释义：生活在井底的青蛙。比喻眼界狭窄，见识短浅的人。

传说东海边一口快要干枯的井里住着一只青蛙。有一天，青蛙在井口碰到了一只从海里来的大龟。

青蛙就对海龟夸口说自己住在井里很快乐，高兴了，就在井栏边跳跃一阵；疲倦了，就回到井里睡在砖洞边；或者只留出头和嘴巴，安安静静地把全身泡在水里；或者在软绵绵的泥浆里散散步。青蛙还邀请海龟下到井里玩。

海龟听了青蛙的话，倒真想进去看看，可井口太小，它的左脚还没有整个伸进去，右脚就已经被绊住了。海龟连忙后退了两步，向青蛙介绍起大海的辽阔无边："你看过海吗？海的广大，哪止千里；海的深度，哪止千来丈。古时候，十年有九年大水，海里的水，并不涨多少；后来，八年里有七年大旱，海里的水，也不见得浅了多少。可见大海是不受旱涝影响的。住在那样的大海里才叫逍遥自在呢！"

井蛙听后目瞪口呆。

买椟还珠

释义：椟：木匣。珠：珍珠。买下盛装珍珠的木匣，退还了珍珠。比喻没有眼光，舍本逐末或取舍不当。

春秋时代，楚国有一个珠宝商人有一次到郑国去兜售珠宝。为了使珠宝畅销，他想了一个办法。首先，他选了一些上等兰木，做成许多式样新颖的木匣，然后在匣子外雕刻上精致的玫瑰花纹，四周还镶嵌了许多彩色的羽毛，同时还用名贵的香料把匣子熏得香喷喷的。他想，把珠宝装在这样的盒子里面，郑国人肯定会很喜欢。

有一个郑国人，看见装珠宝的盒子既精致又美观，问明了价钱后，就买了一个，打开盒子，把里面的宝物拿出来，退还给珠宝商。

江郎才尽

释义：江郎，江淹。比喻才情文思减退。

南朝文学家江淹，年轻时很有才气，但晚年以后文思渐渐衰退。

据说他有一天夜里做梦，梦见有人给他一支五彩笔，从此他的文章一天比一天写得好。过了很多年，有一回江淹在冶亭留宿，梦见一名叫郭璞的美男子，说："我有一支笔存在你这里，已经很多年了，现在该还给我了。"江淹从怀里掏出一支五彩斑斓的毛笔，还给了郭璞。从此以后，江淹再也写不出好句子来了。所以世传"江郎才尽"。

望梅止渴

释义：形容愿望没有实现，只能用空想安慰自己。

东汉末年，有一次曹操率领着大队人马行军，由于天气炎热，又找不到水源，士兵们又渴又累。眼看士兵们一步也不想走了，曹操就骗他们说："前面有一大片梅林，梅子很多，又甜又酸，可以解渴。"士兵们听说前面有梅子可解渴，口水都流出来了，立即有了精神，结果顺利赶到了目的地。

纸上谈兵

释义：兵，打仗，军事。在纸面上谈论用兵打仗。比喻只凭书本知识夸夸其谈，不能解决实际问题。也比喻空谈不能变为现实。

赵奢是战国时赵国的名将，他有一个儿子叫赵括。赵括人很聪明，从小读了不少兵书。长大以后，逢人就讲兵法谈打仗，且一谈起来总是头头是道，夸夸其谈，连他父亲也说不过他。当时不少人都夸他，赵括也自以为了不起，唯有赵奢不把他当回事，还说赵国总有一天会毁在他手上的。

赵奢死了以后，秦国攻打赵国，赵国派名将廉颇去长平御敌。秦国用反间计使赵国撤换了老将廉颇，冷落了蔺相如，赵括真的做了赵国军队的统帅。结果长平一战，赵国大败，赵括也被乱箭射死。赵国从此一蹶不振。

十三、快乐的小游戏

（一）接唐诗100例

唐诗是我国文学宝库中的一朵奇葩。接唐诗一方面可以活跃团队气氛，一方面又可以借机进一步帮助大家学习唐诗。这是一举两得的有益活动。

做这个游戏要注意两点：一是导游人员自身要有一定的文学功底，不然要出笑话；二是这一游戏只能在有一定文化水平的旅行团中进行，否则不但不能取得活跃气氛的效果，反而会引起游客的反感甚至产生不满。

开展此游戏的方法是：导游先说上句，由游客接下句，看谁接得正确接得快。

（1）白日依山尽—黄河入海流（王之焕《登鹳雀楼》）

（2）欲穷千里目—更上一层楼（王之焕《登鹳雀楼》）

（3）朝辞白帝彩云间—千里江陵一日还（李白《早发白帝城》）

（4）两岸猿声啼不住—轻舟已过万重山（李白《早发白帝城》）

（5）举杯邀明月—对影成三人（李白《月下独酌》）

（6）春风不相识—何事入罗帏（李白《春思》）

（7）会当凌绝顶——览众山小（杜甫《望岳》）

（8）少壮能几时—鬓发各已苍（杜甫《赠卫八处士》）

（9）人生不相见—动如参与商（杜甫《赠卫八处士》）

（10）绝代有佳人—幽居在空谷（杜甫《佳人》）

（11）但见新人笑—哪闻旧人哭（杜甫《佳人》）

（12）浮云终日行—游子久不至（杜甫《梦李白》）

（13）明月出天山—苍茫云海间（李白《关山月》）

（14）长风几万里—吹度玉门关（李白《关山月》）

（15）秋风吹不尽—总是玉关情（李白《子夜吴歌》）

（16）慈母手中线—游子身上衣（孟郊《游子吟》）

（17）临行密密缝—意恐迟迟归（孟郊《游子吟》）

（18）谁言寸草心—报得三春晖（孟郊《游子吟》）

（19）我本楚狂人—凤歌笑孔丘（李白《庐山谣寄卢侍御虚舟》）

（20）登高壮观天地间—大江茫茫去不还（李白《庐山谣寄卢侍御虚舟》）

（21）黄云万里动风色—白波九道流雪山（李白《庐山谣寄卢侍御虚舟》）

（22）半壁见海日—空中闻天鸡（李白《梦游天姥吟留别》）

（23）请君试问东流水—别意与之谁短长（李白《金陵酒肆留别》）

（24）抽刀断水水更流—举杯消愁愁更愁（李白《宣州谢朓楼饯别校书叔云》）

（25）古来青史谁不见—今见功名胜古人（岑参《轮台歌奉送封大夫出师西征》）

（26）忽如一夜春风来—千树万树梨花开（岑参《白雪歌送武判官归京》）

（27）杨家有女初长成—养在深闺人未知（白居易《长恨歌》）

(28)回眸一笑百媚生—六宫粉黛无颜色（白居易《长恨歌》）

(29)在天愿作比翼鸟—在地愿为连理枝（白居易《长恨歌》）

(30)同是天涯沦落人—相逢何必曾相识（白居易《琵琶行》）

(31)长风破浪会有时—直挂云帆济沧海（李白《行路难》）

(32)君不见黄河之水天上来—奔流到海不复回（李白《将进酒》）

(33)天生我才必有用—千金散尽还复来（李白《将进酒》）

(34)三月三日天气新—长安水边多丽人（杜甫《丽人行》）

(35)人生有情泪沾臆—江水江花岂终极（杜甫《哀江头》）

(36)海上生明月—天涯共此时（张九龄《望月怀远》）

(37)海内存知己—天涯若比邻（王勃《送杜少府之任蜀州》）

(38)感时花溅泪—恨别鸟惊心（杜甫《春望》）

(39)国破山何在—城春草木深（杜甫《春望》）

(40)烽火连三月—家书抵万金（杜甫《春望》）

(41)飞流直下三千尺—疑是银河落九天（李白《望庐山瀑布》）

(42)星临万户动—月傍九霄多（杜甫《春宿左省》）

(43)露从今夜白—月是故乡明（杜甫《月夜忆舍弟》）

(44)鸿雁几时到—江湖秋水多（杜甫《天末怀李白》）

(45)远送从此别—青山空复情（杜甫《奉济驿重送严公四韵》）

(46)几时杯重把—昨夜月同行（杜甫《奉济驿重送严公四韵》）

(47)近泪无干土—低空有断云（杜甫《别房太尉墓》）

(48)昔闻洞庭水—今上岳阳楼（杜甫《登岳阳楼》）

(49)空山新雨后—天气晚来秋（王维《山居秋暝》）

(50)明月松间照—清泉石上流（王维《山居秋暝》）

(51)流水若有意—暮禽相与还（王维《归嵩山作》）

(52)荒城临古渡—落日满秋山（王维《归嵩山作》）

(53)欲投人宿处—隔水问樵夫（王维《终南山》）

(54)晚年惟好静—万事不关心（王维《酬张少府》）

(55)松风吹解带—山月照弹琴（王维《酬张少府》）

(56)不知香积寺—数里入云峰（王维《过香积寺》）

(57)古木无人径—深山何处钟（王维《过香积寺》）

(58)万壑树参天—千山响杜鹃（王维《送梓州李使君》）

(59)楚塞三湘接—荆门九派通（王维《汉江临眺》）

(60)江流天地外—山色有无中（王维《汉江临眺》）

(61)人事有代谢—往来成古今（孟浩然《与诸子登岘山》）

(62)白发催年老—青阳逼岁除（孟浩然《岁暮归南山》）

(63)离离原上草——岁一枯荣（白居易《赋得古原草送别》）

(64)野火烧不尽—春风吹又生（白居易《赋得古原草送别》）

(65)旅馆无良伴—凝情自悄然（杜牧《旅宿》）

(66)昔人已乘黄鹤去—此地空余黄鹤楼（崔颢《黄鹤楼》）

(67)黄鹤一去不复返—白云千载空悠悠（崔颢《黄鹤楼》）

(68)晴川历历汉阳树—芳草萋萋鹦鹉洲（崔颢《黄鹤楼》）

(69)出师未捷身先死—常使英雄泪满襟（杜甫《蜀相》）

(70)白日放歌须纵酒—青春作伴好还乡（杜甫《闻官军收河南河北》）

(71)无边落木萧萧下—不尽长江滚滚来（杜甫《登高》）

(72)江上月明胡雁过—淮南木落楚山多（刘长卿《江州重别薛六柳八二员外》）

(73)世事茫茫难自料—春愁黯黯独成眠（韦应物《寄李儋元锡》）

(74)空山不见人—但闻人语响（王维《鹿柴》）

(75)春眠不觉晓—处处闻啼鸟（王维《春晓》）

(76)夜来风雨声—花落知多少（王维《春晓》）

(77)深林人不知—明月来相照（王维《竹里馆》）

(78)红豆生南国—春来发几枝（王维《相思》）

(79)君自故乡来—应知故乡事（王维《杂诗》）

(80)愿君多采撷—此物最相思（王维《相思》）

(81)夕阳无限好—只是近黄昏（李商隐《登乐游原》）

（82）床前明月光—疑是地上霜（李白《夜思》）

（83）举头望明月—低头思故乡（李白《夜思》）

（84）千山鸟飞绝—万径人踪灭（柳元宗《江雪》）

（85）故国三千里—深宫二十年（张祜《何满子》）

（86）少小离家老大回—乡音无改鬓毛衰（贺知章《回乡偶书》）

（87）儿童相见不相识—笑问客从何处来（贺知章《回乡偶书》）

（88）独在异乡为异客—每逢佳节倍思亲（王维《九月九日忆山东兄弟》）

（89）葡萄美酒夜光杯—欲饮琵琶马上催（王翰《凉州曲》）

（90）故人西辞黄鹤楼—烟花三月下扬州（李白《黄鹤楼送孟浩然之广陵》）

（91）月落乌啼霜满天—江枫渔火对愁眠（张继《枫桥夜泊》）

（92）姑苏城外寒山寺—夜半钟声到客船（张继《枫桥夜泊》）

（93）旧时王谢堂前燕—飞入寻常百姓家（刘禹锡《乌衣巷》）

（94）劝君更尽一杯酒—西出阳关无故人（王维《渭城曲》）

（95）秦时明月汉时关—万里长征人未还（王昌龄《出塞》）

（96）羌笛何须怨杨柳—春风不度玉门关（王昌龄《出塞》）

（97）相见时难别亦难—东风无力百花残（李商隐《无题》）

(98)春蚕到死丝方尽—蜡炬成灰泪始干（李商隐《无题》）

(99)身无彩凤双飞翼—心有灵犀一点通（李商隐《无题》）

(100)他乡生白发—旧国见青山（司空曙《赋平后送人北归》）

（二）文字接龙

这是一项既简单又有趣味的活动，首先由导游人员说出第一个词语后，请第一位游客接着该词语的最后一个字（或该词的同音、多音、谐音词）说出第二个词语，第二位游客接着第一位游客说出的词语的最后一个字说出第三个词语，这样一直接下去，最后回到导游人员先说出的第一个词语的第一个词（或该词的同音、多音、谐音词）。接不上或接错了或重复了前面游客说出的词语都判为失败。

(1)身体—体谅—谅解—解放—放心—心情—情况—(旷)工—工种—种(钟)表—表扬—扬(羊)羔—羔(高)兴—兴起—起身—身体

(2)健康—康乐—乐趣—趣味—味道—道路—路途—途(徒)弟—弟妹—妹夫—夫人—人民—民主—主见—见(健)康

(3)生活—活动—动作—作用—用法—法院—院士—士兵—兵营—营销—销售—售货—货物—物产—产生—生活

(4)幸福—福气—气(汽)车—车辆—辆(量)器—器皿—皿(敏)感—感动—动人—人行—行(形)容—容(荣)幸—幸福

(5)事业—业务—务(雾)都—都市—市场—场地—地方—方便—便笺—笺(签)约—约会—会见—见(剑)客—客气—气量—量(谅)解—解放—放松—松树—树种—种菜—菜肴—肴(遥)看—看法—法事—事业

(6)兴旺—旺(忘)记—记录—录音—音乐—乐意—意见—见习—习惯—惯用—用力—力气—气体—体谅—谅解—解散—散伙—伙计—计划—划开—开心—心(兴)旺

(7)旅游—游览—览(缆)车—车船—船泊—泊(伯)父—父亲—亲家—家庭—庭院—院落—落霞—霞光—光辉—辉煌—(煌)防备—备用—用途—(途)徒步—步履—履(旅)游

(8)顺利—利(立)刻—刻(客)人—人气—气(汽)车—车船—船员—员工—工作—作法—法官—官气—气顺—顺利

(9)万事—事情—情形—形状—状元—元宵—宵夜—夜晚—晚霞—霞光—光荣—荣军—军队—队伍—伍(武)装—装备—备用—用意—意见—见闻—闻(文)化—化学—学习—习气—气球—球衣—衣(亿)万—万事

(10)如意—意义—义气—气氛—氛围—围攻—攻击—击落—落后—后来—来往—往返—返程—程(成)功—功绩—绩(积)极—极端—端正—正确—确实—实在—在意—意见—见习—习惯—惯言—言(研)讨—讨打—打假—假如—如意

(11)粮食—食品—品质—质量—量(亮)光—光明—明天—天亮—亮丽—丽人—人名—名(民)意—意志—志气—气量—量(粮)食

(12)丰收—收获—获取—取胜—胜利—利害—害虫—虫灾—灾祸—祸根—根雕—雕刻—刻画—画(话)别—别

了—了结—结论—论题—题目—目测—测(册)封—封(丰)收

(13)人民—民主—主意—意见—见面—面粉—粉团—团结—结合—合议—议会—会议—议论—论文—文学—学士—士(仕)人—人民

(14)安康—康健—健身—身材—材(才)干—干部—部长—长相—相亲—亲爱—爱情—情义—义气—气流—流动—动静—静思—思想—想法—法师—师安—安康

(15)经济—济南—南京—京城—城市—市容—容(榕)树—树枝—枝(支)配—配给—给养—养成—成功—功劳—劳改—改善—善良—良好—好学—学习—习经—经济

(16)发达—达到—到(倒)掉—掉队—队伍—伍(武)装—装(张)扬—扬气—气温—温汤—汤浴—浴场—场地—地下—下面—面圣—圣(胜)利—利益—益虫—虫害—害人—人员—员工—工兵—兵器—器械—械斗—斗士—士气—气愤—愤(奋)发—发达

(17)祖国—国家—家业—业绩—绩(积)极—极端—端午—午时—时间—间隔—隔断—断绝—绝对—对付—付出—出外—外面—面圣—圣旨—旨(纸)张—张开—开路—路途—途(徒)劳—劳动—动静—静(近)视—视觉—觉悟—悟性—性(姓)祖—祖国

(18)富强—强盛—盛大—大小—小山—山河—河水—水源—源泉—泉眼—眼线—线材—材(才)能—能力—力量—量杯—杯盖—盖世—世贸—贸易—易人—人才—才(财)富—富强

(19)恭喜—喜欢—欢笑—笑话—话语—语文—文艺—艺术—术后—后生—生活—活跃—跃进—进行—行

为—为人—人们—们（门）徒—徒弟—弟妹—妹夫—夫君—君子—子孙—孙辈—辈分—分担—担负—负责—责任—任务—务必—必须—须眉—眉毛—毛发—发觉—觉悟—悟性—性格—格外—外公—公(恭)喜

（20）发财—财富—富裕—裕丰—丰收—收成—成立—立正—正步—步伐—伐（发）兵—兵变—变化—化解—解放—放假—假日—日出—出门—门口—口吃—吃饭—饭量—量(亮)光—光明—明白—白发—发财

（21）生日—日出—出国—国家—家园—园工—工作—作品—品质—质量—量化—化验—验收—收获—获利—利害—害人—人生—生日

（22）快乐—乐趣—趣味—味道—道理—理由—由（油）路—路况—况（旷）课—课堂—堂兄—兄长—长短—短途—途（徒）劳—劳动—动静—静止—止痛—痛快—快乐

（23）国家—家庭—庭院—院士—士兵—兵营—营房—房客—客人—人心—心肺—肺病—病床—床板—板凳—凳（登）高—高兴—兴奋—奋发—发情—情爱—爱国—国家

（24）统一——一月—月日—日期—期望—望（忘）记—记录—录音—音乐—乐理—理论—论题—题目—目测—测验—验收—收入—入关—关口—口语—语言—言传—传统—统一

（25）和平—平原—原谅—谅解—解放—放松—松树—树木—木头—头脑—脑袋—袋（代）装—装备—备用—用法—法规—规劝—劝说—说戏—戏剧—剧本—本来—来年—年关—关公—公平—平和—和平

（26）友好—好运—运气—气球—球员—员工—工

厂—厂房—房门—门框—框架—架(嫁)人—人民—民主—主意—意(义)学—学友—友好

(27)建设—设计—计划—划船—船王—王八—八方—方面—面容—容貌—貌相—相会—会场—场面—面见—见(建)设

(28)家乡—乡亲—亲友—友情—情义—义务—务工—工场—场(长)途—途(徒)手—手足—足球—球场—场面—面条—条件—件(见)客—客人—人家—家乡

(29)繁荣—荣(戎)行—行进—进步—步行—行走—走路—路途—途(图)腾—腾飞—飞机—机器—器械—械(戒)备—备用—用处—处理—理论—论证—证明—明白—白矾—矾(繁)荣

(30)市场—场地—地主—主将—将军—军队—队员—员工—工厂—厂房—房间—间隔—隔断—断绝—绝对—对立—立正—正确—确定—定论—论点—点菜—菜市—市场

(31)和睦—睦邻—邻居—居民—民兵—兵器—器械—械斗—斗争—争光—光明—明年—年代—代沟—沟通—通行—行为—为公—公开—开瓶—瓶(平)和—和睦

(32)吉祥—祥(详)细—细小—小学—学习—习作—作用—用法—法纪—纪念—念书—书画—画家—家财—财大—大吉—吉祥

(33)紧密—密切—切断—断交—交往—往来—来年—年代—代表—表现—现场—场合—合作—作家—家教—教育—育人—人肉—肉松—松紧—紧密

(34)团结—结合—合并—并齐—齐心—心情—情形—形容—容器—器械—械备—备战—战线—线条—条纹—纹(文)化—化验—验收—收成—成功—功名—名

(民)团—团结

(35)艰苦—苦瓜—瓜分—分离—离(篱)笆—笆(芭)蕾—蕾(雷)鸣—鸣放—放开—开庭—庭内—内奸—奸(艰)苦

(36)朴素—素质—质量—量化—化学—学校—校长—长辈—辈分—分家—家教—教养—养成—成败—败将—将相—相扑—扑(朴)素

(37)相互—互助—助(住)所—所长—长处—处理—理亏—亏本—本色—色盲—盲人—人缘—缘分—分数—数学—学习—习惯—惯性—性格—格外—外相—相互

(38)尊重—重视—视觉—觉察—察看—看见—见面—面谈—谈话—话语—语文—文学—学习—习作—作用—用力—力气—气象—象(相)机—机关—关中—中彩—彩虹—虹鳟—鳟(尊)重

(39)共同—同窗—窗户—户口—口才—才能—能干—干活—活动—动员—员外—外边—边境—境(镜)子—子弟—弟(地)道—道法—法(发)行—行为—为公—公共—共同

(40)富裕—裕丰—丰收—收成—成功—功劳—劳动—动力—力气—气(汽)球—球衣—衣服—服装—装备—备考—考试—试验—验收—收发—发财—财富—富裕

(41)努力—力气—气(汽)车—车型—型(形)状—状元—元旦—旦夕—夕阳—阳光—光辉—辉煌—煌(蝗)虫—虫害—害怕—怕羞—羞耻—耻辱—辱骂—骂人—人民—民主—主观—观看—看齐—齐鲁—鲁(努)力

(42)学习—习作—作业—业绩—绩(积)累—累

积—积(计)谋—谋生—生活—活跃—跃进—进展—展出—出发—发明—明天—天亮—亮光—光芒—芒果—果品—品学—学习

(43)文明—明白—白天—天亮—亮光—光荣—荣(戎)行—行进—进步—步伐—伐木—木材—材(才)能—能人—人文—文明

(44)礼貌—貌相—相会—会见—见闻—闻(文)化—化合—合作—作用—用法—法律—律师—师道—道理—理(礼)貌

(45)优秀—秀丽—丽人—人杰—杰出—出色—色鬼—鬼(跪)拜—拜佛—佛珠—珠(猪)油—油(优)秀

(46)品质—质量—量刑—刑(行)动—动作—作家—家眷—眷属—属性—性格—格外—外语—语文—文化—化工—工厂—厂房—房间—间隔—隔开—开水—水货—货品—品质

(47)渊博—博士—士兵—兵营—营盘—盘问—问候—候考—考试—试验—验收—收效—效果—果品—品质—质量—量(良)知—知(资)深—深渊—渊博

(48)知识—识别—别离—离开—开除—除名—名利—利(厉)害—害虫—虫灾—灾难—难过—过路—路途—途中—中国—国人—人民—民主—主(祖)先—先知—知识

(49)遵纪—纪念—念书—书市—市侩—侩(会)计—计策—策反—反抗—抗拒—拒绝—绝对—对决—决定—定理—理论—论点—点心—心红—红(虹)鳟—鳟(遵)纪

(50)守法—法规—规定—定理—理亏—亏本—本领—领土—土地—地保—保守—守法

(51)互相—相会—会展—展览—览(揽)储—储蓄—蓄发—发明—明白—白相—相互—互相

(52)帮助—助人—人缘—缘由—由(油)水—水土—土地—地主—主观—观察—察看—看见—见面—面谈—谈话—话语—语文—文化—化工—工(公)平—平安—安邦—邦(帮)助

(53)共同—同志—志趣—趣味—味道—道路—路(露)营—营盘—盘查—查阅—阅兵—兵变—变法—法门—门前—前进—进贡—贡(共)同

(54)前进—进步—步兵—兵营—营销—销售—售货—货品—品行—行动—动员—员(元)旦—旦夕—夕阳—阳光—光芒—芒(盲)人—人物—物质—质量—量(谅)解—解题—题目—目前—前进

(55)高尚—尚(上)游—游行—行动—动作—作法—法纪—纪元—元宵—宵夜—夜晚—晚霞—霞光—光辉—辉煌—煌(蝗)虫—虫(崇)高—高尚

(56)情操—操演—演练—练习—习惯—惯偷—偷盗—盗窃—窃国—国家—家寒—寒冷—冷热—热爱—爱情—情操

(57)谦虚—虚心—心情—情爱—爱护—护卫—卫兵—兵变—变化—化验—验光—光纤—纤(谦)虚

(58)谨慎—慎重—重要—要领—领土—土地—地方—方法—法纪—纪念—念(验)光—光年—年(严)谨—谨慎

(三)脑子快速反应

这是一项既益智又容易进行的集体活动。时间不限,地点不限,参加者不限。组织这样的活动,要求导游人员本身具有一定的文学功底,否则难以判断答案的正确与否。要根据游客文化水平选择内容的难易。这项活动可以这样组织进行：

(1)先由导游人员提出合适内容；

(2)参加者按照座位顺序一个接一个人讲下去；

(3)答错或回答时间超过二分钟视为失效；

(4)给予失败者以唱歌或表演节目的“惩罚”。

接成语：

1. 带数字的成语（不限此部分，也可另举）

一字之师　目空一切　举一反三　三五成群
接二连三　三思而行　一了百了　说一不二
一差二错　表里如一　低三下四　乱七八糟
入木三分　名震一时　杀一儆百　三缄其口
十万火急　奄奄一息　智者千虑，必有一失
丈二和尚摸不着头脑　别具一格　日理万机
始终如一　三三两两　三教九流　六神无主
长短不一　摇身一变　此地无银三百两
四通八达　决一死战　略知一二　有朝一日
此一时彼一时　耳目一新　朝三暮四　身经百战
日复一日　四海之内　百里挑一　十面埋伏
五谷不分　万无一失　缺一不可　千千万万
万死不辞　张三李四　五谷丰登　晴空万里
行百里者半九十　四平八稳　数一数二
五花八门　说三道四　气象万千　反戈一击
横七竖八　两面三刀　十恶不赦　壁立千仞
八九不离十

2. 一字开头的成语（不限此部分，也可另举）

一叶知秋　一鸣惊人　一了百了　一差二错

一寸光阴一寸金　一人当千　一目十行
一技之长　一无可取　一叶蔽目　一日三秋
一针见血　一干二净　一马当先　一心一意
一无长物　一片冰心　一无所长　一无所有
一叶障目，不见泰山　一不做二不休
一心不能二用　一手遮天　一毛不拔　一本正经
一目了然　一人飞升，仙及鸡犬　一失足成千古恨
一五一十　一网打尽　一发千钧　一触即溃
一丝一毫　一丝不苟　一团和气　一团漆黑
一家之言　一应俱全　一劳永逸　一厢情愿
一曝十寒　一针见血　一板一眼　一身是胆
一纸空文　一泻千里　一波三折　一视同仁
一事无成　一枕黄粱　一呼百诺　一败如水
一蹶不振　一往无前　一往情深　一念之差
一命呜呼　一贫如洗　一面之词　一脉相传
一笔勾销　一笔抹杀　一着不慎，满盘皆输
一掷千金　一唱一和　一落千丈　一朝一夕
一筹莫展　一触即发

3. 关于天气的成语（不限此部分，也可另举）

秋月寒江　北国风光　雪上加霜　月落星沉
秋高气爽　气象万千　月明星稀　月白风清
风吹雨打　雨散云收　日久天长　日落西山
秋月春风　叶落知秋　天昏地暗　暗无天日
风调雨顺　云开雾散　山雨欲来风满楼
风雨飘摇　雪上加霜　树欲静而风不止
云烟过眼　日月重光　光风霁月　冰解冻释

4. 爱情类的词语（不限此部分，也可另举）

月下老人　珠联璧合　言归于好　花好月圆

海枯石烂	妻离子散	指腹为亲	地久天长
月下花前	白头偕老	和好如初	日久天长
流水桃花	患难与共	相敬如宾	天长地久
山盟海誓	天作之合	儿女情长	夫唱妇随
情有独钟	童男童女	劳燕分飞	洞房花烛
门当户对	红豆相思	恨不相逢未嫁时	

5. 关于女性的成语(不限此部分,也可另举)

沉鱼落雁	秀外慧中	绝世独立	百里挑一
冰清玉洁	待字闺中	窈窕淑女	冰肌玉骨
残花败柳	小家碧玉	姿容秀美	水性杨花
玉软花柔	女流之辈	妇道人家	明眸皓齿
豆蔻年华	仪态万方	花容月貌	国色天香
半老徐娘	巧妇难为无米之炊		

(四)吃全羊

这是一个一车人一起参加的游戏。导游组织开展这项活动前,告诉吃全羊的规定,每一人一次找羊身上任何一样可以吃的部分,但有人吃过的就不能吃,不能吃的部分不能吃。然后从第一个人开始,一个接着一个往下说,例如:我吃羊头—我吃羊腿……越往后吃,可以吃的就越少,答错人受“罚”。如果大家都答对了,则导游受“罚”。

(五)替代字快速反应

活动是这样进行的,导游先向游客交代数字替代的内容,并要游客迅速记住该内容,如用拳头代表“脑袋”,用一个手指代表“鼻子”,用两个手指代表“眼睛”,用三个手指代表“耳朵”,用四个手指代表“嘴巴”,用五个手指代表“头发”。游戏开始，导游伸出两个手指，游客马上要指着自己的眼睛不动。指错了的予以唱歌或演节目的“惩罚”。依次第二轮、第三轮进行下去。

十四、导游实用礼貌礼仪

礼貌礼仪是个人乃至一个民族素质的重要组成部分。讲礼仪可以使人变得更有道德,可以塑造更为理想的个人形象,可以帮助事业的成功。讲礼仪还可使社会变得更加美好,并可提升国家的形象。

导游从事的是服务接待工作,面对的是来自世界各地、全国各地的游客,日常的礼貌礼仪非常重要。

礼貌礼仪的规范非常多,将它们一条条地孤立起来记忆不仅没必要,效果也不好。但如果我们掌握了礼貌礼仪的基本原则,不仅有助于记忆,还可举一反三,融会贯通,起到事半功倍的效果。礼貌礼仪的规范基本上都遵循下面一些原则:①自律原则,即礼貌礼仪规范基本上都是对自我的约束;②从俗原则,即礼貌礼仪要充分考虑对方的需要,以尊重他人为核心;③适度原则,即要把握分寸,适度得体,既不盛气凌人,也不妄自菲薄;④平等原则,给予交往对象以同等待遇,不厚此薄彼,不以貌取人,以财取人;⑤宽容原则,对他人不同于己、不同于众的行为,要多体谅,不可求全责备,过于苛求。

导游在与游客交往过程中,还要恰当地把握礼貌礼仪的“度”,具体表现在下面两方面:①避免过于礼貌。礼貌礼仪只是人们交往的辅助手段,而不是交往本身。因此,要避免太重的礼节,以免让人感觉太虚伪。更不能只重视礼节,而忽视相互间的情感交流。还有就是外在礼

仪表现应与自身实际修养相符，以免让人觉得做作。② 避免生搬硬套。礼貌礼仪的运用要根据实际情况的变化而变化，不能生搬硬套。一般来说，礼仪应入乡随俗。而且，礼仪的应用与交往对象的身份及相互间关系的密切程度相关：对方身份越高，礼仪越讲究；关系越密切，礼仪越简单。礼仪的应用也与场合有关，正式场合礼仪更规范，非正式场合礼仪更简洁。

下面是一些导游常用的礼貌礼仪规范：

（一）导游的仪表

头发：勤洗勤理，干净整齐，没有异味和头屑；长短适当，尽量留短发；发型简单大方，朴素典雅，不能太怪异、太多装饰。

面容：做到干净卫生。鼻毛、耳毛等应予以修剪和遮掩，男导游的胡须要刮干净；勤刷牙、漱口，及时去除口腔中的食物残渣；上团前不吃异味食品，如葱、蒜、韭菜等。

手：手被称为商务人员的“第二张名片”。导游在日常接待过程中，有关手的动作很多，如握手寒暄、挥动手臂、手握话筒等，使手经常处于醒目之处。因此，一双干净、卫生、雅观的手对导游树立良好形象非常重要。平时注意勤洗双手，保持干净；注意手的保养，避免红肿、长疮、生癣等；不留长指甲；工作时不涂有色指甲油。

化妆：宜化淡妆，不必涂眼影、画眼线，但可适当画眉，涂口红。不当着游客的面化妆，不在公共场所化妆，需要补妆时可到房间或卫生间去。不借用游客的化妆品，不议论游客的化妆。

服饰：大方、得体、整洁。带团时可穿各式便服，也可穿单位的工作服。男导游不可穿圆领汗衫、短裤，不宜赤脚穿凉鞋;女导游不能穿超短裙。皮鞋鞋面应擦干净。在重要场合,男导游应穿深色皮鞋。女导游不宜穿太细太高的高跟鞋。

举止:站、立都应端正、自然,不应懒散随便,腿脚不能颤动,身体不要摇摆,不要蹬踏他人坐椅。男导游站立时,双脚可微张,但不得超过肩宽,女导游站立时双脚应呈"V"形,膝和后跟应紧靠。如久站疲倦,可用一腿支撑,另一腿稍弯。入座时轻而缓,穿着裙子的女性入座时,要用手把裙子向前拢一下。男性两膝间的距离以一拳为宜,女子则以不分开为好。

(二)见面礼节

自我介绍:初次与游客见面,应表示欢迎并自我介绍(姓名、身份、工作单位等)。

握手:一般可主动与游客握手致意。如果对方是长者、女性、领导、重要人物,导游点头示意即可,不可主动握手(除非对方主动握手)。多人同时握手时,注意不要交叉。握女性手时,只握手指部分。握手时,双目注视对方,微笑致意。男士握手前应先脱下手套。

称呼:西方习惯,称男性为"先生",已婚女性为"夫人",未婚女性为"小姐",对婚姻情况不了解的可称"女士"。

交换名片:递送名片应用双手,同时眼睛注视对方,并讲一些客气话。如"认识您很高兴"之类;接受名片时也用双手,认真看一下再放入口袋或名片夹中。

(三)交谈礼节

"您好""请""谢谢""对不起""再见"这十个字是日

常生活中用得最广泛的礼貌用语，也是服务行业中使用频率非常高的服务用语。作为导游，应有意识地使用这些用语，使自己更加有礼貌。

说话者的礼貌：①语速适中，不快不慢，应给对方以品味和思考的时间。语调应柔和、悦耳，做到轻重适宜，高低有度，快慢有节。对老年人谈话应放慢语速，加大声音；对年幼者谈话应语调柔和。②不光谈自己，不自吹自擂，不抱怨不断，不喋喋不休。③注意对方反应。当发现对方对自己的话可能没有理解时，应采取补救措施。当发现对方对自己的话不理不睬或避而不答时，应该打住或转移话题。④与对方平等相待，尊重他人，不打官腔，不以言辞压人。⑤不冷落在场的每一个人。要不时地与在场的其他人交谈，或以目光交流。在人多的场合不与少数人窃窃私语。有第三人希望加入谈话时，应表示欢迎。发现谈话场合有人长期沉默不语时，应想办法使他融入谈话气氛中来。

听话者的礼貌：①专注有礼。听话者要目视对方，或赞许性点头，表示你在认真倾听。不可左顾右盼、看书看报、伸懒腰、打哈欠、脚打拍子，切忌看表。②不轻易打断他人说话。非打断不可时，也应事先礼貌地说明。③时有反应。听人说话时可通过表情、手势、声音等表示你听清了或表示你赞同他的话，不能毫无反应。

交谈内容：①不谈个人隐私。不问客人的简历、工资收入、家庭财产和个人生活方面的事情，尤其不打听女客人的年龄、婚姻状况。在国际交往中，下列问题均可能被视为个人隐私：收入支出、年龄大小、恋爱婚姻、健康状况、家庭住址、个人经历、所忙何事、信仰政见等。②不议论对方的伤心事或缺陷，应找些积极、轻松、愉快的话题，但注意“莫对失意人说得意事”。③不宜讨论第三人。

交谈距离:人们在交往中需要保持一个私人空间。因此,双方在交谈时应保持适当的距离。其距离大小往往随着关系的密切程度而不同,双方关系越密切,个人所需的空间领域就越小,其交谈距离也就越短。通常认为,交谈双方在45~120厘米之间为个人距离,适用于熟人之间交谈;15~45厘米之间为密切距离,适于关系亲密的人的交谈;120~360厘米之间为社交距离,适用于商务洽谈、同事交谈或不速之客之间的交谈;超过360厘米为公共距离,亦称“大众距离”,适用于一人与多人交谈。一般来说,导游应与游客保持50厘米以上的距离。

(四)饮食礼节

落座:就座时不要慌张,挪动椅子要轻,声音要小,小心不要碰撞餐桌;落座后注意与邻座或对面客人点头为礼或寒暄几句;落座后不可仰面抱头,东张西望,摆弄手指;开席前不要乱动桌上事先摆好的餐具,取解餐巾不要先于主人。

进餐:进餐时身体不可贴靠桌边,身体一般距桌边一个拳头;每道菜上桌,待长辈动手后再取食,且动作宜快,注意不要碰到杯盘,溅及他人;夹菜时,不能把筷子在盘内翻来翻去,只能在自己这一端取菜,而不能把筷子伸到菜盘别人那一端,一次夹菜不宜太多,也不要频频取用,别人夹菜要主动避让;嘴里的食物不要塞得太多,应闭口咀嚼,细嚼慢咽,嘴里不要发出“叭叭”的响声;嘴里正咀嚼食物时不同他人说话,讲话时不挥舞手中的餐具;喝汤时不能拿起碗喝,应借助汤匙,也不能发出喝汤的声音。

席间不要频频起立,离座,伸懒腰,揉眼睛,搔头发;

不要光顾自己，还要注意对邻座的礼让和对老人及孩子的照料；席间若要打喷嚏，应掉头向后，用自己的毛巾或手绢掩住口鼻，避免发出过大的声音和口沫四溅。

尊重外宾习惯，既不反复劝菜，也不夹菜给对方。

（五）乘机（车、船）礼节

乘飞机：协助游客托运行李，协助、组织游客通过机场安检。在飞行途中交谈要小声，不谈论不愉快话题，尤其是空难、劫机等话题。

乘火车：帮助游客找座位、安放行李。夜间进入包厢，如果游客正宽衣入睡，应在门外稍等片刻，自己脱衣入睡也要背对他人。若白天想换衣服应去洗手间。

乘坐轮船：提醒游客上下船和上下楼梯时注意安全，照顾好晕船的游客。提醒游客不要将手帕或花衣服对着水面舞动，不要用手电筒乱照，这均可能被视为"信号"。不躺在床上吸烟，在船舱内不大声说话。

乘汽车：游客上车时导游应站在车门一侧，协助游客上车。注意检查车上行李架上的物品是否放好。到达目的地后，导游应第一个下车，并在车下照顾游客下车。

若导游陪个别游客乘坐出租车，应注意座次顺序，一般来说，最好的座位是后排右座，然后依次是后排左座、后排中座、前排副驾驶座。导游应照顾游客上车，然后最后上车，以坐在司机旁的座位为好。到达后，导游先下车，为游客开门，以手挡住车门上框，帮助游客下车。

（六）电话礼节

打电话：①选择合适的时间。打单位电话应避开刚上班和准备下班的这段时间，打住宅电话应避开对方吃饭、午休、早晨 7 点前和晚上 10 点以后的时间。②通话前做好准备。想好通话的内容，调整好个人情绪。③通话要有礼貌。先问候对方（您好！早上好！等），再自报家门，然后告诉对方要找的人。若接听电话的是熟人，还可寒暄几句，再进入正题。④通话简明扼要，一般以不超过 3 分钟为宜。⑤拨错号码应致歉。⑥用“谢谢”“再见”等词结束通话，挂断电话不能太匆忙，挂机声音不能太响。如果对方是长辈或上级，应在对方挂机后再挂机。

接电话：①及时接听。一般应在铃响三声之内接听，不能及时接听时也应向对方致歉。②先说问候语（若在单位还应自报家门）。切忌拿起听筒就问：“你是谁？”“找谁？”③礼貌倾听，不时用“是”“嗯”等反馈。

礼貌使用移动电话：手机尽量不外露，以免给人俗气的印象；在讲话、开会、参加仪式、看演出或表演等场合，最好将手机关闭，或设置在震动状态，不在这些场合打电话，实在要打，也要暂时告退，找一个无人的僻静场所再使用，不应干扰他人；在禁用手机的场合（如汽车加油站、飞机上等）不用手机。

（七）日常礼节

从事导游活动时佩戴导游证。讲解时不吸烟、不吃东西。导游正患传染病、皮肤病时不应接待旅游团。

举止大方，表情自然，走路时脚步要轻，不勾肩搭背。不在楼梯口、入口处、电梯前等人流量大的地方与人聊天。

尊重老人和妇女，爱护儿童。进出电梯、上下车时，要让老人、妇女先行，并主动予以照顾。

客人在相互交谈时不应凑近旁听；需要与其中一人

谈话时，应等对方谈完。实在等不及时，应礼貌地打断并致歉意。

在客人面前不挖耳朵、挖鼻孔、剔牙、打哈欠、打饱嗝、搓泥垢、脱鞋纳凉等；不随地吐痰，不乱扔东西。

到客人房间要事先约定，并准时到达。进门前先按门铃（或敲门），经主人允许后再进入。男导游避免单独进入独居异性的房间，以免发生误会。

附　录

2006年10月2日，中央文明办、国家旅游局联合颁布《中国公民国内旅游文明行为公约》、《中国公民出境旅游文明行为指南》，对公民的旅游行为做出了明确规范。遵守《公约》和《指南》是提高导游文明素质的重要内容。不仅如此，导游还有责任在游客当中宣传《公约》和《指南》，并纠正游客中出现的不文明行为。

中国公民国内旅游文明行为公约

营造文明、和谐的旅游环境，关系到每位游客的切身利益。做文明游客是我们大家的义务，请遵守以下公约：

1. 维护环境卫生。不随地吐痰和口香糖，不乱扔废弃物，不在禁烟场所吸烟。

2. 遵守公共秩序。不喧哗吵闹，排队遵守秩序，不并行挡道，不在公众场所高声交谈。

3. 保护生态环境。不踩踏绿地，不摘折花木和果实，不追捉、投打、乱喂动物。

4. 保护文物古迹。不在文物古迹上涂刻，不攀爬触摸文物，拍照摄像遵守规定。

5. 爱惜公共设施。不污损客房用品，不损坏公用设施，不贪占小便宜，节约用水用电，用餐不浪费。

6. 尊重别人权利。不强行和外宾合影，不对着别人打喷嚏，不长期占用公共设施，尊重服务人员的劳动，尊重各民族宗教习俗。

7.讲究以礼待人。衣着整洁得体,不在公共场所袒胸赤膊;礼让老幼病残,礼让女士;不讲粗话。

8.提倡健康娱乐。抵制封建迷信活动,拒绝黄、赌、毒。

中国公民出境旅游文明行为指南

中国公民,出境旅游;注重礼仪,保持尊严。
讲究卫生,爱护环境;衣着得体,请勿喧哗。
尊老爱幼,助人为乐;女士优先,礼貌谦让。
出行办事,遵守时间;排队有序,不越黄线。
文明住宿,不损用品;安静用餐,请勿浪费。
健康娱乐,有益身心;赌博色情,坚决拒绝。
参观游览,遵守规定;习俗禁忌,切勿冒犯。
遇有疑难,咨询领馆;文明出行,一路平安。

主要参考资料

任冠文. 中国历史文化. 大连:东北财经大学出版社,2003

赵芳主编. 中华成语故事. 延吉:延边人民出版社,2005

中华书局编辑部. 中华成语词典. 北京:中华书局,2004

阿良. 谚语精选6000. 武汉:长江文艺出版社,2005

申江. 谜语大全. 北京:大众文艺出版社,2003

夏竹风. 大众语典 · 谚语. 北京:大众文艺出版社,2003

黎泉. 导游趣味讲解资料库. 北京:中国旅游出版社,2005

谭家健主编. 中国文化史概要. 北京:高等教育出版社,1997

全国导游人员资格考试教材编写组. 导游基础知识. 北京:旅游教育出版社,2006

黄细嘉主编. 阅读华夏——中国导游知识. 南昌:江西人民出版社,2005

张明,于井尧编著. 中国文化史. 长春:吉林文史出版社,吉林音像出版社,2006

邵骥顺编著. 中国旅游历史文化概论. 上海:上海三联书店,1998

赵捷,谭风编著. 导游宝典——溯源集. 北京:中国旅游出版社,2006

杨英杰编著. 中国历史文化. 天津:南开大学出版社,2005

http://www.163.com

http://www.gov.cn

http://sms.52qiutian.net/duilian/dlqt.html

http://haha.5music.org/index.asp?page=3&classid=4&Nclassid=29

http://www.haha365.com/gxgc/index.html

http://www.duilian.com.cn

http://joke.lady.tom.com/jizhuanwan

http://www.haha365.com/rkl/index.html

http://haha.httpcn.com/zag.asp

http://garden.2118.com.cn/qianyue/mic/bytrkl/rkl1.html

策　　划：丁海秀　李荣强
责任编辑：丁海秀　李荣强

图书在版编目(CIP)数据

导游旅途才艺宝典/黄明亮,赵利民,万剑敏编著.—北京:旅游教育出版社,2007.3(2018.1重印)
(趣味导游丛书)
ISBN 978-7-5637-1471-1

Ⅰ.导…　Ⅱ.①黄…②赵…③万…　Ⅲ.导游—基本知识　Ⅳ.F590.63

中国版本图书馆CIP数据核字(2007)第023441号

趣味导游丛书
导游旅途才艺宝典
(第2版)
黄明亮　赵利民　万剑敏　编著

出版单位	旅游教育出版社
地　　址	北京市朝阳区定福庄南里1号
邮　　编	100024
发行电话	(010)65778403 65728372 65767462(传真)
本社网址	www.tepcb.com
E-mail	tepfx @ 163.com
印刷单位	北京玺诚印务有限公司
经销单位	新华书店
开　　本	850毫米×1168毫米　1/32
印　　张	11.125
字　　数	211千字
版　　次	2011年8月第2版
印　　次	2018年1月第4次印刷
定　　价	23.00元

(图书如有装订差错请与发行部联系)